# 涅槃之旅

## 一場最深情的生死追問

The Journey to Nirvana : A Most Affectionate Quest for Life and Death

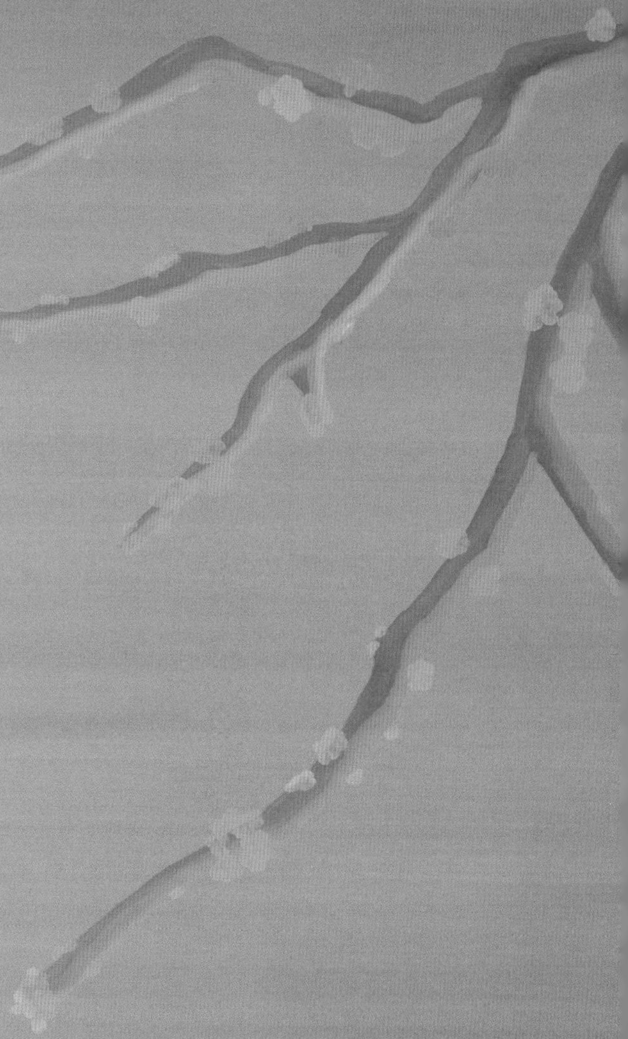

軍軍2017

# 目錄

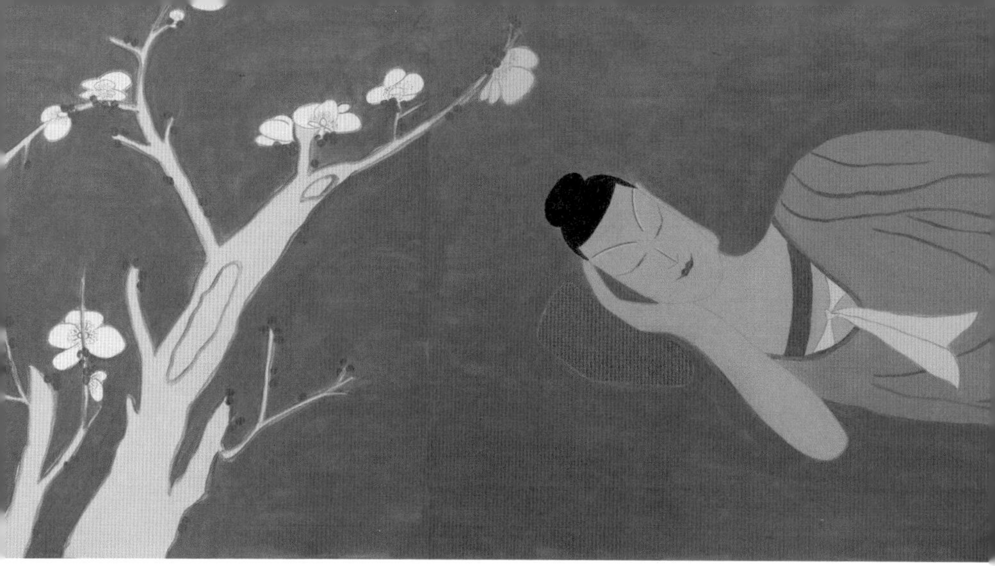

清信士帝觀/2018

【序言】

# 指月涅槃——林谷芳

佛家說「行住坐臥」是身心具現於外的「四威儀」，而其中，行，動而易散；住，立而易疲；臥，躺而易昏。故以坐為上，佛造像主要亦以坐像而立。

坐像之外，亦有立像。坐，是入於一切圓滿，無須外求的「自受用」境界；立，是因於慈悲度世，接於眾生，為佛德之外顯，是能讓六道「他受用」的映現。

而在坐、立之外，也有臥像。

臥像，俗稱臥佛，一般觀念是「躺著的佛」，但事實上，祂不是躺著的佛，不是睡時的佛，祂是「涅槃的佛」。

涅槃，是指佛在這娑婆世界，「所作已辦」，因緣已盡，所以不再受世間諸有，示現的「寂滅」之相。

這寂滅之相，寧靜安詳，原來，世壽已盡，永離塵世也可如此圓滿！就這樣，佛的涅槃像乃為尚浮沉於生死大海的眾生示現了生命最終的可能。

說最終，其實也最根柢。人出生即有不同的聰慧愚劣，條件即有富貧高下，境遇亦有順逆顯隱，但這種種「世間法」的優劣高低，在面對生命的消逝——死亡前，卻就顯得如此地虛浮不實。

死，是必然的結束，且這結束並無法預測，於是芸芸眾生，固孜孜矻矻地構建自己生命的王國，卻又不得不隨時面對這王國主體的消逝，皮之不存，毛將安附!?這是生命根柢的課題——儘管這課題難解，尋常人常只能先將它置於一旁。

但難解、且置，並不代表問題不根柢，更不代表真能如此略過。畢竟，尋常人面臨死生，世緣盡斷，真能不惶恐者幾希！而更有些生命，認為如不在此作根柢觀照，則世間的一切也就如浮沙之塔，了無實義。

這樣的人是哲學家，是宗教行者。

哲學是本質之學，生死的本質何在？它對人生的意義為何？哲學家在此作終極的思索與觀照，提出種種具本質意義的落點與論述，從而讓芸芸眾生在此得到一些憑依，不致只能或渾渾噩噩，或避而不談，或虛無享樂地度其一生。

但哲學的作用儘管如此，哲學家建構的卻仍不離其論理的本質；也就是說，它可以就是，而且也往往就是一種概念論理的完整，而這論理能否真作用於生命，又如何實際作用於生命，則不是我們所能要求於哲學家，哲學家也毋須如此要求自己者。

但同樣在死生作觀照，宗教行者則大大不同於哲學家。

行者，是以生命體踐為本的，一切的義理若不能化歸為生命的踐行就無根柢的意義。談死生，因此不只須窮究死生之本質，還得真正超越於死生。而這超越，並不只具現於實修法門的成立，更須一定程度地直接映現在行者自身。

正如此，宗教的創教者都在死生之際映現了自己一定的證道風光。

證道與死生映現，不僅是一般的相關。原來，看事物，觀萬法，世間的邏輯是「未知生，焉知死」，宗教的邏輯卻是「未知死，焉知生」。正因有死生的天塹，正因欲在此天塹上跨越，所以有宗教。談來生、談彼岸、談輪迴、談天國，是這跨越天塹的義理設定，也是這跨越天塹的實證領悟。在不同的義理與實證下，宗教有著它共同「跨越死生」的原點。正如此，創教者焉能不在此留下實證以昭來茲！

而這樣的死生映現，也必然有它不尋常的風光。

這風光，有以自己血肉之軀換得眾生之救贖者，有以神通異能展現死生之不成障礙者，總之，就因死生的超越太本質、太困難，這樣的風光總須呈現出它非尋常之處，讓後來者既欣羨，卻又不敢多所奢望。

欣羨，是因這樣的解脫之境正是葛藤盡脫的境界；不敢奢望，是因太難，只有聖者乃能如此，我們凡夫也只能就跟隨著聖者的腳步前進。

但釋尊不然，涅槃不然。

釋尊不然，是因為他不似其他宗教的聖者——尤其是創教者般，直接從彼岸而來，他教的創教者或為神子，或有神蹟，總有其彼岸之姿。但釋尊不然，儘管後世多了他許多的本生故事，大乘佛教尤其將「佛」之一字推至極致，甚乃出現「一佛一世界」的國土觀，但歷史的釋迦，從頭至尾，就是以一個尋常生命出現的，這尋常生命與我等凡夫若有不同，只因他證得「無上正等正覺」。

證得「無上正等正覺」的覺者，仍在這娑婆世界行住坐臥，只是呈現了無惱無苦的生命狀態。而這狀態，在面臨死生時又是如何？沒有這根柢的示現，無惱無苦也就缺乏究竟的勘驗。

而這究竟的勘驗，正是佛陀的涅槃。

涅槃是「不受後有」，不造業，也就不在生死大海裡浮沉，「三法印」中用了「涅槃寂靜」說此。寂靜，是不生，但這不生，又非斷滅，因有斷滅，就有恆常，還就是二元分割，還就是有無取捨。

涅槃離此兩端，究竟寂滅，在此連彼岸都已不存，臥佛之所示正是如此。而即便大乘佛教舉無量世界無量諸佛，但真正示現涅槃的，也僅只釋迦這歷史的覺者一佛。從這唯一，從死生的天塹，從宗教「了生死」的本質，涅槃像乃就有它不共的意義，涅槃更就是佛教這覺者的宗教的核心，而學佛，談覺悟，也就繞不開對涅槃的觀照。

所以說，佛，是與我們一般的生命，但所證卻又完全非一般生命所能測度；涅槃，是具現於此岸的解脫，卻又絕非此岸的心識所能度量。

這是佛教，這覺者的宗教最最與他教不同者。

這現前所示是離於相對的無限，看似平常無神蹟的涅槃卻是「諸聖罔及」的超越，連超越都不見的解脫。

但雖諸聖罔及，是「言語道斷，心行處滅」，可眼前的涅槃相卻又如此真實，對眾生也就形成了最大的吸引：原來離於諸苦的狀態可以如實親證，「彼岸」，再也不只是渺不可及的遠方，也不是想像馳騁的另一個世界。

原來，覺者覺悟的當下就已親證彼岸，但平時身處一如之境的覺者在語默動靜上雖時時示現，卻就不如在這終極天塹上給予眾生的觸動大。「千古艱難唯一死」，歷來的仁人志士在此「超越」的固不乏見，但他們都以「更高」的價值凌越死生，再如何，依然在「對待」的世界中轉，何曾有這「不受後有」的寂靜！而這寂靜卻正是身處火宅的生命最大的嚮往。

正如此，一部涅槃經歷史中，也就成立了一個涅槃宗，面對涅槃的提問，也就從早先的「不受後有」、截斷眾流的回答，轉而成為對此終極之境的描摹。

這描摹，從「苦、空、無、常」的現世舉「常、樂、我、淨」，從「不受後有」的寂滅轉成永遠救贖的慈悲，從個人死生的超越轉為諸佛國土的幻化。這種種，從佛理而言，固是內在理路發展的必然，但若無世尊現世的示現，無涅槃直接的體證，都將缺乏一種如實的信念與基礎。

以此，觀照涅槃乃成為學佛的一種必然，但問題是，涅槃卻又不好觀照。

涅槃是解脫，這解脫是佛教的「彼岸」，但它與諸教的彼岸又有根本的不同。

諸教的「彼岸」，是相對於「此岸」而有，此岸之不足者，在彼岸乃得滿足。所以此岸有苦，彼岸就樂；此岸有死亡，彼岸就永生；此岸有匱乏，彼岸就富饒；此岸有爭鬥，彼岸就和平；此岸有陰暗，彼岸就光明。

這樣的彼岸好想像，由之而起欣羨之心，但涅槃呢？

有相對，就有取捨，有取有愛，就有老死，而涅槃正是究竟寂滅，無有對待，這「無」，正如後世禪家所言：不能作「虛無」會，不能作「有無」會，但如此，活在有無的眾生又如何以有無之心去了知超越有無的涅槃呢？

在「有」的世界談「不受後有」，在言語的世界談「言語道斷」，其本質的局限與內在的弔詭是必然的，面對此悖論，舉「不二」的《維摩詰經》乃如此說道：「說身無常，不說厭離於身；說身有苦，不說樂於涅槃。」

而舉不立文字，以免「死於句下」的宗門，更直接以「世尊拈花，迦葉微笑」示此言語道斷之境。談涅槃，於第一義，真「開口便錯」！

但能不談嗎？

釋尊說法四十九年，究竟的覺者當然知道究竟是離於言說的；不立文字的禪宗甚且留下了較諸宗更多的禪籍燈錄；「老子若無為，何留五千言」！無為，是為而不恃，生而不有；禪的「不死句下」，是不為言語所困；所以釋尊說法四十九年，未曾說得一句，宗門更直說「我宗無語句，實無一法與人」。

語言文字是指月之指，是載人之舟，學人因指、因舟而得親近彼岸，但不可執指為月，不可以舟為岸，能如此，就得文字般若。

攝受文字的要能不執，講述文字的更得如此。知道自己所言所指，即便再如何圓滿精邃，畢竟非那「照天照地第一月」，更也知種種一切，原都妄心所造，只在此以更多不同向度之參照，示之眾生，一般人在此固可能如盲人摸象，僅得一端，但有緣者若能會而觀之，亦有更多全相描摹之可能。

誠然，修行之證入，原可直取「向上一路」，原可直搗黃龍，但義學之鋪衍，證量之觀照，亦可使學人不致盲修瞎練，對初機者尤好應緣。而就此，軍軍之有這本訪談錄也就極其必要與自然。

必要與自然，在軍軍，作為一「弱水三千，只取涅槃」這般只畫涅槃的行者，儘管對於涅槃之像可以直面全體地領略，由是乃以畫涅槃為終生職志，但「信為能入，智為能度」，在直觀的情性相應外，要將涅槃像更深地現於世人之前，也就只能更廣垠、更深入地在此觀照反芻，於是，從宗長、法師、居士、哲人、學者諸方汲取更多對涅槃的觀照，乃必要而自然。

必要與自然，對佛子，乃至廣大的修行人亦然。涅槃，這現世中直現的圓滿究竟，畢竟是最核心、最貼切的一場覺者示現，前輩與其他行者如何觀照於此，固必深深觸動學人，而由此種種觀照，學人亦就更能勘驗自己在辦道路上的虛實。

觀照反芻、觸動勘驗，正須從各種向度琢磨。於是，訪談者何只有不同身分、不同宗派之行者學人，立言之處，其基點更就從義學到實證，從感性的直領到哲思的辯證。由是，所指雖是第二月，但此第二月，恰如千江之水的千江月，何只能讓你知月的實然存在，在機緣成熟下，你一轉身，一回眸，一抬頭，一望眼，也就得親證親見那「第一月」。

身為禪家，軍軍曾以涅槃提問，我以禪舉不二，所以「說身無常」，卻「不說厭離於身」，「說身有苦」卻「不說樂於涅槃」，因說樂於、厭離，就又落入「二元的顛倒」。所以禪家說涅槃，也就只在無常之中「直顯」涅槃的境界，而非在無常之外，另立一個涅槃，就如此，宗門向來少有涅槃這樣的主題觀照，尤其不在此作義理式的鋪衍。

但如此說，並不代表禪就離涅槃最遠，恰恰相反，於現世中直示超越，正是禪最與涅槃相近之處。世尊的涅槃固以「舍壽」而示「不受後有」，但究竟證道，其實也就無處不是涅槃，只是死生的示現是現世最後一次，也是常人最罣礙之處的示現，這「無餘涅槃」乃有它不可替代的意義。

說死生示現，禪家的風光最接近佛陀的涅槃，在此或大美，或氣概，或遊戲，或平常，不似他教之神異，只以此岸之姿，直啟尋常生命之疑情：原來，可以如此直就解脫！

在此，說氣概，是無學祖元在元軍刀劍臨頸時吟出的：

乾坤無地卓孤笻，喜得人空法亦空。
珍重大元三尺劍，電光影裡斬春風。

說遊戲，是妙普性空庵主自做木盆，放流而逝的：

坐脫立亡，不若水葬；
一省柴燒，二省開壙。
撒手便行，不妨快暢；
誰是知音，船子和尚。

高風難繼百千年，一曲漁歌少人唱！

這是禪家「有無具遣、佛魔同掃」的風光，但禪還有「現前直領、全然即是」的一面。在此，直領詩意的是天童宏智：

夢幻空華，六十七年；
白鳥淹沒，秋水連天。

平常無事的是比丘尼法海：

霜天雲霧結，山月冷涵輝；
夜接故鄉信，曉行人不知。

對道人，「青山無限好，猶道不如歸」，這詩意，這平常，更似佛之涅槃，深體之，觸動猶深。而這觸動，更就以佛之涅槃像世世代代垂諸學人。

談這觸動，近現代亦有如此示現者：弘一的圓寂，吉祥而臥。我自己就曾遇見多位未曾有道心、善於思辨存疑的知識分子，因看到「人，竟可如此！」而幡然轉身。

就如此，釋尊的涅槃雖遠，好在有涅槃像的傳世；歷史的涅槃像雖遠，好在當世還有持續造涅槃像者，持續觀照涅槃實義者。

正因這畫涅槃像，正因這集涅槃觀，禪家之我亦應緣聊充指月之一指耳！

是為之序！

二〇一九年一月　臺北

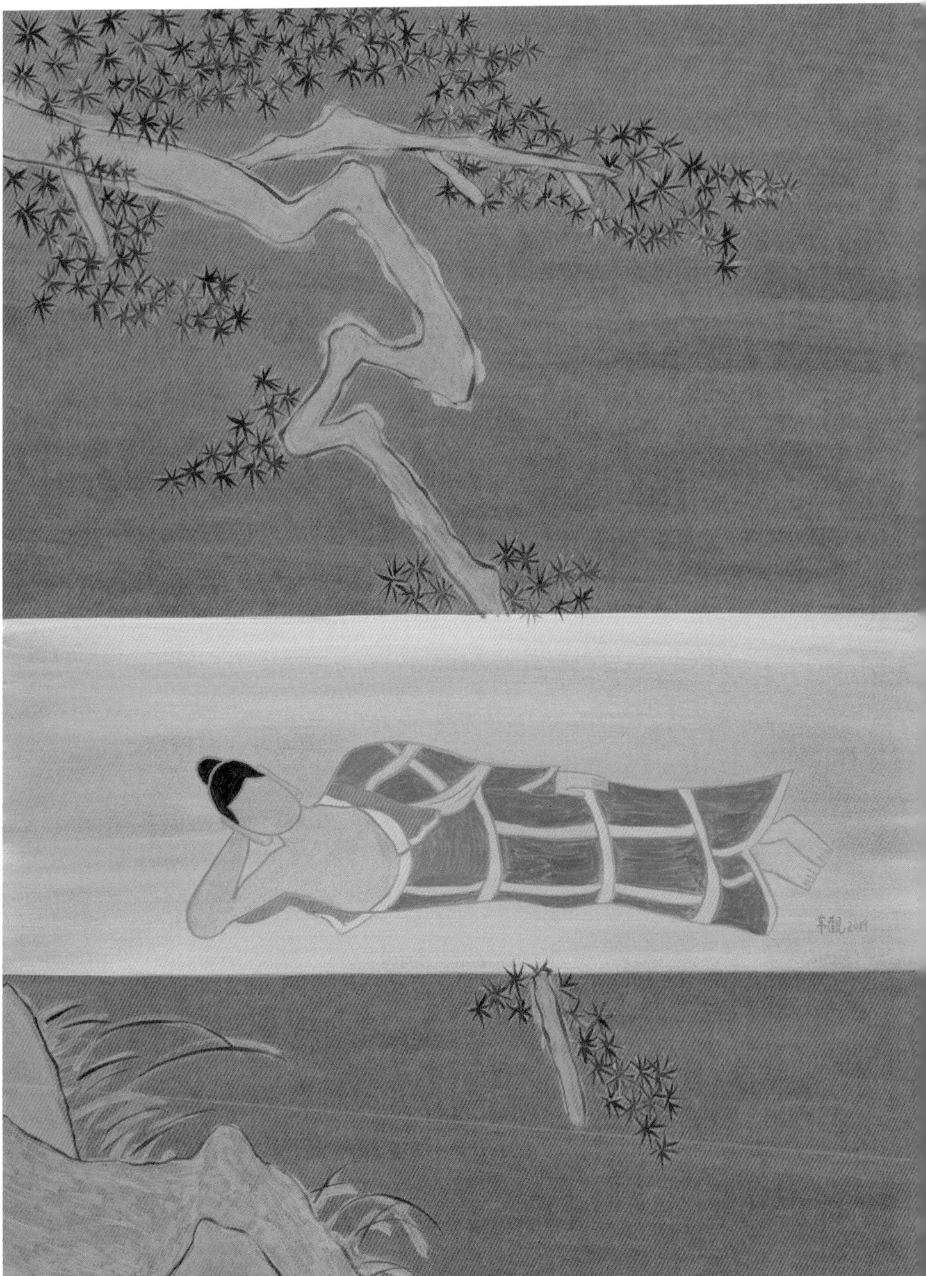

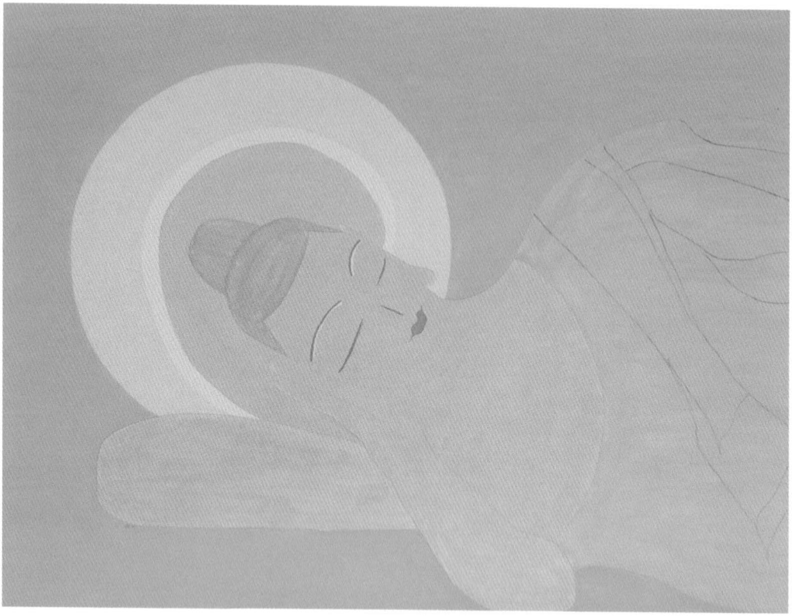

「自序」

# 涅槃生死等空花——胡軍軍

我向來對生命——生從何來，死往何去，這件事情充滿了迷戀。從身體入手，試著反觀我們這個身體，還有比我們這個身體更能生出各種欲念，領受各種奇妙的感覺的嗎？時而得意忘形，時而悲痛欲絕，時而大夢初醒，時而輾轉難眠；這個身體長袖善舞，口吐蓮花；這個身體，創造了文明，號稱改變了世界。只是這一切，這個身體，當油盡燈枯之時，似乎宇宙戛然而止。死亡，從未對誰網開一面。

中國人向來不愛談死，我不合時宜慣了，也就不在意再多一回。因為各種的因緣際會，從二〇一五年起，我選擇了「涅槃」作為繪畫的創作題材，原因可以列上很多，回報佛恩是其中一個；更重要的是，涅槃的境界對我構成了無以復加的吸引，試想誰能超越時間和空間的束縛，誰能優游生死的大海，誰能衝破大限，面含微笑掌握離去的時刻，誰能看破放下，誰就是圓滿自在！

我因為畫了「涅槃」，感覺生命有了種無形的能量圍繞左右，老天賦予了我很多方面的「專美」，使我忐忑經常，而不得不絞盡腦汁，能分享點什麼就盡量眾樂樂。此書的緣起正是如此，因為畫「涅槃」的關係，我藉由因緣請益周邊能遇到的善知識，請他們分享他們心中的涅槃觀、生死觀，以及種種來自生命深處的心得體會。他們每一位對我的啟迪，使我今天迫不及待地要整理成冊，與每一位讀者分享他們獨特的人生軌跡，因為我充分地相信，有一天，沒準書中的哪一句話，會點亮黑暗，溫暖孤寂的心靈，撫平我們從未消失的生死恐懼。

首愚和尚，是我今生唯一遇到的一位曾經修持多次「般舟三昧」法門的僧侶，這種修行方法的嚴苛程度對於普通眾生而言，不啻為天方夜譚。單論這種求道的決心，就足以讓人仰視了！修成正果，是要發大心的，也許我們太多人在發心上就怯弱了一大截，更遑論這往後的道業了。弘法幾十載，我眼中的首愚和尚秉持「春蠶到死絲方盡」的精神，行履不止，是真正的佛門楷模。

繼程法師，他的笑容如琉璃般純淨，我對他的採訪在法鼓山的本山舉行。法鼓山於我如同學佛路上的娘家，我二〇〇三年開始接觸佛法，讀的正是聖嚴法師的書籍。當初在紐約的東初禪寺皈依聖嚴法師，他所賜的法號「常觀」，我特別珍惜沿用至今。而繼程法師，作為聖嚴師父的法子之一，如今是法鼓山備受歡迎的禪修導師，他的著作也是廣受信眾的青睞。他渾身的自在氣場，是對禪修最好的解讀。

此書中的寬謙法師，我與她的因緣最深，也是書中唯一一位女性出家人。寬謙法師延續了天台宗講經說法的脈絡，開創了她獨特的教學風格，啟發了許多人的法身慧命。在當今的佛教界，她的存在難能可貴，她的教法值得被更多人關注。我跟隨寬謙法師有許多次各國佛教遺址的朝聖機會，她的行動無數次在有力地實踐佛陀所教的緣起性空之法。她既然發願生生世世願為女性出家人來福澤娑婆世界，我但願有幸依然有來生的護持機會。

李光弘長老作為基督教義的代表，也是我希望書中提供一個更廣泛、更寬容的角度給讀者來面對生死。你永遠不知道，你會在哪扇窗口遇見最宜人的風景。事實上，在我們的交談過程中，我傾聽的經驗相當愉悅。光弘長老在他的教區受人愛戴，他的佈道散發著神性的魅力，真善美從來不是一種理論口號；當真善美付諸生活的點點滴滴，請相信，宗教是沒有界限的，人和人之間是高度互愛，不分彼此的。

鄭振煌先生曾經翻譯過一本家喻戶曉的書籍《西藏生死書》，他本人也是位修學有成的大居士。他在生死學方面的研究極其深入，而他對生死的態度可謂雲淡風輕，讓我想到一句：但自無心於萬物，何妨萬物常圍繞！記得那晚在他的維鬘學會採訪結束，鄭先生堅持送到電梯口，他送別一位晚輩居然用超過九十度的鞠躬禮，那瞬間我眼眶一熱，他是在親身教導我如何去除我慢啊！

陳嘉映教授是我二十出頭就認識的老友，只是我當年年少輕狂，經常自以為是，那種舍我其誰的青春歲月，嘉映和他周邊朋友瞭解最多。我一九九八年出國遊歷之後，再見其面，已是十餘年後，陳嘉映已被稱為「中國最可能接近哲學家稱呼的人」，他的學生已桃李滿天下了。哲學，我始終認為就是圍繞在關於生死的討論，所以此書中，從一個哲學家的角度來探討生死，應是珍貴的一篇了。

詠給．明就仁波切的名字，大家熟知他是因為他被西方媒體稱作「世界上最快樂的人」。早年我在國外定居時就聽聞過他的名字，後來聽說他放棄一切的一切，身無分文，居無定所，足足在野外生存了四年，中間經歷了最直接、最凌厲的生死考驗。最近幾年，明就仁波切在中西方廣泛教育禪法，無數人得益於他的禪修指導。我專程飛去加德滿都完成對他的採訪，滿足了我一窺「世界上最快樂的人」的好奇心；當然，我尤為看重，仁波切對死亡過程的開示，那是我心中最珍視的部分。

林清玄老師，提到這個名字，我的心中依然有痛楚掠過；就在他逝去的九天前，我在臺北對他作了這場關於涅槃和生死的訪談，雖然他說過「來是偶然，走是必然」，但我們之中，誰真正做好了這場死亡的告別呢？在席間，他強調他是位浪漫的佛弟子，他把浪漫的精神一直貫徹到了此生的最後一刻，也給世間示現了「無常」的根本！

成慶老師，是位在學院執教的青年學者，他對中國佛教史的熟稔和日本禪宗史的深入，可以為當今年輕學子展現一位宗教學者的魅力；畢竟，未來是年輕人的世界，而他們在青年時代所形成的世界觀，需要明亮而溫暖的指引。黃泉路上無老少，誰說年輕人就不需要面對生死呢？理解了生死，才能更強大、更明白活著。

濟群法師在本書中的這篇文章是對涅槃的全面注解。涅槃這個主題，平常少有人關注，要把涅槃說清楚，也非得有一位學識深厚，具真知灼見，具修行經驗的高僧大德才能勝任。說來跟濟群法師的師徒緣分，也有十幾年了，如今他的弟子遍布大江南北，不可勝數，法師卻依然身著一襲發舊的僧袍，初心未改，將佛陀的智慧言傳身教，感化著這一方淨土。

柴中建老師曾經在藏地閉關多年，他精通哲學和佛學，同時涉獵文化藝術領域。宗教和藝術從來都不可分割，對我個人而言，尤其如此。在書中，有這篇評論，是極為恰當的補充。

林谷芳老師，是兩岸三地風光最為清奇的禪者代表，禪門有他，平添不少意趣。本來禪門不說涅槃，就像禪門不立文字，但是該說時還得說。蒙老師不棄，為本書作序，也是對眾多行者的拈提之力，涅槃，解脫，頓悟，空性，說了一大堆，最終要見的是般若，而不是執著般若船。

印順導師有「玄奘以來第一人」的美譽，只是他的學說晦澀艱深，其思想高度非常人所能企及。這次搜尋有關「涅槃」的資料，所幸導師留下這篇彌足珍貴的「涅槃」文獻，應該作為當世最為權威的「涅槃」詮釋，在此特向印順文教基金會致敬，感謝願意授予版權在本書中發表。

星雲大師則是用淺顯易懂的語言向我們開示了「涅槃」。大師終其一生，用「光照大千」的氣度在全球設立了三百餘個道場，我有幸在最近幾年，多次領略大師的風采，他如同一座須彌山，為當代佛教的復興寫下了濃彩重墨的一章，至為可敬可佩！也向佛光山一併致謝，允許使用此篇文獻。

還有太多人為本書的最終呈現功不可沒，雖然我沒有將名字一一列出，相信他們同樣能夠收到我來自內心最誠摯的謝意。常說八萬四千法門，對治八萬四千煩惱，本書並不期待找到一個一致的生死解決之道，而是希望將這些智者的見解一一列出，如能各蒙甘露，實在是令人萬分欣喜之事。

我的涅槃畫作還會繼續，涅槃之道，我走得心甘情願。學佛是生生世世之事，而這一世，我無比珍惜同「涅槃」朝夕相伴。

二〇一九年二月　上海

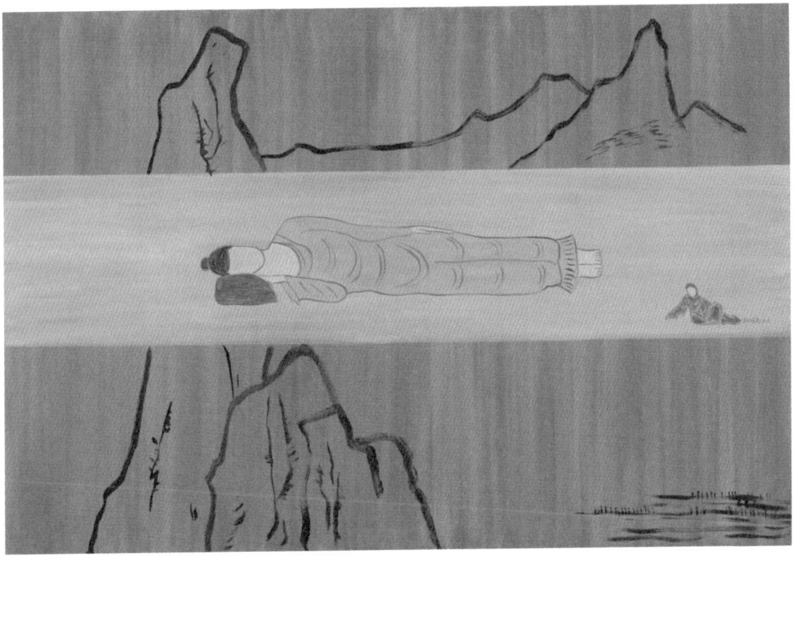

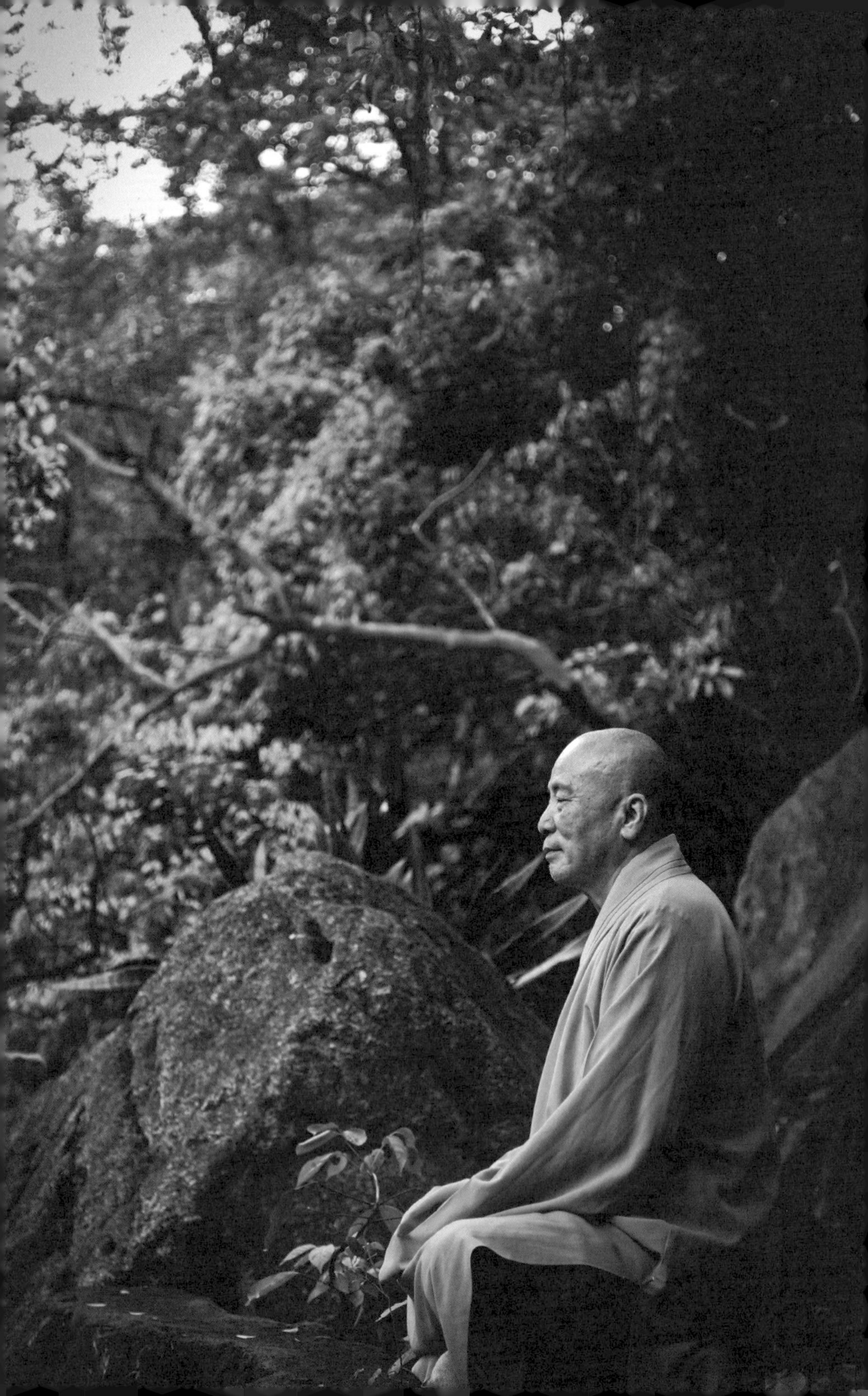

# 首愚法師

一九四七年生，臺灣省臺中縣人，俗家姓柳。一九六九年（二十三歲）服兵役期間，因閱《六祖壇經》忽爾有省，乃知行住坐臥處處顯示迴光返照之道，頓萌菩提宿願，欲重振禪門宗風。

一九七一年出家，依止仁俊、廣善兩位長老為剃度師父，法名「宏善」，法號「從智」，日後得南懷瑾老師嘉勉，特以「首愚」為自謙之號。

首愚法師自出家迄今（二〇一八年），閉關三十五次，在見地、修證、行願上奠定了深厚的基礎，期能以出世的精神做入世的事業，創建十方禪林，附辦十方叢林書院，接續南師弘揚儒釋道諸子百家、中國文化斷層之志。

# 涅槃風光，不生不死——首愚法師訪談

**胡軍軍：**您知道我是一個畫涅槃題材的藝術家，我特別想從您這兒瞭解一下，到底什麼是涅槃？

**首愚：**一般人對佛學不瞭解，對涅槃難免會有一些誤解。好比說某某高僧涅槃了，不是真的涅槃了。涅槃另外一個翻譯的名詞叫「圓寂」，圓滿寂滅，翻譯得非常好。我們凡夫的境界都是無常、苦空、無我的，看起來比較消極，所以小乘佛教要我們遠離塵囂，要找個所謂的山邊林下寂靜處好好用功，這是小乘的修法，有很強烈的厭離心、遠離心。小乘的境界，最好能夠遠離塵囂，遠離塵囂一定是遠離大眾，遠離大眾一定是獨善其身。一個人獨善其身久了，難免會是孤僻，心量心胸就會自我封閉。所以小乘佛教跟大乘佛教的分水嶺，在菩提心，在行願。

佛陀在三法印裡講的是諸行無常，因為瞭解無常，所以不會貪著，不被世間的名聞利養所牽絆。《金剛經》最後一句話提到，一切有為法，如夢幻泡影，如露亦如電，應作如是觀。其實瞭解無常並不是叫我們悲觀，並不是叫我們灰心。瞭解無常，這是佛法第一個法印。如果你不懂得諸行無常，你進入不了真正佛教的法海中。

那麼無常講的是生滅心，我們如何從生命中找到不生不滅？所以叫生滅滅已，寂滅現前，寂滅最樂，那是一種解脫的境界。諸行無常只是讓我們看清宇宙人生的實際的狀況，本來就是這樣的。

從諸行無常看到諸法無我，諸法無我正好可以破除我執法執，這種世間的名聞利養本來就是無常的，本來就是夢幻泡影，你太追求這個，可見你沒有智慧，你貪著這樣的一個無常的東西，你把它當作那麼真實，那是靠不住的！當然你不能眼光如豆，要從諸行無常中真正體會到諸法無我，諸法無我，心就開了，就能夠進入到涅槃寂靜的境界。涅槃寂靜是什麼境界呢？看到生命的永恆。所以第一法印不是看到諸行無常嗎？從無常、生滅中，要找到一個不生不滅，不生不滅的正是宇宙人生的真理，那是永恆的。

找到這個不變的東西，生滅滅已，寂滅現前，寂滅最樂。找到生命的一個常態，找到生命的不生不滅的境界，那當然最安樂了。找到生命的永恆之後，看到的生命不是苦，而是究竟、清淨、圓滿的快樂——常樂。小乘境界，佛陀講無我，是為了對治我們凡夫的我執，所以才提出無我，能夠把這個我執破掉了，找到生命的道，無我之道，無我即是真我，自己生命能夠作主，再不被世間的名聞利養，世間的這些假相騙去了，所看到的、所證到的是宇宙人生的真理，找到了生命的一個真實性，那叫「我」，所以這個「我」是一種真理。找到這真我，就能夠徹底地清淨，永遠地解脫了。

所以涅槃，這是佛果，不是一般的那種悲哀。涅槃，是常樂我淨，是一個解脫的境界，是個圓滿的境界。

過去南懷瑾老師經常講，小乘大乘的很多經典其實都充滿了比較晦澀的色彩，唯有《華嚴經》講的是人生的真善美，是人生的一個理想，是佛果境界。古代憨山大德講，「不讀華嚴不知佛家之富貴」。《華嚴經》這些菩薩都是多生累劫廣修六度萬行，已經朝向生命的圓滿。

涅槃境界是究竟圓滿，究竟清淨，究竟解脫，這是一個佛果境界，所以應該簡稱為涅槃佛果，就是這個道理。

**胡軍軍：**請問修行人應該把涅槃作為目標嗎？

**首愚：**那是必然的，因為這是生命的根本！既然佛果就是生命的圓滿，哪個修行不需要圓滿？涅槃是個圓滿的境界、解脫的境界，當然這是我們修行的一個大目標、大方向。等於說我們修淨土的要往生極樂世界，極樂世界是什麼境界？無量壽無量光，無量壽無量光也就是常樂我淨了。

**胡軍軍：**您去年出版的《般舟禪關日記》，簡直是一部石破天驚的修行日記。我從未見過當代這樣一位僧侶，以如此精進苦行的方式去實踐和親證佛法，特別欽佩。記得您最初和佛法結緣的契機是讀到了《六祖壇經》，可以描述一下當時讀到這部經典的感受嗎？

**首愚：**我看到《六祖壇經》，尤其看到六祖破斥神秀大師的那四句話，可以說是天翻地覆的，徹底地把他破得乾乾淨淨。神秀當時講，身是菩提樹，心如明鏡臺，六祖講菩提本無樹，明鏡亦非臺，本來無一物，何處惹塵埃？本來無一物，你掃什麼？掃都不用掃，不用時時勤拂拭，那是漸修的，見地要直接插入到我們的自性光明中，像永嘉大師《證道歌》裡面提到：尋枝摘葉我不能。你一步一步地尋枝摘葉一一進修，禪宗不走這條路。所以我當時一看到，本來無一物，啊，原來禪宗就這麼簡單，直接跟《六祖壇經》對應，影響了我一生。

自從看《六祖壇經》以後，跟人家談起佛法，其實我當年也沒看什麼經典，我就可以跟人家談了，談佛學理論這些，從生活中來感悟現實的身心的變化。所以《六祖壇經》是我這生生命的根本。

我整個佛法的系統，我傳準提法，是禪宗式的準提法，跟一般密教不同，也不談那些神祕的。為什麼神祕？你不懂才神祕。你真的懂了，哪有什麼神祕可言？沒有的！所以一知半解才假托那些祕密，很容易有神道思想，弄得眾生更加糊塗，真正禪宗不來這套。所以《六祖壇經》對我影響很大，是我待人處事的一個準則，同時也是一面照妖鏡，哪些善知識是我要找的，我就去找，去親近，哪些一聽不對，我就理都不理，掉頭都走了，非常果斷，毫不懷疑，毫不猶豫。

當時我要找個禪師出家，找不到。一方面剛剛接觸佛教，對佛教界也不瞭解，哪裡有高僧大德也不曉得，所看到的幾位臺灣傳禪宗的，看他們就是不像，自然不會想要去參訪，我去都不去了。一直等到南老師到佛光山打禪七，啊，我終於找到了！是我真正要找的禪師。雖然是個在家居士，但是真正通宗又通教，是個真正的行家。想不到南老師也在找他要找的人。這就是我跟南老師的相應。

**胡軍軍：**您最初出家很想尋找一位禪師，可是遍尋不得，後來您找了以持戒精嚴著稱的仁俊長老出家，您當時是希望用苦行來磨練自己嗎？

**首愚：**當時既然找不到禪師，就找一個嚴格的。我當時是透過臺中佛教界年輕道友的介紹，聽說南投蓮因寺有個持戒很精嚴的懺雲老法師，介紹我去親近，可惜我跟他並不是很相應。後來我看到一則消息，臺北臨濟寺要辦一所三藏佛學院，臨濟寺是日據時代日本人所建的一座寺廟，臨濟宗的，日本投降之後就交給國民黨，後來它變成白聖長老接收的一個道場。我看到三藏佛學院，心就動了，我說我想去讀三藏佛學院，請求懺雲老法師幫我引薦。他說我看你臉紅紅的，看你會跟人家打架，我聽到這個，眼淚就掉下來，我說我從小到大，從來沒跟人打過架。被一位佛教界的大德說我會跟別人打架，心裡委屈，沒有緣就不要勉強，我準備離開了。不過老法師還是很慈悲，他幫我介紹了臺灣北部和南部的十幾個道場，其中有一個就是同淨蘭若的仁俊長老，老法師的弟子們說，仁俊長老很嚴格，會打徒弟的。好，我一聽，其他地方都不去了，我就要去這個專門會打徒弟的地方！我跟我師父的因緣很相應。

**胡軍軍：**為什麼您聽到仁俊長老會打徒弟，您反而要去找他？

**首愚：**我覺得修行就是要嚴格，鬆鬆垮垮怎會進步呢？物以類聚，人以群分，同樣的人會互相吸引，我覺得我跟我師父很相應。果不其然，後來的經歷也證明了這點。當時的知客師是日常法師，後來來親近我師父的是惟覺老和尚，這些都是當代的佛教界菁英，仁俊長老老人家也不是泛泛之輩！

**胡軍軍：**我在紐約居住期間上過幾次仁俊長老的課程，他是我記憶中最不苟言笑的一位法師。您和仁俊長老之間的師徒情誼一直是很嚴肅的嗎？有沒有輕鬆自在的片刻？

**首愚：**也有的，其實老人家到了美國已經開放多了，他在臺灣還真是不苟言笑。生活中還是有輕鬆的一面的，他笑起來，也很嚴謹，不過有時候會笑得很可愛。他老人家對安般法門其實很深入，有一次他在同淨蘭若大殿教安般法、數息法，在場的有日常法師，有惟覺老和尚。教完後，我回到寮房，才數了那幾下，我的整個身心都空掉了，心生歡喜，這是我印象非常深刻的。

**胡軍軍：**那大概是什麼時候的事情？

**首愚：**我在同淨蘭若是一九七一年，我是一九七一年出家。在臺北新店同淨蘭若道場親近老人家一年多，後來他跟日常法師應美國佛教會的聘請，到紐約大覺寺擔任美國佛教會會長，兼任大覺寺跟莊嚴寺兩寺方丈。老人家的生活是一板一眼的，他上廁所一定是跑的，然後每天就看藏經，在他的房間裡面踱方步，然後捧著大藏經，一邊看著藏經一邊笑迷迷的，哪裡不苟言笑，像個小孩子一樣，有他天真的一面。我們在同淨蘭若，每一天只有半個小時，六點到六點半，可以在花園散步，可以在大殿散步，大家可以自由談論佛法，其他時間都不准。有一次我一個師兄當了兩年兵回來，在大殿中老人家就對我們兩個說，你們也不一定要過午不食，把身體養好。我就答覆了一句話，我說：肉重骨頭就輕，骨頭重呢？肉就輕。我師父聽到這句話，笑迷迷的，我那師兄他不懂這些，他說：哪裡有這回事？我覺得他太注重營養了，其實我的意思是我們自己的骨氣、底氣都沒有，因為因地已經很差。一個人要懂得在法上用功，就是身體瘦一點也沒關係，但道器要養成，風骨要培養起來。

**胡軍軍：**您對自己年輕時候要求如此嚴格，我那師兄他沒聽懂。後來我那師兄還俗了。老人家老修行他聽得懂我的話，您後來收的出家弟子，您對他們的要求也這麼高嗎？我個人的感覺，您相當的慈悲，相當的寬容。

**首愚：**我不但親近仁俊長老，親近星雲大師，後來跟南老師，跟的最長久是南老師。南老師有多嚴格？南老師比我的師父和星雲大師還嚴格。但是他完全談笑風生，真的是禪宗式的，精通儒釋道，是一個大通家。那麼我多少也承襲到這樣的道風。

**胡軍軍：**所以您是表面上比較寬鬆，內心很嚴格的？

**首愚：**南老師曾經講，他說你不笑很難看的。當年我在佛學院，我有個同學現在在休斯頓，他說籃球場就是我的照妖鏡，離開籃球場，我就一板一眼像個老僧，說我是千面人，有輕鬆一面也有很嚴謹的一面，我對自己其實就是這樣。這是一個修行人的自我要求，自我管理必然應該要這樣。南老師經常講的，他的老師袁太老師經常說，南懷瑾，你自我要求則可，你不要要求別人那麼嚴厲，你要嚴於律己，寬以待人。

**胡軍軍：**我懂師父為什麼這樣了。

**首愚：**所以說，我應該是懂得自我要求，懂得自我管理的人。修行就該如此。

**胡軍軍：**後來您去了佛光山的佛學院念書，您講過星雲大師給了您很多關照，請您描述一下星雲大師在您心目中的印象。

**首愚：**星雲大師其實他是慈悲型的，你看他講話帶有一種悲憫聲。我師父講話，那是一種陽剛之氣，鏗鏘有力。星雲大師是非常慈悲的人，但是他一旦臉拉下來，大家都嚇壞了。那南老師更這樣了，翻臉比翻書還快，一點都不留情面，但是他一轉身過來，好像又是非常的溫和，南老師不可思議！我在佛光山待了六年半，讀了佛學院，利用寒假暑假閉般舟三昧關，這都是星雲大師成就的。其實我們一個人要讓人家幫助，首先自己要能夠有受人幫助的條件。平常我非常嚴謹，所以他看你是個法器，他就願意幫助你。一個人要自治而後人治，你自己都不能幫助自己，誰會幫助你？我在佛光山表現得中規中矩，在佛法上面很精進。

所以我提出來要閉般舟關，星雲大師當然很高興，他說你去把閉關作息時間表做起來，你擬一份給我看看。一看，可以的，明天就進去，非常爽快。佛光山有這樣的基業，都是星雲大師的眼光所致，他的智慧，他的福德，統領大眾，不在話下。能夠在臺灣創建這麼樣的一個道場，應該講是臺灣佛教界的奇蹟。臺灣佛教界一個是佛光山，一個是慈濟功德會，這兩個團體不得了。星雲大師在臺灣佛教界是很獨立的，他很少參與佛教界的事務。他要做的事情太多，沒太多時間去參與其他事務。

**胡軍軍：**您後來離開了佛光山，星雲大師應該很遺憾、很惋惜吧？

**首愚：**我因為受星雲大師的幫助很大，所以當時我開不了口，幸虧有日常法師。星雲大師對我照顧太好，我要離開佛光山，真的開不了口。日常法師就跟大師講，我跟從智師兩個要到臺北去親近南老師，去參學一段時間。星雲大師說好啊，非常好啊，從智，我這關房就留給你了，你隨時可以回來閉關。他的心量不得了。後來星雲大師把我推選為中華人間佛教聯合總會的監事長，我覺得我對佛光山也無以為報，他要我擔任我就擔任。兩岸佛教多一個交流平臺，是很好的。最近在世界論壇裡面，祕書長覺培法師表示說，首愚法師，我們又要重新選，還是要請你當監事長，我說我對中華人間佛教聯合總會沒什麼貢獻，她說不然，我們要借助你的名氣，我說只要有幫助，那我倒願意擔任。

**胡軍軍：**您用了幾乎四十年的時間追隨南懷瑾先生，他對您在哪些方面產生了影響？

**首愚：**我跟隨南老師其實到今年四十四年，生前有三十八年，他圓寂六年了，共四十四年。我在臺北親近南老師六年半，當時我弄得又黑又瘦，壓力很大。南老師個性多急啊，但是這六年半對我一生影響巨大，我從佛法的修行上，從世間法的歷練上，我覺得沒有這六年半就沒有今天，這是不爭的事實。

**胡軍軍：**我聽您講過，那六年半，是南老師這一生講經說法最多的時期。

**首愚：**最多，最密集，最有系統。現在老古出版社裡頭的很多書，一大半就是那幾年講的。

**胡軍軍：**您在開示時經常用到的偈子：心月孤懸，氣吞萬象。光音交融，心光無量。我是否可以理解，這裡的心光無量就是類似涅槃的境界？

**首愚：**是的，本來心光無量，就是無量壽無量光的境界，當然是常樂我淨的境界。

這句心月孤懸，氣吞萬象的來源，是一九八八年，我第一次來大陸，朝拜韶關南華寺六祖的金剛不壞之身之後，回到香港，見到南老師。南老師就問：你怎麼用功用到這樣？身體怎麼搞到這樣壞？給你兩句話：心月孤懸，氣吞萬象。我當時得了B型肝炎，也沒吃什麼藥，回來沒有多久，我又加上兩句話，光音交融，心光無量。真正的修行，我們念咒觀想，其實念咒從來沒有離開光，修習準提法的觀想也沒有離開光，念咒也沒離開音，如能夠念到光音交融的境界，自然就心光無量。光音交融的境界緊跟著就是心光無量，這是必然！

南老師那兩句話，是很高明的。心月孤懸其實是實相般若，是清淨法身的境界。你以這種空靈的境界，念出來的咒語，會幫助我們消融習氣業氣。氣吞萬象就是消融一切我們的習氣業氣。吞就是把它吞噬的，把它融化掉了，把習氣業氣給融化掉了，就叫氣吞萬象。所有業障都消除了，真實的生命才會顯現出來。心月孤懸，氣吞萬象，指的是我們的心法，般若心法。心月孤懸是自性光明，是光；音就是氣吞萬象，能夠修煉到光就是音，音就是光，這就是不二法門。你整個身心打成一片，融化在一起，整個修行的解脫境界才能夠呈現出來。所以能夠光音交融，就會呈現心光無量這樣的一個大圓滿、大解脫的境界。

**胡軍軍：**因為這個偈子的前兩句是南老師當時給您的，後面兩句是您後來加上去的，這是否是師徒間的一種心心相印？

**首愚：**是，等於是法的一個傳承。

**胡軍軍：**您當時用苦行來閉般舟三昧關，現在回憶起來，會不會覺得太苦了？

**首愚：**真的是苦，真是苦。從一九七六年開始閉第一次，在我出家的小廟，一九七七年和一九七八年各閉了兩次，般舟三昧關對我個人，是得到很大的利益的，但是我也發現這個法門不是一般人能夠承受的。後來到了廈門南普陀寺閉關的後半段，我就改專修準提法門，因為準提法門可以大眾化、普及化，般舟三昧關太辛苦了。

**胡軍軍：**您修的準提法門可以大眾化、普及化，您是為了大眾嗎？

**首愚：**不只為了大眾，也為自己。準提法真是轉化報身的法門。

**胡軍軍：**您是從哪年開始正式弘揚準提法門的？

**首愚：**是南老師離開臺灣的那一年，我在臺灣設共修會，每逢禮拜六、禮拜天巡迴去主持共修會，那是一九八五年。

**胡軍軍：**一九八五年開始正式弘揚準提法。

**首愚：**對。之前是內部的，我帶領十方禪林寒假、暑假修準提法，到一九八五年正式對外，到處成立共修會。一九八五年的農曆三月十五、十六兩天，南老師做兩天的結緣灌頂，有好幾百人參加，這樣子基礎打下來，從臺北成立臺北準提共修會，再來就是臺中的，臺中有沙鹿道場，有豐原道場，後來就是高雄道場，大概這樣。正式準提法打七是一九九〇年，我從廈門南普陀回來之後，正式對外打七。

**胡軍軍：**您認為準提法門的殊勝之處在什麼地方？

**首愚：**這個法門三根普被。我覺得這是南老師的智慧，是他選擇這個法門，不是我。南老師對整個佛教各宗各派太清楚了，如數家珍，對於儒釋道他可以說是無一不通的。在藏密的紅教、黃教、白教、花教，他都是金剛阿闍梨，但是他講而不傳，紅教的大圓滿他講兩次，白教的六成就，恆河大手印，噶舉派的，還有薩迦派的，黃教的菩提道次第廣論略論，南老師當年是為日常法師講的。但是到最後南老師選擇了傳準提法。

**胡軍軍：**您的唱誦有不可思議的慈悲願力在裡面，我十五年前從錄音帶第一次聽到師父的聲音就感動落淚，我覺得師父是為了救度苦難眾生而來。最近這次內蒙古打七，我親耳聽到師父的唱誦，力量更勝當年，請問這種唱法是您發明的嗎？您是從哪裡得來的靈感？

**首愚：**我出家時，在同淨蘭若，我師父仁俊長老當維那，日常法師打木魚，信謙法師敲鈴鼓，我是小沙彌，那時候出家不久。師父的梵唄很莊嚴，他一唱心經，我眼淚就掉得稀里嘩啦。他有悲天憫人的情懷，居然我跟老人家的音聲，就這樣融合在一起了。所以當我念心經，南門底下一些老參說，從智法師的心經怎麼念得那麼樣好聽？是受我師父影響。之後因為閉般舟關，一九七七年農曆過年前，第二次的關期，閉了四十九天，命門鬆開了，我的海潮音跟命門的鬆開有關係，因為南老師教的是平音的。後來就成了我的唱誦風格，當時不曉得命門這麼重要。雖然不懂珍惜，但是影響絕對在那裡。念念念，自然就沉到了命門這個地方，所以低音要低沉，低音中音高音形成一個海潮，跟南老師原來的教法、唱法又不一樣。

**胡軍軍：**所以這個靈感其實最終還是根據自己的修行得來的。

**首愚：**對。梵唱之所以會感動，有兩股力量，一個是般若慧觀的力量，一個是大悲心的力量，菩提心的力量，這兩股力量擰在一起，那是悲智雙運，自然形成，我沒有特意去編排，幾次之後，這個音律自然就形成了。

**胡軍軍：**早年的修行，您應該是採用偏於禪宗的修行方法，後來開始修習準提法，這幾十年更是致力於弘揚準提法。為什麼您會做出這種改變？

**首愚：**其實我接觸的法門比較廣泛，我在當沙彌的時候，看到的是《楞嚴經》的觀世音菩薩耳根圓通法門，我對耳根圓通情有獨鍾，還有大勢至菩薩念佛圓通，還有普賢行願，我跟普賢行願也很相應。但是禪宗太難了，禪宗連南老師都弘揚不了的。

**胡軍軍：**是因為我們的根器太弱了嗎？

**首愚：**整個時代不同。禪宗真正興盛時期是唐朝，到了宋朝，大慧宗杲禪師以後就不行了，他提倡參話頭以後，禪宗就往下滑，滑得一塌糊塗。所以要弘揚禪宗，真正的祖師禪沒那麼簡單。南老師通如來禪又通祖師禪，但是他的特色還是在如來禪，所以他的那首偈子說，平生只欠祖師禪。他講的學理很通透，非常完整，但是他接引的還是以教理接引為多。

**胡軍軍：**淨土法門的修行目的是為了往生淨土，準提法門的修行目的是為了什麼？

**首愚：**一樣的，無二無別。淨土的無量壽無量光，我們佛教界流行一句名言，千經萬論同歸極樂，其實也就是千經萬論同歸般若，無二無別。那麼無量壽無量光，正是自性光明，這是隨其心淨則國土淨，沒有兩樣。如果有兩樣，那是對佛學的見地一知半解。同時淨土的一種往生說法，可能弘揚淨土的講地過頭了，《阿彌陀經》明明講，往生極樂是兩個門檻，第一個叫不可以少善根福德因緣，得生彼國，已經夠高了。第二個，若一日……若七日……一心不亂。一心不亂，就到淨土了，這有幾個人做到了？

**胡軍軍：**所以還是自性的問題，不是說要去一個地方。

**首愚：**對，我們真正的淨土在當下，這是見地問題。

**胡軍軍：**這個很重要，我相信很多人有這個迷思。

**首愚：**那是。

**胡軍軍：**明心見性的「性」，到底見的是什麼「性」？

**首愚：**明心，明的是三心不可得。我們凡夫總是追憶過去，都活在過去的經驗中，各種光榮和失敗的經歷。我們八識田中所持藏的種子，都是多生累劫的一些過去的經歷，收藏在我們的第八阿賴耶識裡，所以也稱之為種子識，不經意地冒出一些妄想，其實妄想都不是偶然，都是我們八識田中的種子反映現前。因緣成熟了，種子起現行，所以才會有這樣的妄想紛飛。那麼這方面我們都要一一把它轉化，首先要看清的是三心不可得，過去已經過去了，未來還沒來，當下最重要。我們要老實持咒，就是把握現在心。老實持咒，統攝三心。從三心不可得裡面，看到生命的緣起。所以見什麼性？見的是依他起性，見的是諸法因緣生，諸法因緣滅，是緣起法，諸法緣起的種子深入到我們的八識田中，我們八識田中多生累劫難免什麼種子都有，在六道中載浮載沉。

隨著我們破除我執、法執成分的深淺，你就從下三道提升到人道、阿修羅道、天道這三善道，從這三善道當中又提升到四聖界，到聲聞，到緣覺，到菩薩，到佛的境界。所以地獄有地獄的緣起，餓鬼有餓鬼的緣起，畜生有畜生的緣起，阿修羅道有阿修羅道的緣起，人道有人道的緣起，天道有天道的緣起。聲聞道看到的是四聖諦，緣覺道看到的是十二因緣，菩薩道行的是六度萬行，最後才能夠成就佛果。

唯有看到依他起性，來轉化我們的種種劣根性。劣根性是我們的遍計所執，我們根深柢固很多強烈的我執、法執。這樣一來，慢慢轉慢慢化，最後才能夠證得圓成實性。所以我們從準提咒裡，老實持咒，念清楚，聽清楚，念念分明，這是來統攝我們的三心十法界，最後就能夠證到圓成實性，究竟清靜圓滿。究竟清靜圓滿就是涅槃佛果了。

自性光明，那是我們本有的，是我們禪宗講的本地風光，是我們的本來面目。你一旦見性，見到這樣的一個佛性，見到這樣的一個圓成實性，不見本性修法無益，一旦見到本性，修法可以事半功倍，不可以道里計，修行的腳步就可以加快了。

**胡軍軍：**師父給了我一個法號是善元清，請問師父對弟子的期許是什麼？

**首愚：**元有根本的意思，一元復始，萬象更新。元也有水源頭的意思，是我們生命的本源的意思。元，是一個根本。拿禪宗來講，元是什麼元？本地風光是元，我們的自性光明是元，我們的本來面目也是元。那麼清，清清明明的，那就到了嘛。回到生的本來，那不是元清嗎？

**胡軍軍：**像您這樣一位高僧，您還會恐懼死亡嗎？

**首愚：**這個不是恐懼不恐懼的問題。我們學了佛，這是個行願，從我個人來講，我能夠為這時代弘揚正法，弘揚多久算多久，你怕也沒用，業力本來如此。

所以我有八字箴言，弘揚正法要盡心盡力。有時候不是你盡心盡力就夠了，客觀環境沒辦法了，那麼只好隨緣隨力。隨緣隨力，隨過頭了，太鬆懈了，還要盡心盡力，所以盡心盡力跟隨緣隨力是要襯托的，這樣正好中道而行，才不會有遺憾。但是我已經盡了心了，我能夠做多少就算多少。生死的東西，那是根本無明。真正的佛法來講，生死涅槃等空花。在小乘的境界來講，有生死可了，有涅槃可證，到大乘佛教，生死涅槃等空花。

**胡軍軍：**是因為您身上有高度的弘法使命，所以您不會對死亡恐懼。對大多數的普通凡夫來講，他們應該如何去克服這種恐懼？

**首愚：**了生死之前要先了生滅心，生滅心一了，生死就了了。你生滅心都了不了，你還談什麼了生死？這是本末的問題。你的見地通透了，你還有什麼好擔心的？擔心是無明，那真是大妄想！

**胡軍軍：**其實還是無明產生的。

**首愚：**對。

**胡軍軍：**您在臺灣，在武夷山，其實都有很好的修行環境，但是您還是不辭辛勞，一年四季到處弘法，為法忘軀。這是您在親身實踐普賢大願。

**首愚**：我看《六祖壇經》的時候就發了兩個大願：一個是弘揚禪宗，第二個，是建立禪宗叢林。後來看到普賢行願品，跟我的心地完全融在一起。當年南老師讓我不要把眼光老是放在臺灣，我說我不會的。我寫過一句：實行正道，莊嚴世界。我的意思是說：老人家，您放心，我的願力，在看《六祖壇經》的時候就發了這個願了。

**胡軍軍**：真的了不起。南老師好像有一個預言，說準提法門可以傳三千年，您是否可以具體說一下，讓修準提法的弟子，有更多的信心。

**首愚**：南老師平常談笑風生，但他在玩笑中也有不玩笑的。他的神通往往用於無形，這也是上師南老師的遺言。他說我死後，有三千年的香火運。

這個法門不但適合我們中國人，也適合西方人。南老師有個學生，在紐約華爾街算是一個很資深的理財高手，他的英文名叫 Bill，我在華盛頓地區的時候，他跟我講，他說其實準提法，不只是你們中國人適合，我們西方人更適合。它簡潔明瞭有邏輯。應該講，西方人喜歡簡潔，喜歡有邏輯，尤其他自己修法，他很清楚。好幾個跟南老師學準提法的美國人，每個人都修得很相應的。有一個是外交官，叫愛德華，娶了一個太太是臺灣人，他練準提咒練地感應得不得了，是一個很實際的修行人，很樸素的修行人。

**胡軍軍**：請您分享一下首愚兩個字的來歷？

**首愚**：我講過好多次了。南老師從美國到香港的第二年或第三年，有人介紹一位針灸師，我也是被人介紹去給他針灸的，但是有人跟南老師報告，說這個人好像是騙子，怎樣怎樣。其實我也不知道他是不是騙子。南老師有一天晚上三更半夜打電話給我，來罵我。我說這跟我不相干，也不是我介紹的，我也不曉得他到底對不對，我也不懂中醫。他一邊罵我，我一邊笑。南老師說我罵你，你還笑？我看你從智不智，從智沒有智慧，該改個名字。你看是首愚，你要用保守的守好，還是用首都的首好？我在想，一個人笨了，還把守住，那真的是笨得一塌糊塗了。承認自己笨的人還不算太笨，首愚就是第一笨，所以我說，老師我用首都的首。從那天起我就用首愚，我就很少用從智。

**胡軍軍：**我們凡夫修行，修行上障礙特別多。

**首愚：**南老師經常說一句：想得到，做不來。看得破，忍不過。

**胡軍軍：**您個人的修行上，還會有障礙嗎？

**首愚：**障礙，哪有沒有障礙？障礙把它看通、看透了，一個出家人還怕障礙？苦中作樂，總之一切如夢幻泡影。

**胡軍軍：**您真是位偉大的修行人！

**首愚：**這幾十年下來，瞭解般若，吃苦也不覺得是吃苦，這是願力，轉業力為願力，也是理所當然為佛教做點事情，為自己培福修慧。如果認為是苦，那就苦上加苦了。認為不苦，是一種歡喜心。你想一個人能夠在這個時代裡頭為佛教盡點心，這要多少福報！

二〇一八年十一月九日　南京寶華山隆昌寺

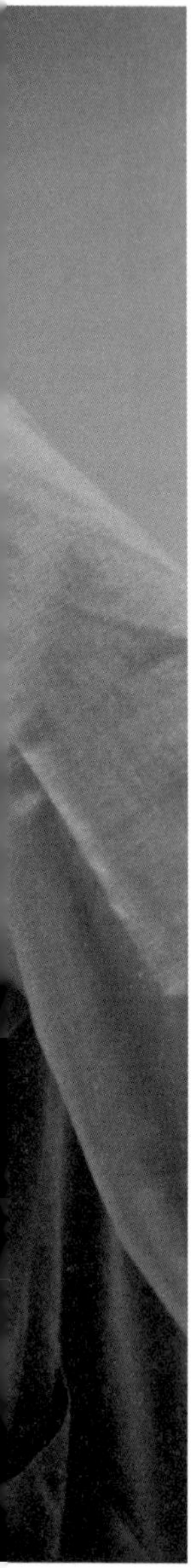

# 繼程法師

一九五五年生於馬來西亞，一九七八年依止竺摩上人出家，
同年赴臺灣松山寺受具足戒，並於佛光山中國佛教研究院研究部進修。
期間親近印順導師、星雲大師，並於聖嚴法師門下修習禪法，成為法子。
之後一直沿用聖嚴禪師教導的方法修行與教學。
返回馬來西亞後，閉關千日，出關後活躍於大馬佛教界，
現任馬佛學院院長及普照寺住持，於世界多地指導禪修課程，著述甚豐。

閑裡偷忙話生死——繼程法師訪談

**胡軍軍**：您給我的感覺，渾身上下充滿了自在，您待人處世慈悲溫和，您的笑容有孩童般的純真。這個自在的過程是漸漸修來的嗎？禪修就可以自在嗎？

**繼程**：這是你的感覺，你的感覺不一定是我的感覺；別人認為的，也不一定是我認為的。我不會太在意自在這些形容詞，從小到大我這樣一直順順地長大，然後到現在，呈現出來現在的我了。

如果我們刻意用一個方法，說能夠把一個人改變成什麼樣子，這樣就很有問題。因為我們個性的養成，是一個很長期的過程，它不會是突然顯現的。在這個過程裡面，可能禪修對我有幫助，可能學佛對我有幫助，可能某一些生活的過程，對我有幫助；但是設定某一個方式，說一定對這個人有幫助，就有點絕對，它就不符合因果法則的運作，所以只能夠說每個人在成長的過程中各有各的意義。

如果你在學習的過程中有一個方向，像我們，當然佛法對我們的影響是肯定的。因為從佛法裡面我們才知道，人可以活得很自在，甚至可以解脫，那就使我們的生命有了一個目標。禪修當然是有用的，但是我們也發現了，很多禪修的人是愈修愈糾纏，他也是禪了，但是他是糾纏的纏。

也有一些人他可能沒有直接的禪修，可是他有某一些類似的生活的經驗，跟禪修有相似的地方，比如說一些藝術家，藝術的創作，有些過程，其實跟禪修的方法有一種貫通。如果我們掌握禪修的原則，就是我們所謂的專注和覺照，能夠保持一種專注，能夠身心不動，但是又非常清明，很清楚地知道當時的因緣在運作，能做到這一點的話，其實跟禪修是相通的。通過這些類似的過程，也可以解放自己的一些煩惱。

**胡軍軍：**您是幾歲出家的？是什麼因緣讓您決定走上出家之路？

**繼程：**我從小對宗教有一種親近的感覺，小時候家裡有民間信仰，家長一定會到寺院去，其實是神廟，我媽媽如果去神廟，多數她會帶我，很奇怪，我的哥哥姊姊很少跟，好像都是我在跟，然後我也很歡喜，有一種很親近的感覺。到稍微年長一點的時候，家裡的民間信仰，每天都要拜神的，那麼這個工作常常是我做的，那時候認為這個就是佛教。

我們馬來西亞有一些中學有佛學會，這在其他地區很少有。中學的佛學會還會幫忙小學創立佛學會、佛學班，這是馬來西亞佛教的一個特色。那麼我參加了中學的佛學會，老師上了第一堂課，他講了一個很簡單的因果故事，善有善報的故事，他一講完，我就很受震撼！原來佛法是那麼好，原來佛法是有理論的。其實故事很簡單，但我聽了以後就感覺跟我以前一路信仰的是不同的。以前我以為拜拜，然後上香，就是佛教，就是我們的信仰。原來佛教有講因果的道理，那個時候開始對佛學有興趣了。

後來我對佛陀的故事愈來愈有興趣，終於瞭解，原來佛教就是佛陀創立的宗教，還接觸到星雲大師的《釋迦牟尼佛傳》。慢慢地，開始認真學佛了。在這個之前我對中國文學就有興趣，讀了一些詩詞，逐漸興趣轉到佛學，愈來愈濃厚。

有一年的佛誕節，有花車遊行，我上花車去扮演太子出家，他們幫我弄了一個長長的頭髮，然後拿把刀要割斷頭髮。我站在車上遊街，站得基本上沒有動，有人問這個人是真的還是假的，竟然有定力，完全沒有動。哈哈。還有一年，我還演過阿彌陀佛，這些都是因緣，但是在過程裡面，心裡面就隱隱約約有一個生命的方向形成。

畢業以後我教書教了幾年。有一年年終假期，馬佛總會和馬佛青總會聯合辦了一個短期出家課程，我給受戒的沙彌講課，那時候我在佛教界小有名氣了，因為佛學考試我都是拿優秀獎，全國第一名。在活動舉辦期間，馬佛青總會和我拜會了得戒和尚（我後來出家的剃度恩師）竺摩上人，在交談中，老和尚提到了青年出家問題，他說：「現在出家的年輕人很少，出了家願意研究佛法的更少。」他這樣一講，對我衝擊很大。我生出一個念頭，很少裡面如果能加我一個——那一刻，我決定出家，那是一九七七年，我二十二歲。

我跑回去跟我的父母談判，三個人哭成一團，最後他們放了我，一九七八年初我出家了，跑到佛教會去住了。

雖然師父的一句話觸動了我，但是後來我做一些反省，我之所以會決定出家，其實還是因為我覺得佛法太好了，我自己學佛學得很有興趣，我也很希望能夠弘揚佛法。如果我能繼續學習佛法，又能夠弘揚佛法的話，那麼這是最理想的生活方式！當然出家是最好的形式，因為世俗的事情會占去很多時間。

我的師父是一個才子，他的書、畫是頂級的，詩也寫得非常好，從小非常聰明。他是當時在馬來西亞唯一能夠講經說法的法師，影響力非常大，我很受他影響。

**胡軍軍：**您是馬來西亞人，是奉小乘佛教法義為宗旨的國度，請問小乘佛教和大乘佛教的涅槃法義分別代表什麼？

**繼程：**馬來西亞佛教的歷史，是很長遠的。其實南傳佛教有兩條路線，一條路線是我們現在看到的南傳佛教，另外一條路線是和陸路絲綢之路的北傳佛教一樣的海上絲綢之路的佛教，它傳承的是部派佛教，大乘佛教和密教都有，而我青年時期受的佛教的法義是偏向於大乘的。

在南傳佛教方面，比較單純，他們所謂的涅槃就是解脫，理論部分其實不多。大乘佛教在涅槃這個觀念上，必須要面對一個問題，就是涅槃後還存在或不存在的問題。假如存在的話是什麼樣？什麼狀態的存在？它又發揮什麼功能？如果不存在的話，那麼跟斷滅又有什麼差別呢？我們現在是用我們的思考方式去想像，只有當你證到涅槃的時候，你才會知道涅槃究竟是怎麼一回事。我們只有通過修行去實現。佛的涅槃有一個很重要的觀念，叫做無住涅槃，不住世間也不出世間。

**胡軍軍：**開悟有什麼次第上的區分嗎？

**繼程：**禪宗講的開悟，跟傳統佛教相比，觀念還是有點不同。因為早期佛教不講開悟的，佛陀是覺悟了。《法華經》所謂的開示悟入，四個字裡面就有開悟兩個字，所以可能跟這個有關係。開示悟入是《法華經》裡面談到很重要的一個觀念，佛為什麼要出現世間？為什麼要說《法華經》？就是為了幫助眾生開佛知見、示佛知見、悟佛知見、入佛知見，所以開悟兩個字是從這裡來的，它的意思當然就是解脫或者是圓滿覺悟了。

而「悟」，有些屬於淺的，有些屬於比較透澈的。我剛剛出了一本書，《禪悟之道》，也談到開悟有廣義和狹義的區別。廣義的比如像一種突發性的或者是突破性的理解，甚至因為這個理解改變了你的生活或者觀念，這個就像開悟了。如果是修行禪修的開悟，深的開悟其實就是徹悟，也就是說你破了這個我見，解脫了。若是傳統聲聞的果位，那就是初果；如果是菩薩地的話，那就是初地。《華嚴經》講菩薩道有五十二個階位，到後面的十二個階位登地了，才是真正的大悟。我們在修行的過程中，第一個類似開悟的體驗，幫助我們見到這個法性，或者見到空性，信心就不再退轉。

**胡軍軍：**您說過學佛者其實已經啟動開悟機制，這個機制如何才能長久地保持啟動狀態，最終修成正果呢？

**繼程：**我說過眾生類裡面最有福報的是人，人類裡面最有福報的是接觸到佛法的人，接觸到佛法的人裡面，最有福報的是在修行的人，懂得修行的人。很多接觸到佛教的人，他們只是停留在信仰的層面，在這一群人裡面最有福報的當然是懂得修行佛法的人，更進一步來講，修行佛法的人裡面最有福報的就是出家人了。這個是一個路線。

另外一個路線，修行佛法的人，最有福報的是修禪的人。因為禪修是佛法修行的法門裡面最重要的。最有福報的出家人是禪修的出家人，最有福報的禪修的人是開悟的人，最有福報的開悟的人是有菩提心的人。這樣一層一層上來，我想強調，我主要的觀念是講福報。

為什麼要講福報？因為很多人在修行的時候，他們忽略所謂的福德因緣，也就是說你修行要有很多其他的條件來扶持你。比如說，在法鼓山這邊修行，如果沒有聖嚴師父，沒有其他的信徒，沒有這些法師來建設道場，我們根本沒有相應的一個道場來幫助修行。是別人建設了，我們的福報跟它相應，我們才能夠來到這裡，表示我們有這個福報。所以福德因緣在修行整體上來講非常重要。

我經常提醒大家，你們來這裡修行，處在一個很有福報的狀態，但是你很有福報的時候，你是在享用福報，但享用福報的同時，你還要培養這個福報。如果我們用這種觀念來看，這個機制就沒有停止。從這個角度來說，我具備了修行的條件，我在享用修行福報的條件的時候，我要繼續培養福報，要讓這個機制在啟動之後一直運作，讓我的福報一直增長。從學佛發菩提心開始，一直到開悟，福報不斷增長，到最後成佛。我們的學佛的機制啟動了以後，我們要記得一直培養福報。

**胡軍軍：**您平常每天畫畫寫字，這算不算禪修的一種方式？您每天都感到充滿了靈感嗎？

**繼程：**我想說說我的師父竺摩上人，他是一個才子，他的繪畫書法都很出色，不過主要是書法。我認為他的書法是天才寫的字，我們學不來，而且師父從來不教我們。我猜測師父不教有兩個理由，一個理由是我們沒有這個天分，學起來浪費時間，我們出了家學了佛，本分應該放在佛法，書畫藝術應該是業餘時間做的事情；第二個是因為師父是天才，天才一般都不是好老師。因為他學得太快了，可以不按順序來學，我們一般人必須要按順序，所以他不會教我們。

寫書法是小學就有的功課，我們小時候大楷小楷都寫。我也是滿有興趣的，對字體的那種美感很有興趣，但是小時候我不太會寫字，只是很喜歡好看的字。出了家之後好像很自然地要寫一點。

我閉關的時候，師父給了我一本字帖，他說這個字體很好，叫我有空臨一下，我就臨了兩年多，都在臨曹全碑的隸書，所以我現在的功底是在隸書，我寫隸書很自然。寫久了以後，慢慢這個形也不見了，就變成了自己的字體。在這個過程裡面，我已經跟聖嚴師父學禪了，發現自己的功夫很不扎實，我就要求再閉關兩三年。那段時間看了不少書，佛法的基礎學習扎實了下來。

後來出來弘法，我就帶著這些本身具備的條件，偶爾有人說來幫忙寫一下什麼，我就寫。大概四十歲生日的時候，大家給我辦了一個書法義展，籌款給馬佛青總會。慢慢地很多團體就來找我寫，我就開始寫自己的風格。弘一大師說過練習書法要從篆書開始，現在的書法老師都是從楷書開始練習，然後往回走；他還提到另外一個很重要的觀念，他說中國的書法是象形的，本身就是一個圖案，所以你在寫書法的時候一定要有一個圖案的觀念。因為書法是一個線條藝術，完全純線條的，用線條來展現美感。

我多多少少有這樣子的概念。有一年我在美國弘法，突然間有一個靈感來了，我看到「禪」這個字，我把禪兩個口畫在一起，當作一個人的頭跟眼睛，把田寫成一個身體，下面那一橫我把它畫得很實，然後再一豎下來的時候，好像一個人在打坐；部首的示字寫成畫成一盞燈或像一支蠟燭，這個意思就是定和慧結合起來就是禪。《六祖壇經》說定慧一體，我的書法可以用這種方法來和經典結合，對我來講，是書法方面的開悟，是一個很大的突破。從那以後，我的寫法開始用畫的方式，畫圖形，不過有些人接受不了，他們說我走火入魔了。

不過，我覺得我理解了弘一大師的觀念，我也很注重字的線條結構，我把寫字的形態調整成為一種遊戲。我是從修禪有了一些體驗以後，再進入書法的，所以我的書法好像一個開悟的過程，字體開始產生很大的變化，又比較大膽地去發揮。寫了一段時間以後，我又想到，書法是線條藝術，然後如果是畫的話，它是從點到線，然後到面，如果能夠再變成一個體的話，就是立體的雕塑藝術了，我就開始來玩這個畫了。

我對水和墨有一種特別的感覺，別人用很濃的墨把那個字寫得很工整，我是加水進去，好像韻味就出來了。所以我的字是畫出來的，有時候畫又好像是寫出來的，比如我寫了一幅心經，我就畫幾朵蓮花在字裡面，有時候畫幾朵蓮花，再寫一幅心經或者寫幾個字，設法把書和畫結合在一起，整個運作的心態比較像遊戲。這個方法是希望回到禪法的一種所謂的自在。

**胡軍軍：**如果行住坐臥皆是禪，那麼打坐為什麼對禪修者來講如此重要？

**繼程：**我們平時的狀態很散亂，打坐其實是一種對治，很重要的一個對治。對治什麼？對治我們的動跟散亂。禪修是要進入靜態，進入到定慧一體。如果直接用這個動態，包括很多的慣性，很多攀緣心，要把它調到靜態太困難，所以就必須要先從身體把它安定下來。身體安定下來，它先對治的是身體的動和散亂，還有外境的動和散亂。對治了這些散亂，我們才能夠進入到內在的對治妄念的散亂。所以這個變成禪修中最核心、最中心的部分，一定要用靜坐的方法。

**胡軍軍：**您的戒和尚是印順導師，他從哪方面影響了您的佛學思想？可以談談他在您心目中的印象嗎？

**繼程：**印老他給我最大的啟發就是他的思想，他研究中國佛教文獻，但是後來他回歸到印度佛教，他看到的佛法，是一個完整的體系。雖然我們看到他一直批判中國佛教，其實不完全，中國佛

教很多好的地方他都在讚揚，但是有些中國人看了受不了。他強調佛教的源頭既然在印度，我們就必須要回到源頭，去探源。他給我的信裡面有一句話很重要：「正其源，澄其流。」澄清它的支流，他對我的啟發很大。

我們很多人讀印老的《成佛之道》，但是一開始讀的時候都讀不懂，前面還懂一點，後面愈看愈不懂了。隨著時間推移，才慢慢看明白。我記得讀佛學院期間，我請教藍吉富老師，應該讀哪些書？藍老師說你把《妙雲集》讀完。讀完之後，我又拿到了《印度之佛教》，我發現我對佛教的理解、思想還有眼界一下子開闊了。後來我就以《成佛之道》和《佛法概論》作為我教學的中心。

我們學習到的佛法，有一部分是源，有一部分是流，它有流變的過程。通過對印老著作的學習，我逐漸有了自己的理解方式，佛法我們把它放在一個中心，然後佛教發展的時候是一個圈一個圈出去；到某一個圈的時候，它可能就會形成另外一個中心，這個中心自己本身也會形成這個圈。現在的重點是，某一個圈的中心，它是不是能夠連貫回到佛法的中心？如果能夠連貫回來，那就沒有問題。連貫不回來，可能它就會脫節。

有這樣的一種理解，我就看到中國佛教也好，其他系統的佛教也好，它們都是這樣的一個過程。所以我們要設法「澄其流」，流變的過程一定要澄清。不管是在哪一個圈裡面的哪一個中心，一定要回到佛法這個中心來。所以我們對佛法核心的部分一定要掌握得很好。

我認為印老是緣起論者，他回到佛法的中心。緣起性空這樣的一個觀念，給我很大的啟發，所以我現在無論看什麼問題，包括我們禪修，都是一定要回到這個緣起。你不回到這個緣起，沒有回到因果的法旨，你所講的，不管講得多好、多圓融，都不能離開這個。所以你這個圈不管畫得多遠，你在很周邊的地方弄一個圈，弄那個中心，只要這個中心能夠連貫到這個緣起，那就沒有問題。我在教禪修的時候，也是強調回到核心，回到核心就是依緣起這個法則。

**胡軍軍：**後來您又親近聖嚴法師，他也是我最初學佛的引路人。聖嚴法師的禪法如何影響了您的修行？聽說您現在指導禪修都是沿用聖嚴法師的方法。

**繼程：**其實我在跟聖嚴師父學禪之前，我學了一個系統的南傳的禪法。這個禪法老師教的屬於馬哈希（Mahasi）的系統，緬甸的觀腹部呼吸方法，觀腹部呼吸的同時，還有十六個次第的觀法，在南傳佛教裡面很重要。他還給我們看一個舍利塔的結構，其實就是整個佛法的修行：下面八個角，代表八正道；四方形的一個塔底，是四聖諦；再上面是一個覆缽，覆缽上面有一個比較長的柱子，那個柱子有十六個圈，其實就是十六個次第；再上去塔頂上面有四個圓的，最高的圓其實就是阿羅漢的果位或者是佛的果位。

我去跟聖嚴師父學打坐的時候是有這個基礎的，所以上手很容易。那個時候師父在文化館教禪修，大殿坐滿也不到三十個人。當時是師父親自教，包括運動，學了各種調息的方法，一個步驟一個步驟教。我學會了以後很開心，因為之前有學打坐的基礎，有一些學生要跟我學，我就跟師父報告說要回國教打坐，師父不置可否。他不想潑我冷水，但是我去教確實經驗不夠。後來又多打了一次禪七，那個時候就比較受用了，師父直接安排我當監香了。

後來只要有生活營，包括佛學院的活動，我都會辦禪修課程，一直教到現在。記得那時閉關出來，師父出版了一本書，把我們修行的體驗全部記在裡面，我在馬來西亞的學生看了很羨慕，但他們來臺灣不方便，所以我就請問師父，可不可以帶領打禪七，師父就給我一些比較正面的回應。我講課的內容是小止觀跟六妙門，就是比較有次第的教學，師父看了以後就認可了。既然師父說要讓我正式地教學，所以他就正式地傳法，一九八五年正式傳法給我，他說這樣才名正言順。因為中國禪宗需要一個法脈的傳承，師父之前沒有想這些問題，那個時候他對法脈不是很在意，但是從那以後，他就很重視法脈的傳承。

**胡軍軍：**您的禪修生涯中有沒有過非常苦惱、難熬、困惑的時期？

**繼程：**應該沒有。我好像有一點福報，整個學佛或說人生的過程沒有什麼大風大浪，基本上都很順利，禪修也是比較順利，只是在我閉關的時候有一段時間沒那麼理想，當時有一些負面的情緒跑出來，但是慢慢地調，它也就過去了。

**胡軍軍：**除了生死無大事，我們應該用什麼心態來準備死亡？死亡需要練習嗎？

**繼程：**從禪宗的角度來看，他們說生死是大事，大事未了如喪考妣，大事已了還是如喪考妣，那是一種心態的問題。對於禪師來說，在他們的意境裡，生死也不是大事，根本就沒有大事。

以前有人問禪師：「師父，死了以後你會到哪裡去？」禪師說：「我不知道。」那人就想，學佛的人，死了往生西方極樂世界，或者往生善道或者發願再來，都一定有一個方向，或者一個目標，禪師為什麼這樣講呢？他又問：「師父修行境界這麼好，怎麼會不知道？」禪師就回答：「因為我還沒有死。」意思說我死的時候我就知道了，但是我那個時候知道也沒辦法告訴你了，所以問了等於沒問。

也有些不一樣的回答，有個禪師說：「死了，到山下去做一頭水牛。」其實他就是發願為眾生服務。還有一個說：「死了，我要到地獄去。」徒弟說：「你修行這麼好，怎麼會到地獄？」禪師就說：「我不去地獄的話，到時候誰度你？」意思說你們這些遲早要過來，是吧？我在這邊等著度你們。

所以，禪師們對生死的看法很自在。我們注意到禪宗，其實完全不談死後的事，這個多少跟儒家的觀念有相同之處，未知生，焉知死？我們理那麼多做什麼？我們只要把生過好了，只要有開悟的體驗，那根本就不是什麼事了，到時候很自然你就會知道怎麼處理了，你不需要現在做什麼預設。我們所謂活在當下，這是禪宗的特色，它不預設任何未來。如果發願的話，他的願一定是跟眾生有關係，不會是跟他自己有關係。

**胡軍軍：**禪修能減輕死亡的恐懼嗎？您會如何勸導一位生命即將走向終點的臨終者？

**繼程：**我沒有做過這個功課，因為臨終關懷好像屬於另外一個系統。臨終關懷大部分都會用淨土的法門，因為在那個時候，如果沒有一個具體的方向給臨終者的話，他們會害怕。禪宗在這一塊沒有特別地去預設，但是如果剛巧我遇到這種情形，我會教他念佛往生西方極樂世界，我還是會用淨土法門。信願的法門，對這些人來講是最有用的，定慧的法門在那個時候用不上，你不要跟他講太多佛法，然後告訴他修定什麼的，那時候不可能做到。

**胡軍軍：**您作為禪者是如何看待淨土呢？

**繼程：**我不是沒有淨土觀念的，我現在教禪淨共修。我教念佛禪，教念佛禪的時候，我會告訴學生，如果你念佛念到一心不亂，想要往生的話，就發願吧。因為這兩個系統的中國佛教其實涵蓋大乘佛教整體，一個是定慧門，一個是信願門。

信願門跟定慧門之間某一些觀念看起來是矛盾的，但實際上我們從佛法整體的角度來看，它們是可以貫通的。重點在哪裡？就是要回到我們中國佛教的判教。中國佛教的判教，它是以中國哲學為中心，就是圓融，圓融的觀念在中國非常重要。我們可以運用在佛法的教育中，針對不同的眾生，給他們不同的教學。這樣的一種方式，其實也是我們中國佛教的特色。比如像永明延壽禪師，他本身是淨土寺院裡面的一個住持，他就主張禪淨雙修；中國佛教在宋明清的時候，宗派基本上都是融合在一起的。在這樣一種氛圍裡面，我們比較不會有像印度佛教的那種辯論，一定要辯出誰是了義誰是究竟，也不會像日本佛教那樣，這個宗派跟那個宗派有很清楚的分界。

所以弘揚漢傳佛教是件很幸福的事，因為每一種法門都可以用，只要你發現哪種信眾需要哪種法門，你就可以教授哪種法門。

**胡軍軍：**您本人對來生有什麼期許嗎？

**繼程：**我沒有想那麼遠，我沒有發願的。我這一輩子只發過一個願，就是不當住持，不剃度徒弟，結果住持當了，還好沒有剃度徒弟。這是我的個性使然，因為我比較喜歡一個人跑，我怕拖泥帶水。現在當那個住持是掛名的，所以還可以亂跑，不然的話一個寺院待下去，我就跑不了了，我也不知道這是自在還是偷懶，哈哈。

**胡軍軍：**疑情是開悟過程中必不可少的環節嗎？不升起疑情的禪修是無效的嗎？

**繼程：**不是，疑情是跟話頭有關係。如果參話頭的人沒有疑情，他就不能形成疑團，也就不能打破疑團。如果默照的話，就不會產生疑情。參公案的話也要有疑情，但是它們的方式有點不同，如果採用觀想的方法就不需要。信願法門也不需要產生疑情，你不需要懷疑西方極樂淨土，你就直接去發願就對了。疑情是對生命的疑情，也就是說對生命的所謂本來面目產生疑情，就是生從何來？死往何去？產生一種想要知道的那種心理，叫疑情。

每個人基本上都會有疑情，只是我們會用不同的方法來消融它。但是話頭的方法是故意要把這個疑情發動了以後，才能夠發揮最大的效果。

**胡軍軍：**我聽說小乘佛教的修行者，並不承認大乘佛教的存在，您會嘗試跟他們解釋大乘佛教的合理性嗎？

**繼程：**我們打哈哈就好了。因為教派之間的這種問題長久以來就存在了。現在有很多宗教方面的交流會議，但是我們發現，這些會議只是停留在口頭上的那種和諧，表面上我承認你，你承認我，但是結果，從來沒有發現會議過後有人改變信仰的。你改變不了他，他也改變不了你。

像這種情況，不如我們自己檢討，我們正信的佛教的工作做得夠不夠？假如做得很夠的話，大家一接觸到的就是正信的佛教，就會很歡喜來學習。

**胡軍軍：**現代的人工智慧和基因科學發展迅速，您如何看待這個現象？會對佛教產生什麼影響嗎？

**繼程：**科學在不斷進步，以前有人說佛教是最科學的宗教，我覺得應該說科學是最佛教的宗教。

現在很多科學理論，其實是不斷地在印證當年佛陀講的東西，現在只是得到了印證而已。科學的理論，借助這個因緣，如果對佛法的弘揚有幫助，我們就借用它；我們也借用心理學或者某些藝術手段來弘揚佛法，這個是我們的善巧。

**胡軍軍：**您自稱「太平石僧」，什麼樣的日子是太平日子？

**繼程：**「太平」是馬來西亞我住的地方，那一個市鎮叫太平。最早的時候我刻了一枚章是「閑僧」，那時候我辭掉了佛學院副院長的職務，也不當什麼會長了，無事一身輕，我就回到「太平」那個地方去住，每天閑著沒事嘛，我就叫自己「閑僧」。我還借用一個信徒的居所，就叫它「閑居」，每天在那邊泡水寫字，輕鬆自在。閑久了，我覺得應該再做一點事，我是閑裡偷忙。現在我感覺偷了太多忙了，但是我還是希望我的生活主軸是閑，我不會忙裡偷閑，我是閑裡偷忙。

後來我愛上了喝茶，喝茶的量多了以後，我就叫自己「茶僧」了。我跟宜興的紫砂壺也結了緣，我發現寫壺的人很多他們的筆名都有一個石頭的石，因為紫砂本身就是從石礦來的，所以我想，我也叫石什麼的，因為我是出家人，所以就叫「石僧」。

**胡軍軍：**禪者可以把涅槃作為修行中的一個目標嗎？還是說根本不考慮涅槃不涅槃這回事？

**繼程：**禪修的終極目標就是要開悟，學習佛法的終極目標就是要解脫。如果把開悟跟解脫都說成是涅槃，當然也沒有問題。但是禪師在實際用功的時候，這些大概都不是他要考慮的東西，如果一直想著要涅槃，想著要開悟，想著要解脫的話，他就會走偏了。

**胡軍軍：**像您都修得這麼自在了，您對死亡還會有恐懼嗎？

**繼程：**其實我還不知道，真的不知道。我記得我父親去世之前，他得了一種食道癌症，後期吃不下東西，當時他說了一句話：「應該來的時候來，應該走的時候走。」他說這句話，我就放心了，結果他走的時候很安詳。我想我們每個人都應該是這種態度，該來的時候來，該走的時候走。

二〇一九年一月八日　臺灣法鼓山

# 寬謙法師

釋寬謙（楊漢珩），一九五六年生於臺北，一九八六年出家於法源講寺，
國立成功大學建築研究所博士班肄業，
任覺風佛教藝術文化基金會及楊英風美術教育基金會負責人。
協助福嚴佛學院及臺北慧日講堂、花蓮聖覺寺等佛寺重建。
歷任福嚴佛學院、圓光佛學院、佛教弘誓學院、臺中假日佛學院教師，
玄奘大學講師、華梵大學助理教授。
一九九九至二〇〇七年主持法源講寺，二〇〇〇年開始海外弘法，
二〇〇八年建立覺風全球電視臺網站傳佈佛法。二〇〇七年起主持新竹永修精舍迄今，
二〇一二年創立北投覺風佛教藝術學院，二〇一七年創立新竹覺風書院。

# 生死無憾，涅槃自在——寬謙法師訪談

**胡軍軍：**大體捐贈對多數中國人來講是個敏感而陌生的話題。我知道您簽署過器官捐贈的文件，請問您為什麼做了這樣的決定？很多人說這個過程會生起瞋恨心，您覺得這將會是痛苦的過程嗎？

**寬謙：**因為學習過唯識學，對生命的流轉、生死輪迴就會更清楚明白。當我們臨終時，先是腦死而後心死，腦死是第六意識沒有任何覺知的能力，此時第六識就是舍受，但是心臟卻還未停止，第七、八兩識本來就是舍受，沒有任何知覺，呈現彌留狀態，其實就是舍受，完全沒有苦受、樂受、憂受與喜受，只有舍受，因此本身是沒有任何覺知的。器官的移植與捐贈就是利用腦死而心未死之際。腦死由醫師做出判斷，此時心跳與脈搏的生命現象依然存在，器官仍然是活著的，但卻沒有任何知覺，這樣才有機會再移植進入另一個人的身上。

一般傳統佛教的觀念，認為人斷氣就是沒有任何的生命現象，死後還得需要八小時左右，讓意識慢慢地脫離色身，這期間如同生龜脫殼般地痛苦難忍，所以需要起碼八小時的助念，主要是在這八小時內不要對亡者有任何的碰觸，避免亡者因為碰觸而受到干擾，生起極大的痛苦而瞋恨不已，如此會影響亡者的心念，而投生於惡道當中。但是這樣一來，則失去了彌留時器官移植的時機。並且修持淨土法門者往往依此想法，恐懼器官移植時的疼痛而裹足不前。一般人臨終時不牽涉到器官捐贈問題，臨終助念八小時，生死兩相安，並且亡者若生前非常用功，臨終時一心不亂，則可得阿彌陀佛接引到西方極樂世界。若是牽涉到器官捐贈，仍然可以在器官捐贈後進行助念，一樣可以往生極樂世界，這樣更合乎大乘佛教淨土法門捨己為人的精神。但是若害怕自己因為疼痛而起瞋恨心，因而墮落惡道，這未免對自己的修持太沒信心，而且不合乎大乘佛教的精神。

其實器官移植時，醫師依然可以施打麻醉劑，避免捐贈者的痛苦，加上依「唯識學」理論根據，只有舍受，是不會有任何覺知的能力的。我想還有一道最後的防線，就是如果自己的兒女或者至親，需要我們的器官才能救得了他，就算自己必須忍受痛苦，我們是否願意？若是願意，就算必須忍受疼痛，我們會起瞋恨心嗎？應該是不會的。有人或許會懷疑受贈者是誰，我們並不知道，甚至是完全不認識的人，與自己的子女或是至親有何關係嗎？我們想想世間的一切現象都是有因有緣才有果報現象的，我們用肉眼，只認得今生的父母兄弟姊妹和子女，但如果以佛法思維，我們無始劫以來的生命流轉，有無量生死，必然有無量的父母兄弟姊妹及子女，非肉眼所能見。因此今生只要是有緣的眾生，都有可能是我們宿世的父母兄弟姊妹及子女，所以器官的受贈者，怎麼可能是與我們無因無緣？只不過不是我們今生的肉眼所能分辨得了。大乘經典中，經常提及菩薩就是以頭目腦髓等來利益眾生，面對器官捐贈，才終於明白是怎麼回事。這不會是個痛苦的過程，就算會是痛苦的過程，站在利益他人的立場，也願意歡喜納受，必然不起瞋恨想。

**胡軍軍：**大部分人對涅槃有很大的誤解，把涅槃等同於死亡。請您談一談您理解中的涅槃？

**寬謙：**我一九八六年出家，翌年我的師父覺心上人往生了，我的出家生涯沒有童年，很快就要擔當起大人的責任。覺心上人的剃度弟子早已星散，住在法源講寺的是同輩的師兄弟及大師兄的剃度弟子，來自十方道場。我對法源講寺的講字，感受到一定程度的責任，原來法源講寺是由我的師公斌宗法師開山的。當時師公處在葬式佛教的日據時代，他去中國大陸參學，是最早將天台宗引到臺灣的人。天台宗講究講經說法，教觀雙美，而師公認為臺灣佛教講經說法的源頭，在法源講寺，應該源源不絕。

一九八七年我因為協助福嚴佛學院院長真華長老，而讀到印順導師的《妙雲集》。《學佛三要》是我進入《妙雲集》的第一顆叩門磚，而《學佛三要》的最後二章，導師解釋「解脫者的境界」與「佛教之涅槃觀」，讓我感動與法喜了三個月之久。

所謂涅槃是很抽象的，很不容易理解。涅槃，是印度話，含有否定、消散的意義。我國古譯作「滅」、「滅度」，即意味著某些苦痛的消散，消除了，又超越了的意思。其實除了消散、超越的意義以外，還含有自由、安樂、舒適的意義，或可用「樂」字來代表，當然這是不同於一般的快樂。

玄奘大師直接譯為圓寂，圓是圓滿，是修行中應修得的一切功德都具足了，寂是寂滅，一切不良的成分都消散了。這就是平等、自在、安樂的理想境地。我們凡夫的生活中充滿著執著、痛苦與煩惱，以至於在生死輪迴中打轉。涅槃的境界是聖者的境界，是解脫者的境界，大大不同於一般凡夫所能有的境界。

「超凡入聖」是佛弟子第一大阿僧祇劫的修行功課，這裡面最大的關鍵就是慧學的熏修與學習。慧學是透過四預流支：「親近善士、多聞熏習、如理思維、法隨法行」，也就是親近善知識之後的聞慧、思慧與修慧，當現證慧現前時，也就是聖者的境界，再進一步就是解脫者的境界。

這些慧學的核心就是般若，聞慧是聽聞師說或自己研讀經論而來，必須理解到佛法的根本意趣，乃至契悟不共世間的深義，契應法印。思慧就是對於所聞的佛法，加以思維簡擇義理，應依了義，衡量佛法，所得的簡擇慧才會正確。修慧與思慧同樣對於諸法起著分別決擇，但與定心相應，具足正定。達於現證慧即是信智一如、悲智相應、定慧均衡、理智平等。證得涅槃的當下，是絕諸戲論，言語道斷的涅槃境界。

**胡軍軍：**有一句話叫「大悲不入涅槃」，這是大菩薩的發心嗎？既然涅槃是佛弟子的修行目標，為什麼又提倡不入涅槃呢？

**寬謙：**佛教與其他宗教最大的不同就在於面對生死，接受生死，並且超越生死。佛陀就是為解決眾生的生死大事因緣而化現於世間，希望幫助眾生了脫生死，而了脫生死的關鍵就是必須證得涅槃，涅槃就是諸法實相的現前，也就是真理現象的本質。心量小的聖者自求了脫生死，也就是證入涅槃證得初果，再經二果、三果而至四果阿羅漢，不受後有而達於解脫。

然而心量大、悲心重的聖賢菩薩，也就是心量大的聖者，忍而不證果，一旦證果，就會走上了脫生死的解脫道，一旦了脫生死，就脫離了眾生，脫離了眾生就不名為菩薩，因此聖賢菩薩是忍而不證入涅槃的。菩薩會想如果我能了脫生死，我為何不幫助生死苦海中的眾生脫離苦海，菩薩就是以涅槃的本質，幫助更多的眾生，做量方面的擴大，擴大到盡虛空界的無量無邊而圓滿成佛的，聖賢菩薩為了眾生所以「大悲不入涅槃」。涅槃確是佛弟子的修行目標，小乘行者就是自己受用涅槃，自我了生脫死，大乘菩薩行者不忍自己受用，忍而不證入涅槃，發心以涅槃的本質，嘉惠更多眾生，周遍更多眾生而圓滿成佛，佛陀即是圓滿了盡十方遍法界的涅槃。

**胡軍軍：**釋迦牟尼佛涅槃之時，對普通凡夫而言，看到的是生離死別的悲愴之情，很難去體會涅槃的喜悅，為什麼釋迦牟尼佛要在我們世間示現如此殊勝的現象？

**寬謙：**佛陀以印度悉達多太子的身分化現於世間，必然有色身的出生與入滅。面對佛陀的入滅，佛弟子中經過佛陀教化而證得生死解脫的阿羅漢們，必然是默然無語全然接受世尊的無常變化，也就是根據真理法則：「諸法因緣生，諸法因緣滅，我佛大沙門，常作如是說」，甚至與諸法實相的相應，自然也會產生一種法喜的覺受。但是仍為凡夫的弟子們，只能限於肉眼看到生離死別的現象，悲愴之情油然生起，所以哭得呼天搶地，主要是因為不明白真理法則緣生緣滅的變化，拒絕接受緣滅的現實現象而悲愴痛絕，這乃人之常情。其實這是自然的現象，而對深體法義者，呈現出的是殊勝的現象。

**胡軍軍：**是否只有在佛教的法義裡才有涅槃法義的出現，其他宗教有類似的概念嗎？為什麼佛教產生了這種超越生死，不住生死，不住涅槃的概念？

**寬謙：**涅槃，不是佛所創新的術語，古代的婆羅門教及後來的印度教，都可以說是以涅槃為歸趣的。涅槃，可以說是印度文明的共同理想，但是名詞雖同，內容卻是大大不同的。依佛法來看，他們的涅槃觀是不究竟的。最庸俗的是以現實生活中物欲享受的滿足為涅槃，譬如說有一外道，飽食之後，拍拍他的肚子說，這就是涅槃了。一般印度宗教的涅槃，如呼吸停止，或心念似乎不起等，自以為涅槃，其實都不外乎禪定的境界。

所有的宗教都有信仰的特質，沒有信仰的成分是不成為宗教的。慈悲、博愛、大愛，啟發善心善念，也是同於所有宗教的，而唯一不同於其他宗教的最大的特質，就是解脫世間的智慧，也就是能自我了脫生死的涅槃。菩薩是將這份涅槃的本質，去做量上的擴充，去幫助更多眾生涅槃解脫，佛陀就是圓證了盡虛空界的涅槃而成佛的。

涅槃是透過緣起性空的般若智慧而證得的，也是超越了世間的相對現象，如有生有滅的相對二邊，藉著二邊都是性空的特質，所謂達於超凡入聖，聖者不落二邊不生不滅的涅槃境界。涅槃是中道不二的境界，所以由登地的聖賢菩薩，經過二地、三地、一直到十地圓滿而成佛，也是不落生死與涅槃二邊，不住生死，不住涅槃境界的完成。

**胡軍軍：**涅槃是否是一種性空的最終完成？佛陀最終抵達了涅槃寂靜的境界，對大多數修行者，如何才能去接近涅槃寂靜的境界？

**寬謙：**是的。緣起性空是佛陀教導我們的最核心的法則，是宇宙人生的真理法則，依據真理法則來透視現象當中內在的因緣法，因緣法不具有單一的、不變的、實有主宰的自性。這種自性是我們與生俱來擁有的錯誤，我們妄執這種特性的存在，用否定的方式來破除我們的自性妄執，因此稱之為性空。若是具有單一、不變、實有的主宰性，即表示具有特殊性。佛陀深徹地開示我們：因緣的特殊性是不存在的，讓我們明白因緣是平等平等的特性，就是讓我們放下自以為不平等的執著，也就是讓我們理性地放下自性妄執。

因緣是全然地平等平等，但為什麼我們看到的現象是不平等的？因為我們用肉眼只能見到表面的現象，現象是眾多因緣排列組合出來的，我們每個人有不同的執著，所以自由地排列組合許許多多因緣，呈現出不同、不平等的現象來，現象是緣生出來的，之後也會緣滅的，因此現象呈現不斷變動的無常相。性空讓我們逐漸地放下自性妄執，透過放下自性妄執，我們的意境與眼光、眼界才能逐漸地向上提升，爬得愈高就會看得愈遠，看得愈遠下面的景象就會愈平等。

所謂涅槃，就是循著真理法則——緣起性空的思想與實踐，一路放下自性妄執，不斷向上提升，提升到某一高度時，正好見到了平等平等的現象，平等到無法言說，絕諸戲論的境界，也就是驗證到了涅槃的真理現象現前。如同從此岸達於彼岸，必須搭乘般若船，但是臨上岸時還必須拋下般若船，才能上岸。

如何接近涅槃？涅槃為何是寂靜的？就因為平等平等才能寂靜，涅槃就是真理的現象，是平等平等相的現前。未證平等平等相的現前，先深觀因緣的平等平等性，確認因緣平等平等的特性，重新看待所有一切現象，雖未呈現平等平等相，但我們內心清楚所呈現出的任何現象，都是充滿平等平等的特性，也就是以慧眼觀一切事物，其實都是平等平等性的，只因為我們的執著各有不同，才會呈現不平等的現象。

請先配戴一副般若——緣起性空的眼鏡，以平等平等性的心，也就是確認空性的心，看待所有一切，深觀因緣的平等平等性，自然就會慢慢地、逐漸地放下自性妄執，愈能放下自性妄執，就愈向上；愈向上就愈呈現平等相，也就愈接近涅槃寂靜，當然這需要累劫宿世的修行，但是只要方向是正確的，就會愈來愈接近。

**胡軍軍：**您早年是學習建築設計的，請問是什麼因緣讓您決定出家？您的父親楊英風教授是當時臺灣藝術界的領軍人物，他曾經幫星雲大師的道場塑造過佛像，他給了您什麼影響？

**寬謙：**我的出家因緣歸納起來有下面這些方面：

一是娘胎教育。當一九五五年家父為星雲大師宜蘭念佛會，塑造阿彌陀佛佛像時，家母跪坐在一旁充當模特兒，她手中抱著襁褓中清純的家兄，而我正在母親的胎中，悄悄地陪伴著這一切。

二是幼時念佛。我與阿彌陀佛結著非常深厚的因緣，童年時的回憶就是尾隨著外婆，晚上沒事就是緊跟著外婆到宜蘭念佛會念佛、繞佛。看著大家繞著佛像，念著佛號，阿彌陀佛佛號音聲，經常不自覺地在耳邊響起，繞梁三日而不絕。

三是高中時期看到家父為美國萬佛城法界大學籌辦佛教藝術學院，意識到出家人也可以是學問淵博的學者。

四是淡江大學建築系的訓練與培養，自身的感性與理性的衝突達到了平衡。記得一九七九年我大三升大四的暑假，外婆罹患骨癌，在家中療養，口中總是喃喃地念著「我要到寺裡、到寺裡……」正巧家父的祕書回臺南，帶著開元寺的會智法師北上，無意間來到家中，見狀而提起開元寺正好設有慈愛醫院，建議不妨送外婆住慈愛醫院，又在寺院範圍內，豈不兩全其美？我們一家人就真的護送外婆到開元寺住慈愛醫院。我讀建築系最擅長於熬夜，於是大夜班由我承擔照料。到了凌晨三、四點鐘，聽到隔壁開元寺起板，生平第一次聽到梵唄唱誦，感覺非常熟悉，彷彿過去世的習性悄悄地透過耳根傳到今世來，喚醒宿世的善根因緣，三兩天下來竟然也朗朗上口了。我陪了外婆整個暑假，開學前後時外婆往生了，停靈於塔廟前的歸西堂，半夜我們兄弟姊妹及表兄弟姊妹共同為外婆助念，我敲著木魚，依稀彷彿中我好像見到面前呈現穿著海青的跪拜人群。

五是因為父母的婚姻。父母是表兄妹關係，自小被指定了婚姻，兩人落差甚大，南轅北轍，是雙方的母親刻意促成，令他們失去了自由戀愛的權利。我眼見著至親的婚姻及親朋好友的婚姻狀況，讓我心生恐懼，也因此滋生了出家的念頭。

六是外婆與祖母的過世，一再敲醒出家的警鐘。外婆照顧我長大，感覺比母親更親，外婆的往生讓我悲痛欲絕，想著世間不管做了多少努力，總歸難免一死，真不知道生活的意義何在？後來因為接觸了臺南開元寺，更增加了出家的決心。在這之後的三年中，我忙於工作，奔走於花蓮和南寺「造福觀音」的放大工程，臺南開元寺的古蹟修建、高雄文化院的庭園與雕塑工程、彰化宜興工業吳老闆的別墅藝術工程……好景不常，我的祖母依然撒手西歸。面對無常，出家的警鐘再度響起，我下定決心出家，但是先做完手邊的主要工作，臺北市靜觀樓的建造及埔里靜觀廬及工作室的完成。終於在一九八六年出家了！

至於家父對我的影響，我從小就非常崇拜我的父親，他是一位修養非常好的人，從來沒有聽他罵過人，生過氣，永遠非常謙恭有禮地對待所有的人，縱然是晚輩，縱然是販夫走卒，縱然是陌生人，他都一視同仁，很平等謙和地看待一切。家父的生命特質，與生俱來都是佛法的展現。

家父在晚年的展覽會上有一句名言：「向來回首雲岡處，宏觀震攝六十載。」他常說他去雲岡石窟時被震懾在大佛的腳底下。大同雲岡石窟大佛，正是家父創作的活水源頭。星雲大師曾經評價父親的藝術創作，雖不盡是佛像作品，但其實都是在雕造佛性。

我感受到家父的才華橫溢，創作對他而言，如同吃飯睡覺般自然，隨手拈來都是佳作，經常創作出令人驚豔的作品。小時候只覺得家父像一座高山威武聳立，經常拜家父盛名之賜，受到特殊的禮遇，但不免感到做得好是正常的，做不好是很丟臉的壓力。透過出家學佛才逐漸理解父親的精神，逐漸解除心理壓力。

家父生活非常簡單，個性柔軟慈悲，剛毅智慧，寬宏大量，具宿世善根但福報不足，生活極其艱辛，但是他從不被現實打倒，不被失敗打倒，而且一直都非常正面地看待一切。他給我最大的影響，就是在任何艱困的環境中，始終保持一顆樂觀進取的心，轉化為正面的能量。

**胡軍軍：**您常說今生最大的幸福，就是親炙兩位大師，佛教界的印順導師及藝術界的楊英風大師，您能更深入地談談嗎？

**寬謙：**從兩位大師的人格特質來看，他們都生長在大時代的動盪中，成長於貧困的年代，卻仍能安之若素。從兩位大師的作品中，看不到絲毫苦難的、負面的特質，都是充滿光明的、正面的能量。生活物質方面都不富裕，精神上卻很充實。他們都是同行間人品清高的特立獨行者，日夜堅持、努力不懈於自己專業的領域。他們可以整天靜悄悄地享受寂靜安寧，待人處事謙虛隨和，生活簡單樸素，欲望極低，但卻專心一意，意志堅毅，尊重人我，與世無爭。旁人都認為他們非常辛勞，他們卻在自己的領域中優游自在，翱翔天空，並且樂此不疲，無怨無悔。他們都如同在生命的流轉中，延續了宿世的習性，也就是挖掘到生命的泉源，創作如湧泉而不絕，因此他們年輕時的作品，不會是青澀不成熟的，大約四十歲前就已經架構了自己創作的體系。印順導師在三十七歲時寫成了《印度之佛教》，楊英風先生三十七歲時創作法源講寺華藏寶塔頂樓中的「一佛二菩薩與飛天」，在在都已經完成了他們這一輩子的思想架構了。

**胡軍軍：**在您幾十年的弘法生涯中，您大部分的講經說法都是圍繞著印順導師的體系在進行，印順導師似乎給了您法身慧命中最不可或缺的影響力。請問您是如何被印順導師的思想精神所折服的？他對當代佛學的貢獻主要體現在哪裡？

**寬謙：**印順導師的思想架構於印度佛教思想史。導師云：「立本於根本佛教之淳樸，宏傳中期佛教之行解（梵化之機應慎），攝取後期佛教之確當者，庶足以復興佛教而暢佛之本懷也歟。」

我個人深受導師影響，奉此句為今生圭臬。自從能夠自己安排課程，或是為道場常住安排課程，三十餘年來始終謹遵教誨，終生奉此不渝。我的課程內容以導師的著作為主，不僅能還原印度佛教本來的面貌，學習純正佛教思想的系統，更加明白從根本佛教演變到大乘佛教的脈絡，並提供大眾修行應努力的方向。

印順導師根據印度佛教思想史的架構，正確而務實地解釋佛法，建立「人間佛教」的系統，補足中國漢傳佛教的系統不明，因為：

一是中國接受佛教直接從大乘佛法入手，缺乏前面根本佛教、原始佛教到部派佛教的基礎，再加上鄙視小乘聲聞學，造成法源的不足。

二來中國是文化大國，初期大乘佛教重般若的緣起性空，無法正確理解，於是常以儒家與道家等思想解釋，再加上翻譯過程的困難與誤解，造成儒釋道混用的格義佛教。鳩摩羅什大師於西元四百年左右，已經將初期大乘的龍樹學翻譯完成，弟子們中唯有僧肇法師深諳此道，卻因為早逝沒能傳承，其他弟子們也沒能繼續發揚。般若系在中國沒有得到適度的發展，迄今唯有導師能將般若系中觀龍樹學，解釋得清楚明白。

三是後期大乘佛教唯識系傳到中國，過於細密繁瑣，難以推廣，致使佛弟子們無法普遍研讀，殊為可惜。

四是真常系大行其道，好圓、好簡、好頓的習性，造成佛教甚深法義的不足，簡化了佛教的內涵。縱然法義深厚的宗派，如天台宗、華嚴宗與三論宗等卻形成糅合真常的綜合學派，思想脈系常常不易釐得清楚明白。

五是大乘佛教法義的衰落，也造就了密教的興起，密教是佛教在印度結合了婆羅門教，傳到西藏又結合了西藏的苯教，佛教教義的本質複雜化，並且稀釋，造成佛教的成分變質。

六是密教觀自身是佛，進而在身體上修風，修脈，修明點，要在大歡喜中即身成佛。各朝代佛教的發展難免與皇室結合，從唐朝與密教結合起，至元朝與清朝皇室皆以密教為主，密教大行其道影響至今，無法直接接觸與學習正法，這是讓人相當惋惜的。

導師深諳佛教思想史的演變，加上不同國度文化背景的變化，佛教的修行，所依據的理論基礎發生問題，修行就會發生嚴重的影響，所以致力於佛教法義思想的釐清。導師以人的成長過程，譬喻佛陀在世的根本法教時期為誕生期，原始佛教與部派佛教時期為童年期，初期大乘佛教為少壯期，後期大乘為漸衰期，而祕密大乘之興，也造成佛教在印度的滅亡，稱之為老死期。傳統的中國漢傳佛教，因為以上種種問題，難免發展為中國式的佛教，無法正確地明白佛法思想，影響修行至鉅。導師讓漢傳的華人佛弟子們能正確抉擇佛教正法，作為修行的指南，這是導師對漢傳佛教的巨大貢獻。

印順導師的著作中有非常清晰的陳述，而普遍大眾卻不易讀懂導師的著作，我很願意當一位引介者，藉著語言與圖解、系統化地為眾生講解與服務，而建築架構與圖示的訓練正好運用於此，又增加了一個重要的利器，因此很願意優游於這樣的領域中，把它當作我此生的修行功課。

**胡軍軍：**作為一名女性出家人，您在當今的佛教界為女性樹立了優秀的榜樣。我跟隨師父十年有餘，對佛教思想的架構是從您這兒學習而來，對我的學佛生涯產生了深遠的影響。也許佛法並沒有把我馬上變成一位多有智慧的覺者，但是從日常生活中，從起心動念中，驀然回首，發現佛法的種子已經遍地開花。請問您作為一名女性法師，您在弘法過程中的優勢與劣勢分別是什麼？

**寬謙：**我感恩身為弘法的比丘尼身分。其實在弘法過程中的優勢是不如比丘法師的，男眾比丘法師長相威武莊嚴，外相會比女眾更吸引人，但卻不容易親近，尤其是自律甚嚴的比丘。信眾中女眾居多，在臺灣幾乎占七、八成以上。

在重男輕女的傳統社會中，我願意低調行事，就算沒有比丘法師的優勢，也願意盡我綿薄之力。比丘法師容易被女信眾捧上天，而忘了我是誰，忘了修行的初衷，容易迷失在女信眾的人群裡，乃至享用眾多女信眾奉獻的種種福報。不要忘了這是過去所修來的福報，現在今世若不知道繼續修行，福報享盡了也會很慘的。

我發願世世都能以女眾身出家修行成為比丘尼，感覺是願力所成，而非業力所成，所以受到女眾身的業障，也比一般女眾少一些。從小都常自以為是男孩子，整天與兄長玩在一起，玩的是男孩子的騎馬打仗，而不是像女孩子抱著洋娃娃。所有功課中最好的是數理科目，讀高中分到適合男生的理組，大學讀的是工學院建築系，也是適合男生的學系，班上女生只有五％。我因為自信心強，不會覺得感情脆弱，反而常常是理性高於感性。

我願意和藹可親、隨緣自在，不希望給人壓力，所以能夠讓信眾歡喜接近。因為學建築的緣故，我比較注重整體性的架構，又因為愛好藝術，習慣用圖像的思考模式，建築與藝術兩者的結合，讓我擅長於使用圖像、圖表的解釋，讓信眾容易聽得懂，聽得有趣，甚至圖像有鳥瞰的作用，讓人有豁然開朗的喜悅。若只是文字語言的思維，不容易看到全貌，可能容易迷失於局部性的細節當中，而不知身在何處。另外女眾有思維細膩的特質，也是弘法的長處。

我認為學佛的過程中，聽經聞法是非常重要的，通過聽經聞法，才能掌握住正確的學佛方向，就如同父母對孩子除了盡生育、養育的責任，教育是更重要的，讓孩子將來有信心、有能力獨立自主，乃至於能成家立業、養家活口，卓然有成，也必然是經受教育學習來。學佛必須有佛學思想成為修行的依據，孩子受教育才能成長，而非處處依賴父母，成為媽寶或靠爸族，那就非常悲哀。學佛也一樣，不要一直依佛力，依菩薩力，透過佛學思想的熏習，對修行才能成長，生起信心，不僅自利還能行利他的菩薩道，也才能踏上成佛的道路，生生世世不斷地學習，累積我們的福報因緣與智慧資糧。但是聽經聞法的效果並非速成，如同教育百年樹人，累積久了，必然能受用到佛法的可貴之處！

**胡軍軍：**我聽您講過很多遍，來世您還是希望以比丘尼的身分來世間弘揚正法，這種慈悲心讓人動容。請問您對女性修行人要特別說些什麼嗎？

**寬謙：**我們許許多多的女眾修行人，常常自認為業障深重，有什麼比男眾修行人少修五百世的說法，於是自怨自艾，或者自認為比較低賤之類的，這是非常錯誤又負面的想法，我想這是重男輕女傳統社會的產物，在修行方面應該是男女平等的，全看自己的用功程度，自己的努力而決定。固然女眾有女眾修行方面的缺點，情緒化、心量小、眼光短、重感情、猶豫不決；同時其實也具有修行方面的優點，具有韌性、慈悲心重、思考細膩、和藹可親等等，這是毋庸置疑的。男眾也一樣具有男眾特質的優點，爽直、心量大、理性強，重大局；但也同時具有男眾修行方面的缺點，粗糙、衝動、韌性不足等等，這也是必然的。

依因緣來說最公平不過的是，男女修行人都是平等平等的，女眾修行者真的不要妄自菲薄，自以為卑微！只要正知正見努力修行，所得並不一定在男眾修行人之下。

**胡軍軍：**您創辦了覺風佛教藝術文化基金會，並舉辦了二十屆以上每年一次的「亞洲佛教藝術研習營」，從世界各地邀請了一流的佛教藝術學者專家來臺授課，請問佛教藝術對修行會產生什麼樣的正面作用？

**寬謙：**人類的溝通主要是靠名言種子的傳達，而名言種子分為二大類，也即表義名言及顯境名言，表義名言代表著語言、文字與思想，而顯境名言，經常是以境界與圖像來表達。臺灣佛教藝術界的老前輩，曾經說我們探討佛陀教導我們的修行境界有兩種途徑，右手如同語言文字思想，左手如同具體、不具體的圖像與境像。我們應該雙手並用，才能周全地發掘佛陀教育的源頭與本懷。

藉著佛教藝術能非常方便善巧地引導眾生入佛門，因為人對圖像的認知與感覺是非常直接的，佛、菩薩、羅漢像的慈悲與智慧所形成的寂靜涅槃像，是非常感人的，直接影響著觀看者的心情。當我們的心靈被影響時，我們就會進一步去探討背後深厚的佛法教義，透過佛法教義，又會影響我們的修行，讓修行一點一滴地改變著我們的做人處事，也就是從凡夫逐漸踏上向善修福報，向上修智慧的成佛之道。

**胡軍軍：**有一次我翻到《覺風》雜誌，裡面有一篇文字記載了您的行事曆，我當時讀了之後，大為震撼，您的行程排列得如此滿滿當當，我不由得感歎人和人之間如此不同，同樣幾十年的生命，有人可以做這麼多事。請問您是什麼心態支撐您行履不斷，弘法不輟呢？

**寬謙：**透過印順導師的著作，對佛法的學習，從了生脫死的解脫道，進一步達於自利利他的菩薩道，尋找到生生不已的生命之流，透過唯識系與中觀系的比對，徹底地理解到生命的主軸，深心地發願：願世世常行菩薩道，啟發智慧與慈悲的悲智雙運。以信願為基礎，形成無盡的力量，今生今世生命有限，做到哪裡就算到哪裡，無法強求的。

遵循《金剛經》「應無所住而生其心」的真理法則，轉化為「只問耕耘不問收穫的心」，只要我能做的事，我都會很願意去做。要不斷地耕耘因緣，果報自然呈現的，也就是說要讓善因善緣的比例增高，惡因惡緣的比例才會降低，福報自然會多於業障。這是努力耕耘來的，並非算計得來、計較得來、爭取得來的。

這輩子我從來沒有規劃過講經弘法的生涯，竟然能夠自己籌劃課程，而且邀約不斷，從寺裡講到寺外，從海內講到海外，只因為感受到佛法這麼好，為什麼知道的人這麼少？尤其印順導師的著作這麼好而浩瀚、深入、清晰、有次第、有架構、有系統……然而看得懂的人太少太少。我經常在讀了導師的書之後，有不看人間糟粕書的慨歎！因此我發願，若能讀懂導師的書，我願透過整理圖表、圖解、畫圖等方式與眾生分享、共用佛陀的智慧與慈悲。在漢傳體系中，導師講得最清楚，最明晰，而且跳脫傳統的束縛，直探印度佛教思想史的演變，回歸佛陀的本懷！我學習依循著這股佛法的力量，這股菩薩道的實踐，竟然也獲得了無限的能量。我的理念是只要眾生不嫌棄，我都願意隨緣盡分地講課而已。

**胡軍軍：**您一直說「隨緣盡分」這句話，我也看到您一直在實踐這樣的理念，您是如何保持初心而做到的呢？

**寬謙：**我們每個人都有生生不已的生命之流的生死輪迴，所以每個人生來都具有不同的因緣福報與智慧，我們只能珍惜我們自己所擁有的一切，不管貧富、貴賤，美麗、醜陋，聰明、魯鈍，我們都得接受，就在接受的當下與基礎上，努力耕耘向上與向善的因緣，至於何時看到結果，這是不可預期的。

因緣的排列組合是非常複雜的過程，有種種因、種種緣的結合與成熟，才能呈現出果報的現象來，善因善緣成熟，呈現福報，惡因惡緣成熟，業障自然現前。但所有果報都是因緣和合而成，卻也必定因緣離散而滅，緣生緣滅是自然呈現的現象，因此凡世間所有相，皆是虛妄，所以呈現無常。因此我們只能盡力耕耘善因善緣，善因善緣成熟自然呈現出福報，我們不要去期待，因為成熟的時間可能很長很長，可能幾年、十年、幾輩子……我們能期待嗎？

我們每個人也都得扮演各種不同的角色，也就是與人們結不同的緣分，一個人可能為人子、為人夫、為人父、為人師、為人徒……不管任何因緣，我們都要隨順因緣而克盡本分，這是做人處事的基本原則。例如，隨順生為人父的因緣，就必須好好養育子女，教導子女，不管子女的反應如何，程度如何，成就如何等等，這些都不是我們可以預期的，但求盡心盡力，了無遺憾。

**胡軍軍：**我們看到生活中太多人在追求完美，完美的學歷，完美的事業，完美的家庭，可是完美又是如此遙不可及，您會如何來開導這些追求完美的人？

**寬謙：**世間最完美的人就是佛陀，所有人都可以透過追求完美，而達於完美成佛，但是必須理解如何成佛。如何從人的不完美而達於完美？這個過程是需要經過三大阿僧祇劫累劫宿世菩薩道的修行，我們凡夫都還在第一大阿僧祇劫，怎麼可能達於完美呢？因此，我們反而要先接受不完美的人生，也因為無知才會想要追求完美，這在佛教來看只是妄想，只會徒增現實生活的壓力，其實接受不完美乃是佛法的一種智慧呢！

**胡軍軍：**您的出家生活如此忙碌緊密，如果您有空得閒，請問您最想做的是什麼？您會留戀作為一個在家居士的自由嗎？比如說可以輕鬆地參加一場音樂會等等。

**寬謙：**其實真正有修行的出家人是更自由自在的，因為心靈層面的擴大與深入，內心更優游自在。目前我出家的年限，已經超出了在家的時間，逐漸忘卻了在家人的生活方式，不會留戀在家的情況，在家人並不比出家人自由自在呢！心靈的自由自在，才是真正的自由自在。

看起來在家人可以自由出入種種五光十色的場所，往往是因為心靈的空虛，受到種種無明煩惱的束縛，不得不找尋出路，卻不知道愈是找尋愈是不安。出家後因為有佛法的學習與薰陶，往往可以感受到心靈真正的富足與充實，外在的聲名、地位、眷屬、權力、財富等等都是無常虛幻的外相，自然不會想要去追逐，能安住在佛法的喜悅中，這才是真正的自由自在。

如果真能有空得閒，最想做的是整理整理思緒，複習複習所學的佛法，記錄點心得。若是真想出門就是爬上高山，享受深山大自然的新鮮空氣，聽聽鳥語聞聞花香，舒展舒展筋骨，最好還能泡泡溫泉，靜靜謐謐地研讀經典論典，這就是我個人最高的享受了。

**胡軍軍：**您的課堂上經常使用圖表來闡釋各種佛學理念，在眾多的學佛者中間大受歡迎，很多人說是聽了您的課以後才把好多概念弄清楚的，請問您是怎麼想到用這種言簡意賅的圖解方式達到解釋佛法的目的？

**寬謙：**記得一九八六年剛出家不久，我的師父覺心上人從來沒有想到我會隨著他出家，就想為我及寺眾講經，第一晚我完全聽不懂，師父堅持了兩個晚上，還問了一些問題，我完全無法進入狀況，但是對佛法的好奇，促使我自己設法研讀、自學，我發現了佛教經典的科判表，驚喜若狂。

接著因為福嚴佛學院正值畢業前夕，真華長老帶著第四屆的同學走山路走到法源講寺來烤地瓜，長老提到發願重建福嚴佛學院，我立即表態是淡江大學建築系畢業的，我願意發心協助長老重建福嚴佛學院，當天家父亦不約而同會集於法源講寺，長老心生歡喜，就請我們父女合力協助。

一九八七年家師圓寂，我一下子就要扮演大人的角色，與常住寺大師父與五師父商量舉辦「佛七」，為佛七儀式手製海報宣傳，其中有句話「打得念頭死，許汝法身活」寫了二十遍後，我驚醒到如何打死念頭？只為念一句「阿彌陀佛」嗎？我有些後悔出家了……

還好因為協助福嚴佛學院的建築設計，我很快地接觸到印順導師的《妙雲集》，當讀了其中的《學佛三要》、《我的宗教觀》後，我感受到了佛法的深廣浩瀚，能優游在佛法的大海中，我不僅不後悔出家，更加發願，願生生世世都要不斷地出家，不斷地深入佛法。

我逐漸從印順導師的著作中發現許多新大陸。當我回去探望家父，總不忘興高采烈地拿著筆，塗鴉著我的讀書心得。有一回我報告「十法界」的理解，塗寫了滿滿的一張圖解，第二天一早家父竟然用方眼紙，非常工整地呈現我昨日寫得亂七八糟的內容，還對我說：「八師父，你看看這樣對不對？有沒有什麼需要修改的？」我像觸電一般，窺見了大師的身影、大師的身教、大師的虛懷若谷、大師學而不倦的精神。又領受到大師對我的指導，自此以後，只要透過研讀佛法稍有心得，我就整理成圖表模式，有助於自己與大家的理解，於是漸漸形成我教學的一大特色。

這輩子一出家沒有多久，就莫名其妙地有講經的衝動，其實當時我一點都不懂佛法，想起來自己也覺得奇怪。華嚴專宗學院的成一老院長，聽說有大學畢業生出家（當時仍然很傳統，大學生出家的人很少），就到常住來邀請師資，本來想找我教國文，我說我不會啊，於是讓我挑選課程，為了想要理解中國佛教史，我選了《中國佛教史》與《禪林寶訓》兩個課程，為了準備二小時課程，大約要準備十個小時以上，時間非常緊張。

後來在福嚴佛學院，真華長老也為我排了《佛說阿彌陀經》一學期及《華嚴經・普賢行願品》一學年的課程。《佛說阿彌陀經》，我是從傳統的天台宗教學，以參考師公斌宗法師的《佛說阿彌陀經要解》為主，直到印順導師的《淨土與禪》，引起我思想上很大的轉變，更看到導師跳脫傳統的可貴之處。

另外，我在常住一段時間，結合真義法師教導「梵唄唱誦」課程，不久後走出寺廟，在外開設《佛說阿彌陀經》、《般若波羅蜜多心經》、《慈悲三昧水懺》等課程。再加上因為舉辦「高中生冬夏令營」，交通大學與清華大學的佛學社也邀請我去上《成佛之道》的課程，課程安排竟然愈來愈多，同時還要忙福嚴佛學院重建工程及法源講寺的庭院工程，逐漸地感受到教學的壓力。

因為本來佛法的學習不足，內化不夠卻忙於外化，身心俱疲，一九九一年八月我請假了兩個月，就在常住寮房內禁足不出門，好好地、狠狠地啃了約二十多本導師的著作，這五十多天研讀佛法感受到心花怒放的法喜，很大的關鍵是我稍微讀通了導師的《印度佛教思想史》這本書，感受到導師著作等身的架構就在印度佛教思想史的演變。還有讀通了玄奘大師的《八識規矩頌》，並且畫出了生生不已的生命之流的圖示，與八識的熊掌圖。我尋找到了「世世常行菩薩道」的奧義，找到了生生世世流轉中的主軸——菩薩道，我不怕再糊塗地生死輪迴，我要清楚地生死輪迴，菩薩道不就是利用了生死輪迴，而累積「向善」的福報因緣，與「向上」修行的智慧資糧嗎？

一九九一年十月福嚴佛學院落成，我們在市區的「法源別苑」講堂啟用，自此以後，我講課風格優游自在多了。一部部的經典、論典，各種的佛學課程、文化課程就在「法源別苑」展開，十七年來日日不輟，直到二〇〇七年離開法源講寺，來到「永修精舍」亦復如是。一九九九年開始海內外弘法，二〇〇二年啟動電視弘法，二〇〇三年開始錄製ＤＶＤ流通發行近四十套，二〇〇八年開始架設「覺風全球網站電視臺」。二〇一二年北投「覺風佛教藝術學院」開學，二〇一七年新竹永修精舍「慈心幼稚園」，改修為「覺風書院」開學迄今，一路走來，就是憑藉了系統化的圖解佛法。

**胡軍軍：**您邀請了安藤忠雄先生設計您臺北北投的覺風園區，請問您對這個計畫有什麼期許？整體是如何規劃的？

**寬謙：**二〇〇七年離開法源講寺，當年夏天第一次到美國弘法，遇見了今生的貴人常觀居士（胡軍軍）。二〇〇八年常觀伉儷正好從美國回到上海，夏天來到了永修精舍，常觀驚見我們的居住環境不甚理想（花了好幾年修整改建的工夫，現在已經修改成相當舒適好用的空間了），二〇〇九年底有位居士的同修，擔任不良債權公司的總經理，告訴了我們北投的這塊土地資訊。二〇一〇年初常觀的同修藝術家張洹，於臺北「當代美術館」舉行個展，全家順便到北投現場看地，常觀一家答應捐助大部分資金幫助我們購地。感謝邱柏庭居士藉由好友CC郭先生的引介，得到安藤大師的首肯，二〇一一年一月二十三日我們與安藤大師簽訂設計覺風佛教藝術教育園區的合約。

接著因為整建舊舍不慎形成違章建築，還有不諳法律而產生巨額的土地增值稅等等問題，於是二〇一二至二〇一六年間，不斷地與稅務機關打官司，甚至常觀居士也出庭做解釋，但終究民間單位打不過政府，最後還是籌錢繳稅，二〇一三年起孫偉德建築師協助我們與市政府溝通，二〇一五年嘗試申請違建補照，依然在處理中。

我們的鄰地本來是四千多個墳墓的臺北市第三公墓，也感恩因為有公墓的存在，不受商家喜愛，我們才能有機會購得此地；二〇一三至二〇一四年間，臺北市政府提撥款項，配合殯葬業者積極參與，非常快速地遷葬完畢，而形成第二十二號公園，這是一個大的進步。

二〇一六年六月我利用去上海弘法的因緣，再度與 CC 郭先生聯絡敘述當時情況，十月 CC 郭先生陪伴我們及孫建築師到大阪與安藤大師再度簽約確認此案，並溝通設計理念。二〇一七年春天及秋天又走了兩趟，二〇一八年春天第四趟溝通，大體確定。

覺風佛教藝術園區的規劃，很重要的是面對傳統與現代的轉化：

一個是思想的師承。依據印順導師思想的系統，建立人間佛教。大乘佛教博大精深，大分為三系：般若系、唯識系及真常系，其佛法的源頭來自原始佛教及部派佛教。原始佛教時期的建築不復存在，僅遺留佛陀的聖蹟，然而部派佛教時期的建築，尚保存於中印的石窟中，尤其阿育王時期（西元前三世紀）的佛陀舍利塔，石窟群中的支提堂（佛堂）與僧院窟，也就是建築史上最古老而質樸的佛堂，我去印度佛陀聖蹟及佛教石窟朝聖，總共六趟，經常流連忘返於石窟中質樸的支提堂，每每感動不已。比照印順導師思想，大乘佛教的法源基礎來自於佛法時期質樸的佛法，不謀而合。我期許覺風的佛堂元素是最古老的，但建築技法是最現代化、科技化的。

第二建築設計的原則必須是佛教藝術的展現，將來建築物的本身即是藝術品。我們很幸運的是安藤大師首肯，願意設計規劃覺風佛教藝術教育園區，將來整個園區必然處處充滿藝術氛圍，值得大家期待。

其三，建築物以外的庭院空間將建設成為國際級佛教藝術的雕塑公園。因為我們這塊土地處於保護區，建築率只有一五％，將有很大的戶外庭院空間，將來會每兩三年徵召世界範圍的雕塑藝術家，在覺風園區中展現以佛教思想為主的藝術雕塑創作。

我們北投這塊土地共計十甲（臺灣一甲地大約一萬平方米），首先建設的是最平坦的一甲地，從上而下分A區：佛堂暨講堂、行政辦公室、地下停車場等；B區：禪堂與美術館、齋堂；C區：北投陶瓷文化記憶館、教室及輕食堂。安藤大師將A區、B區及C區三棟建築物以表參道做一連結。從A區佛堂室內的列柱，延伸到室外的列柱，經過B區禪堂美術館，最後終結於C區陶瓷文化記憶館的屋頂水面上的列柱。

一般人進入覺風佛教藝術教育園區，首先見到的是陶瓷文化記憶館區，連結著二十二號公園，希望可以對北投地區的陶瓷文化盡點心力，也可以方便接引佛教外人士，並提供陶瓷教室，供大家實際操作陶瓷。接著可漫步於戶外雕塑公園，而進入佛教美術館與禪堂區。最高的精神象徵即是A區早期的印度佛堂，供奉的是舍利塔，莊嚴而質樸的神聖空間。期許覺風園區，可以讓每個到這裡來的人，感受到愉悅的氣氛，並能夠學習到佛教正法思想，提供修行法則；外在的環境亦是無言的教化，令人賞心悅目，樂於學習，將佛法化為人生觀，讓人感到學佛是件快樂而自在的修行。

**胡軍軍：**我個人學佛是因為從小就是個對生死敏感的人。您會建議修行人時時觀照生死，以此作為修行的手段嗎？

**寬謙：**我們平時煩惱很多，愈是執著，煩惱愈多，但生平最大的煩惱，無非就是死亡，如果修行人時時觀照到此生最後的死亡，有生之年的過程，所有經歷的現象不過就是過眼雲煙罷了，還有什麼可計較的？生平所有的煩惱都不及最終死亡來的大，就能逐漸消弭煩惱的分量。能隨時觀照死亡，許多的煩惱自然少一些，但還得對自己的來生，有比較明確的目的地，可能臨終時的彷徨無依，不知道魂歸何處的煩惱會少一些。

記得有一回經過三天兩夜的愉快旅行，第三天晚上即將結束時，感覺有些惆悵，覺得快樂的時光怎麼這麼短暫？但最終每個人還是要面對結束旅行的時候。如果下車前很清楚地知道下車後明確的目的地，其實會很快地轉換情境，回到家中，或者常住寺廟裡，會有另一種愉快的成分，怕的就是不知道下車後，究竟去哪裡而流浪街頭，這種惆悵的煩惱是會延續的，甚至會增長的。

因此我們的來生，是意願往生西方極樂世界，還是東方淨琉璃世界，或兜率天彌勒內院，亦或乘願再來人間？這是我們這輩子的功課，最好是清楚的，是明白的，萬一還不清楚明白，起碼發願來生生在一個有佛法的世界，才有機會不斷地學佛，懂得行菩薩道，繼續累積我們的福報因緣與智慧資糧。

**胡軍軍：**死亡，如何能讓它變成生者死者皆心安的告別？甚至變得莊嚴？

**寬謙：**死亡是一位既陌生又熟悉的朋友，就在我們出生之際，它就靜悄悄地跟隨在我們的身邊，無形、無相、無聲、無影……我們一直拒絕著它、掩蓋著它、躲避著它，我們貪生怕死，我們留戀世間，我們拒絕緣生緣滅的無常現象。

但是我們累劫宿世地與它為伍，它幫助我們在色身徹底不堪使用時，讓我們脫離色身的束縛與病痛，幫助我們徹底地轉化色身，轉化父母，轉化不同的人際關係……它幫助我們在重病中有機會重生，在黑暗中有機會見到光芒。但是終究死亡最後還是來臨了，於是我們應該要感恩它、歡迎它、接受它，乃至擁抱它。

**胡軍軍：**誰都不知道無常和死亡究竟哪一個先到？您會預想如何安排自己的身後事嗎？

**寬謙：**沒有特別的想法，只想交代的是簡單就好，自己能夠生死自在最好。如何生死自在？有生之年時就要練習接受老化、生病之苦，不要自怨自艾，最後就比較能接受死亡；能接受死亡、清楚死亡，痛苦也會少一些。然後又能明確認知來世的去處，比較能夠生死自在些。如果將來北投覺風園區能植葬，最好就是在覺風植葬，不需要舉辦告別式，不要勞師動眾。

**胡軍軍：**如此聽來，我植葬的去處也有了！您看過我在北京的「常觀無常」展，在蘇州的「涅槃本色」展，在臺灣的「涅槃天下」展，見證了我逐漸變成一位「涅槃藝術家」，您可以對我的創作提些感想和建議嗎？

**寬謙：**常觀對我而言，是一位宿世善根因緣特別深厚的人。我們的認識可以說是從二〇〇七年開始，於法鼓山美國象岡道場的佛法課程結緣；二〇〇八年你造訪臺灣新竹永修精舍，接著鍥而不舍地學習佛法、臨終關懷等課程，不斷往返大陸、臺灣；二〇一一年我們在武夷山一起學古琴；二〇一二年你來臺灣參加護國寺的《印度佛教思想史》課程等等。認識十二年來，幾乎年年都有近距離的接觸與交流，從我對你的接觸中，能感受到你心靈的細膩變化，具體到「涅槃系列」的創作，其中有清楚的因緣脈絡，可以這樣歸結：

一、二〇〇七至二〇一二年間認真學習佛法，雖然常觀二〇〇三年就在紐約皈依法鼓山聖嚴法師學習佛法，透過初期摸索與體驗，真正有系統地學習，應該是根據印順導師思想，有系統的學習。

二、參加覺風舉辦的佛教藝術朝聖之旅：

二〇〇八年印度佛陀聖地遺址朝聖
二〇〇九年闔家參與日本安藤忠雄建築之旅
二〇一〇年印度石窟朝聖
二〇一五年峨眉山朝聖
二〇一六年韓國佛寺朝聖
二〇一七年日本安藤忠雄建築事務所
二〇一八年斯里蘭卡佛教遺址朝聖

三、二〇一〇年發心奉獻鉅款給覺風學院購地。

四、二〇一一年參加臺灣蓮花基金會的臨終關懷系列課程。

五、二〇一三年和二〇一四年參加覺風學院「亞洲佛教藝術研習營」的學習。

六、二〇一三年至二〇一六年間跟隨林保堯教授等佛教藝術專家考察各處重要石窟。

七、二〇一三年起收藏稀有珍貴的北朝佛造像及相關文物。

八、二〇一五年發願以繪製涅槃佛像為安身立命之志。
九、二〇一七年邀請安藤忠雄設計建構「阿虛博物館」（Ash Museum）。

常觀因為以上眾多因緣的積累，加上宿世善根因緣的成熟，佛法思想的學習，明瞭理想的最高境界就是達於涅槃的境地。圖像方面，常觀於佛教藝術的涉獵，除了參與佛教藝術的專業課程，並實地參與佛教藝術聖地的旅行，更可貴的是跟隨林保堯教授等專家的帶領，直探石窟寶藏，直接探勘古老的諸佛菩薩像真跡，加上根據藝術創作者的實際操作經驗，學習與感受更深、更直截。又收藏古代佛造像，更是生命、身家財產的投入。因而常觀創作佛像，配合佛法思想及實地旅行經驗，「涅槃像」成為創作中最有價值與意義的母題，又因為擁有充實的內涵與修行，創作更是泉湧而不絕。

「涅槃」是解脫者、智者、聖者的境界，就是要我們息除虛妄分別，離卻妄執，就是要脫落層積的虛妄熏習，掃盡離析對立的心態，實現內心的一味平等，不離此相對的一切，而並不滯著於一切。聖者的正覺，稱為智慧，並非世俗的知識，與意志、感情對立的知識，而是一味渾融中，知情意境化的統一，也就是說「涅槃寂靜」、「入不二法門」，重在於離分別。

涅槃者的境界是光明的、空靈的、喜悅的，並且是不憂不悔、不疑不惑、不忘不失的，在立身處世上都表現出嚴謹超俗、高尚純潔的風格。繪畫本是創作者心境的反應，「涅槃」作品更是透過內心的修行、慧學上的提升而展現出來的。

二〇一九年一月十日　臺灣新竹永修精舍

# 李光弘長老

臺灣臺北市教會聚會所長老。
一九四八年九月二十一日生，臺灣臺北市人。
家中經營醫療器材，是安泰醫療設備股份有限公司董事長，臺北市得榮社會福利基金會常務董事。
臺灣福音書房董事。臺灣福音工作全時間訓練中心及壯年成全班教師。
一九七七年蒙神呼召，投身福音佈道工作。
在 YouTube 上流傳著三百多支佈道影片，超過二百多萬人次觀看。

# 安息的尊貴——李光弘長老訪談

**胡軍軍：**佛教的教義，在我看來，很大一部分在解決生死的問題，請問基督教也是如此嗎？還是會更偏向於解決現世的問題？

**李光弘：**事實上，生死問題是人生中最渺茫、最遙遠的問題，卻又是最現實、人人都需要面對的問題。孔子面對生死，只能簡單地說：「不知生，焉知死。」一位哲學家茫然地說道：「人是無可選擇地獲得生命，無可抗拒地失去生命，無可奈何地度過生命。」兩者皆表現出一種無奈和無解。然而，基督徒對生死有一種了悟後的豁達與從容。基督徒的信仰是根據《聖經》，而《聖經》是神的啟示，神的說話。在生死問題上，《聖經》有非常全面平衡的解釋、說明，並且提出了解決的辦法。

綜合《聖經》的啟示，不僅解決人現世的問題，更徹底地解決人生死的問題。簡單地說，一個正確的基督徒，他的人生觀是：「活在當下，聯於永恆。」換言之，即珍惜每一刻的時間，抓住每一天的機會，活在永恆的目標下，得著永恆的價值。所以，《聖經》不只解決生死問題，同時也解決現世與瑣碎的問題。可以說，《聖經》是先解決人類生死的問題，再解決人生現世的問題。

**胡軍軍：**基督教在臨終關懷方面會對臨終者有怎樣的引導？臨終者上升天堂還是下墮地獄跟他（她）的最後一念相關？還是更多與此人平生的所作所為相關？

**李光弘：**臨終者可以分為兩類：第一類是基督徒臨終者，第二類是還沒有信主的朋友。怎樣引導基督徒臨終者呢？在《聖經》裡有一個基本觀念就是神呼召我們得救，神還要進一步的呼召我們得勝。什麼意思？得救就是叫我們得著神的救恩，也就是相信這位神為我們成為肉身，為我們釘十字架，為我們流血贖罪，除去人和神的間隔，這就是神的救贖。我們相信這個救恩，我們就得著重生，也就是在人的生命之外，得著神的生命。一個基督徒的重生得救可能是十年前、二十年前、五十年前，這樣的人，在他臨終的時候，我們會引導他在神面前檢視在得救之後，有什麼今生未了的虧欠，今生不夠的地方，無法帶到神面前，面對神的審判的，我們都應該即刻向主悔改，向主認罪，叫我們預備好迎見神，這是對基督徒的臨終者。得勝指的是基督徒在活著日子裡的屬靈成就，他是否因著遵循《聖經》的教導勝過脾氣，勝過性格的弱點，勝過對人的缺欠，這些都是他的得勝。這個得勝需要一生的努力。所以我要說得救是一念之間，但是得勝是一生之久。

基督徒臨終讓我震撼的故事裡，有一位代表性人物，他被尊稱為華人世界「紙上風雲第一人」，他是《中國時報》「人間副刊」的開創者，開啟了華人報紙副刊的輝煌時代，這位就是高信疆先生。一九九六年因著信主的妻子柯元馨女士，他來聽了福音。他的妻子天天陪著他讀《聖經》，陪著他禱告。二〇〇八年，他生了病，二〇〇九年，他終於決定受浸，歸入主的名下成為基督徒。在臨終前一個多月，我去探望他，他見了我非常高興，也很感慨地說：「李弟兄，我雖然固執，神還眷顧我，神還揀選我；現在我雖然因著身體的軟弱，氣若游絲，但是我內在感覺到的卻是氣壯山河，因為有主住在我的裡面。」這讓我想起《聖經》在《哥林多後書》四章十六節的一句話，「外面的人雖然在毀壞，我們裡面的人卻日日在更新」。

高信疆弟兄為臨終做了美好的見證。

對於不是基督徒的朋友，他們的臨終從我們的眼光來看，是更加迫切的。因為時間就是機會，最後這一段活著的時間是最終的關鍵時刻，叫他有機會可以來得著神的救恩，救贖。成為基督徒，他只要相信接受，種下生命的種子，就成為他得救的根基，進入神的國，進入神的家，有分於神家一切的豐富。雖然晚，還是趕上了。《聖經》中最強的例子，就是當主耶穌釘在十字架的時候，有兩個強盜和祂同時被釘，其中一個強盜就是在他臨終的幾個小時，最後的一念之間改變了。我們都知道這一念之間的改變，在《聖經》裡說就是悔改。什麼是悔改？就是觀念的改變。從沒有神，改變成有神，從好多神改變為承認獨一的真神，從不要神改變成相信祂、接受祂。所以當這位強盜說：「主啊，當祢的國降臨時，求祢紀念我。」（《路》二三：四二）主直接回答他說：「我實在告訴你，今日你要同我在樂園裡了。」（《路》二三：四三）《聖經》裡給我們看見，到樂園就是得救的象徵，所以這是他臨終的，最後一個關口抓住機會，一念之間相信主了，就成為他永遠的救恩。

**胡軍軍：**佛教裡提供了「涅槃」這樣一個概念，是煩惱永斷、超越生死、圓滿自在的一種境界，請問基督教義裡面也會有相似的理念，引導基督徒們走向一個圓滿的終極目標嗎？

**李光弘：**關於佛教裡的涅槃，我的理解不多，它所提供的概念是煩惱永斷、超越生死、圓滿自在的一種境界。我聽了非常佩服。在基督徒信仰中，的確提供了一條道路，讓基督徒能在「活著不再是我，乃是基督」的實踐中，走向一個圓滿的終極目標。在這點上我可以做一點分享。

《聖經》告訴我們，人的煩惱是永遠不斷的，會陸續發生，只要做人，活在地上，盡責任、負責任，就有煩惱。然而，《聖經》提供了一個祕訣，要將憂慮卸給神：「應當一無掛慮，只要凡事藉著禱告、祈求，帶著感謝，將你們所要的告訴神，神那超越人所能理解的平安，必在基督耶穌裡，保衛你們的心懷意念。」（《腓》四：六—七）《聖經》啟示我們，人生可以達到一種境界，叫做「福樂的人生。」我們的「心歡喜，靈快樂，我們的肉身也安然居住」（《詩篇》一六：九）。因為神「必將生命的道路指示我；在祂面前有滿足的喜樂；在祂右手中有永遠的福樂」（《詩篇》一六：一一）。真正滿足的喜樂和永遠的福樂，乃是這位永生神自己；祂指引給人類的路，就是活在祂面前。這位神滿足了人靈、魂、體三部分的需要。因此，這樣的人生稱作「福樂人生」。

不僅如此，《聖經》啟示我們，當人們享受這樣福樂人生的同時，必須做一個報佳音，傳好消息的人，去向普世的人傳揚這樣的福音，這就是向世人宣揚神悅納人的禧年。這個禧年意義非常深遠、完美。一言以蔽之，禧年生活就是「無憂無慮、無牽無掛、無缺無乏、無病無災，什麼難處都沒有，一切都是好處」。因此是「一切應心、萬事如意、逍遙自在、狂喜歡騰」。這就給你看見，基督徒那圓滿終極的目標。

**胡軍軍**：您是何時開始接觸基督教的？是什麼樣的機緣讓您決定終生奉獻傳播福音？

**李光弘**：我生長在臺灣，家裡信奉傳統宗教，佛像非常的多，其中還有印度原裝進口的。然而，我母親每次拜拜時，總是拿著香，向著這些神明說：「真神請祢來用飯，如果是假的，請祢不必來。」換句話說，她是要尋求一位又真、又活、又公義的神。

有一天，我和哥哥在公共汽車上，收到一張基督徒發的福音單張。我隨手放在口袋裡。母親洗衣服時發現，拿起來讀，是個佈道大會的邀請，於是帶我們同去聽福音。永遠不會忘記一九六三年二月，我們全家四口——父、母、兄、弟——一同去參加了佈道大會。在三天信息的傳揚裡，我們認識了主，三月二日受浸接受了福音，從此全家有一個生命奇妙的大改變。

我母親有嚴重心臟病，信主之後竟然愈來愈健康，藥也愈吃愈少。親戚因著我們的見證，陸續信主的總共超過一百五十位。多麼奇妙，一張福音單張竟然改變了一個家族。

至於是什麼樣的機緣讓我決定終身奉獻傳福音呢？

我從年輕信主，到現在五十六年了。常常因著聚會、藉著禱告、藉著追求，一再地更新變化，看見神在我身上是有旨意有託付的。

《聖經》可以用三個字概括：「來、去、來！」來，就是來到主面前領受恩典。去，就是為主去到人中間傳揚福音。最後一個來，就是迎接主回來。

一九七七年，在一次萬人特會中，帶頭的弟兄呼召我們有心志的年輕人，接受「來、去、來」這麼重要的使命。我當下就做了承諾。這四十二年的時間，只要有需要，我就飛到世界各地，傳揚福音，帶人得救。

**胡軍軍：**在您這麼多年的佈道生涯裡，有哪些讓您難忘的經歷？除了讚美，也有受辱的經歷嗎？

**李光弘：**我承認多年的佈道生涯裡，我得到的讚美多過受辱。受辱多半來自傳揚福音時對方不禮貌、不友善的回應。我從不生氣，只會告訴他，從前我也是這樣，因為我們對這位天地的主不夠瞭解，通過解釋說明經常都能化解尷尬。

多年佈道生涯中確實有許多難忘的經驗。

第一個故事，發生在一九七七年。我剛剛開始全職佈道工作，有一次我在臺上傳揚信息，看見臺下一位大我兩三歲的青年人，認真地聽講，當時我裡面就有聖靈的引導，催促我會後和他接觸，一散會我就立刻邀一起傳講的同伴去打招呼。沒想到這位陳先生非常激動地回應：「從今以後我要留在這裡聚會了！」我心裡非常驚訝，怎麼一個問候，得到這麼熱情的回應？他告訴我，他搬到這裡五、六個月，向神禱告引導他到對的地方聚會。他去過好幾個地方都不適應，今天來到這裡，他聽了非常有收穫，就向主禱告：「如果這是祢要我來聚會的地方，求祢會後讓信徒來跟我打招呼，我就留下來。」後來又補了一句話：「最好是臺上那兩位！」沒想到臺上兩位一散會就到他面前問安，他認為這是主的引導，之後他就在我們中間聚會。二十一年後，一九九八年他成為基督徒工商團體的理事長，特別邀請我去傳一場福音，現場都是工商界的成功人士。我講的信息叫做「福樂人生」，沒想到，這篇信息錄影後廣被傳播，尤其是中國大陸，聽說有百萬人得助益。現在網路上，「福樂人生」還是有很多人受惠。

聆聽聖靈的聲音和引導，是何等的重要。

第二個故事，是在我到加拿大佈道的時候，一個朋友打電話告訴我，他的好友一位五十幾歲的父親，多年嚴重失眠，一天睡不到兩個小時，萬念俱灰，想要結束生命，問我可不可以為他按手禱告？我的原則是人有要求，我們就要憑著愛心，靠主恩典去為他禱告。就在和他見面的餐廳我向主禱告：

「主，祢是創造的神，當人有軟弱，祢能修補，祢造人你也能醫治人。主啊，他睡不好，求祢做他的安息，求祢醫治他失眠的情形……」奇妙的事發生了，那天晚上他一夜睡到天亮，連著一週每天睡得香甜。他喝茶之後一樣睡得好，後來喝咖啡也照樣睡得好。半年之後他回臺灣探親請我吃飯，稱呼我是他的救命恩人，我立刻告訴他：「不是我，乃是主。主藉著我為你禱告，把祝福帶給你，所以你要把榮耀歸給主。」

第三個故事，發生在馬來西亞，我到東馬的古晉傳福音，東馬我已經跑了二十九年，去了一百多次，一場上千人的佈道大會中，我用一個小小的比喻說到這位神是造天地的主，好比說，看見房子知道有建築師，看見整個宇宙知道有一位設計師。大科學家牛頓曾經在實驗室裡做了一個太陽系的模型，曲柄一拉，整個模型就會轉動，牛頓的一位科學家朋友哈雷，就是發現哈雷彗星的哈雷，稱讚這個設計太妙了，問是誰設計的，牛頓回答：「沒人設計，是自然有的！」哈雷說不要跟我開玩笑。牛頓立刻話鋒一轉告訴他，連這個小模型你都相信有一個工程師設計，為什麼不相信宇宙太陽系的運轉，有一位造物主管理創造呢？哈雷立刻茅塞頓開，歸向真神。講完信息，一位高中校長當場站起來接受福音，他見證自己從小都在尋求「到底有沒有神」的答案，牛頓的故事，讓他在信仰上有了重大突破。

第四個故事是，一位朋友從日本打發人來說，希望從我這裡拿到一些錄音帶或CD，因為他的太太重病。在最消沉的時候，聽到我過去佈道的信息非常受激勵，好像人生有了盼望，希望能帶多一點回去。我記得大概給他十多卷，聽說他太太就藉著這些錄音帶度過了生命的末期。另外一位洗腎二十年的病人，因為一洗腎就要花四個小時，覺得非常痛苦難耐，有人介紹他在 YouTube 上看我的信息，他一邊洗腎一邊享受生命的供應，讓他大得安慰。最近我在美國，有人帶一位姊妹來見我，親自跟我作見證，她本來已經病入膏肓，醫生認為時日不多，就在這時候，拿到我佈道的信息，聽了以後得著加力，慢慢地，身體竟然好起來了，連醫生都驚訝。

**胡軍軍：**我讀到您的故事，說您小時候非常恐懼死亡。現在還會嗎？還是可以完全坦然面對死亡了？您怎麼看待死亡這件事？

**李光弘：**我現在對死亡沒有任何的恐懼，但是會擔心。我小時候非常懼怕死亡，因為不知道死亡到底是什麼，我害怕失去我身邊所愛的人，也擔心失去愛我的人。但是自從認識神，信主以後，我就沒有這個懼怕了。死亡是今生的結束，也是預備來生的開始。

擔心是因為不知道自己是不是預備好了？是不是夠資格迎接這位造我的主。《聖經》說：「你當預備迎見你的神！」（《摩》四：一二）我就怕，當我迎接祂的時候，該預備的沒有預備好，生命不夠成熟。

**胡軍軍：**我一直好奇上帝只拯救相信祂的人嗎？難道對不信者就放棄了嗎？上帝不是應該愛每一個人嗎？

**李光弘：**我們先討論一下「上帝」這個詞，在《聖經》翻成中文譯本的時候，有兩種翻法，一個是翻成「上帝」，另外一種是翻成「神」。翻作「上帝」是比較符合中國人的領會，但是原文裡面其實就是一個字，Elohim 意思就是這位大能者、創造者、全能者。您問到為什麼神只拯救相信祂的人，不相信就不能蒙拯救呢？首先，我們要知道神愛每一個人，這是確定的，《聖經》說神就是愛，在《約翰福音》三章十六節，耶穌基督親自對人說：「神愛世人，甚至將祂的獨生子賜給他們，叫一切相信祂的就不致滅亡，反得永遠的生命。」這句話說盡了神愛的全部。但是得著這「獨生子」有條件，就是要藉著人的「相信」，就像我們相信陽光，享受陽光一樣，你要相信祂，接受祂，你就享受祂在我們身上產生的救恩，一方面叫我們得到永遠的生命，一方面叫我們脫離最後的審判。今天神把這生死禍福的道路已經陳明在我們眼前，選擇權在我們，抉擇在我們，所以我們要有對的抉擇。

**胡軍軍：**我想請教您，當您提到神的時候，這位神是一位神，還是有眾多的神？

**李光弘：**我所提到這位神，就是《聖經》中所提起的這位神，這位神啟示我們，祂是獨一無二的神，祂是造天造地獨一的主宰。祂說除我以外再沒有別的神，我是全知、全能、全豐、全足的神。我是有旨意、有目的、有計畫的神。我所提的乃是這獨一無二的真神。

**胡軍軍：**我相信一名虔誠的教徒一定會認為他（她）的生命是個奇蹟，而且似乎收到某種召喚，我自己經常有這種感覺，您會有這種感覺嗎？可以從您的人生經歷中分享一二嗎？

**李光弘：**生命的存在就是一個奇蹟，我們從父母得著了生命，這是一個人最大的奇蹟。生為一個基督徒我們更知道，從神而生稱作重生，是宇宙中最大的奇蹟，這個奇蹟叫我們得著神而成為神人，得著基督而成為基督人也稱作基督徒。

關於經歷奇蹟中的召喚，最明顯的一次就是我成為基督徒的那一天，當我聽見了福音受到極大感動與激勵，這份明顯的召喚，讓我答應成為基督徒。第二次就是我在信仰上漸漸成熟的時候，發現價值觀改變了，我的人生的走向應該有調整，這時候我又得著了祂的召喚，決定終生跟隨祂，以傳揚福音為我一生的職志。

**胡軍軍：**雖然我是名佛教徒，但每次造訪歐洲的鄉村，我幾乎會進去每一座教堂，我尤其鍾情中世紀的小型教堂，那種氛圍靜謐而神聖，讓人不得不承認信教是件多麼美好的事情。請問您也會去佛寺參觀嗎？您能接受在佛寺裡面燃香禱告嗎？

**李光弘：**我想幾乎所有到歐洲去的朋友，都很喜歡參訪各式建築美麗的教堂，尤其中古世紀的小教堂靜謐的氣氛特別叫人感動，油然升起敬畏的心。藝術的氣息，美好的天籟詩歌，都叫人嚮往，我也不會錯過。在我年幼的時候也常有機會參觀許多的寺廟，當然也在裡面燃香禮佛，這些事情等我成為基督徒以後，就不會再這樣做了。

**胡軍軍：**佛教對眾生的富貴貧賤，對世間的天災人禍，通常用業力使然因果緣起來解釋。那麼，基督教如何來解釋這人世間種種的不平等、不完美，和舉目可及的苦難？

**李光弘：**人世間為什麼有這許多苦難不幸？《聖經》直接點出三個原因：第一個原因，就是由於人類的墮落。自從人類墮落以後就產生了外面環境的改變，就產生了苦難。神造人的時候是把人放在伊甸園裡，是一個安樂的園子，讓我們心境也得著安息，但是因著人的墮落，就有了病痛死亡、天災人禍。第二個原因，就是宇宙中有一位神的對頭叫做撒旦，撒旦的目的就是要讓人背叛神。第三個原因，神要藉著苦難來成就祂的美意，因為祂是這位萬靈的父，要來管教我們，好叫我們得益處，所以《聖經》有一句話，萬事互相效力，叫愛神、敬畏神的人得益處。

**胡軍軍：**聽說基督教也有類似佛家禪宗靜坐冥想的儀式，請問你們如何稱呼它？在這個過程裡，你們會使用什麼手段來達到預期的效果？比如佛教徒的打坐普遍會以觀照呼吸的手段來控制妄念，從而達到心物一元的境界。

**李光弘：**從外面看，靜坐冥思似乎很像；其內涵完全兩樣。《聖經》所說的，是安靜在主面前，親近神，與神來往交通。用《聖經》的話說，就是進入至聖所，進到全人最深處的靈裡，與神交流，與神交通，這是我們安靜的方法。人是很不容易安靜的，許多時候即使外面靜下來，腦子還在轉。這時，《聖經》告訴我們，可以呼求主名。當你呼求主耶穌時，你的心就專注了也安靜了。

**胡軍軍：**這是不是我們說的禱告？

**李光弘：**對了，實際上就是禱告。禱告是個人的、親密的、情深的，《聖經》裡最寶貝的。神不只要我們說我信祢，我敬拜祢。神最喜歡聽的一句話是：「主耶穌我愛祢！」《聖經》一再說：「你們要全心全魂，全力量全心思愛主你的神。」（《可》一二：三〇）

**胡軍軍：**我是否可以這樣理解，耶穌是通過受苦之路，替人類完成了救贖。救贖是基督教裡很重要的詞彙。請問一個基督徒如何來完成這場救贖？這會有助於面對生死嗎？

**李光弘：**救贖不只有助於面對生死，其實就是面對生死，解決了生死的大問題。救贖的工作，基督已經完成了，等待基督徒接受並享用。所以在基督救贖的事上，基督徒只需要配合接受，接受就形同裝上開關，從此以後，基督徒只要打開開關，接上屬天的電流，就能夠享受基督救贖的一切功效。

基督在釘十字架之前，看著釘祂十字架的人講了一句話：「父啊，赦免他們，因為他們所作的，他們不曉得。」（《路》二三：三四）最後要斷氣的時候，又大聲喊著說：「成了！」成了什麼呢？是成功了基督救贖的計畫。在舊約時代，神是用羔羊來作我們的代替，但是當祂來的時候，施洗約翰介紹祂說：「看哪，神的羔羊，除去世人之罪的。」（《約》一：三六）在舊約時代，羊只能遮蓋我們的罪，牠沒有資格除罪。畜牲的生命，怎麼能夠取代人的罪呢？但是，這位神的羔羊，祂是神，是神來成為人，祂有資格來代替人的罪。祂的救贖，不只是代罪，而是除罪。因為神藉著祂所成功的救贖，使我們夠資格來領受神的生命，並勝過死亡。

**胡軍軍**：當您的生命到最後一刻，您有十足的信心和把握得到主的接引嗎？

**李光弘**：在生命的最後一刻，我當然有十足的信心和把握知道主必來迎接我，因為在我們一生中已和主兩個生命成了一個生命，所以《聖經》說，現在活著的不再是我，乃是基督在我裡面活。而且神的靈與人的靈，二靈已經調成一靈。所以當我結束生命，到主那裡的時候，我是要與主同歡聚。

**胡軍軍**：作為一個宗教工作者，您在傳教方面有什麼心願和期許？

**李光弘**：對我來講，我不是一個宗教工作者，而是一個耶穌基督的門徒。這信仰是我人生的意義、目標和價值。《聖經》告訴我們有基督不是基督教，有神不是什麼怪力亂神。我承認並且喜樂，我是個全職在地上為著神的話而努力的人，這遠遠超越宗教的範圍。我個人只有一個心願，就是效法新約中使徒保羅的態度，他說他不違背那從天上來的異象，這異象就是要將歷世歷代隱藏在創造萬有之神裡的奧祕，告訴人！我對自己最大的期許，就是我所聽見、所追求的真理，能成為我所相信、所經歷、所活出的見證，讓人可以在我身上看見並得到神所應許的福樂人生。

**胡軍軍：**如果現在有一些人，從來沒有聽過《聖經》，您會怎樣向他們介紹這本偉大的經典？

**李光弘：**我要說，《聖經》所以是偉大的經典，因為《聖經》是神的啟示，神的說話，神所默示的。《聖經》在原文裡是 THE BOOK——那書，是一本獨特的書。它的獨特在於《聖經》是全人類億萬本書中，唯一能通過六項考驗，證明它是神的話的書。

第一，這本書說明作者是神自己，這本書兩千多次告訴我們是神寫的，是神說的。

第二，這本書的道德律高過所有人類的道德，它注意人裡面的動機勝過外面的行為。

第三，這本書如果是神說的話，它一定會說明創造的由來、人類的起源和天地萬物將來什麼樣的結局，這本書也都說明了。

第四，這本書如果是神的話，應該很容易讓人取得，也很容易讓人讀懂，這本書幾乎已經翻譯成所有人類的文字，總共是兩千兩百十二種，不但普及而且容易懂，只要是小學程度都能明白。

第五，這本書如果是神的話，就有預知的大能，它能知道將來要發生的事，所以它會有許多的預言。這本書的預言占了全書三分之二篇幅，牽涉到一千九百多項的預言，在這兩千多年的歷史中一一應驗。其中最受人類矚目的，就是關於以色列的預言。《聖經》預言以色列亡國，西元前六〇六年亡國了。預言復國，以色列在西元一九四八年復國了。其次，預言耶路撒冷的回歸，這件事也在歷史中成就了。其中還有一項還沒應驗，就是聖殿要重蓋，指日可待！

第六，如果《聖經》是神的話還要通過一個考驗就是它應該要說明神對人的旨意，《聖經》也有清楚的說明。

**胡軍軍：**您認為耶穌基督降生在這世界的最重要的意義是什麼？

**李光弘：**耶穌基督降生在地上，最重大的意義有兩個：第一是成功救贖，來作代罪的羔羊，為我們釘死十字架，流血贖去人的罪。第二個，要達到神在人身上一個終極的目標，就是叫人得著神那神聖、永遠、不朽壞的生命。

**胡軍軍：**在《聖經》裡面，是否有勸慰人類減少死亡恐懼的篇章？您會如何在現實世界裡，勸慰基督徒們如何面對生死，平靜而理性地面對死亡？

**李光弘：**我認識好多長輩，特別那種很棒的基督徒，得勝又成熟的基督徒長輩，他們安息時那種尊貴和從容，那種安詳和平靜，令人讚賞。我經常會去參加安息聚會，每次去都帶著無限感動細讀那個人的一生。從沒有主到有主，從虛空到滿足，從滿足到平靜安穩，從平靜安穩到追求生命的長大、真理的裝備，末了達到人生的成熟；這樣的生命常常令人淚灑會場，深深讚歎。

我親愛的母親九十三歲安息主懷，她走之前我們告訴醫生，不要任何侵入式治療，讓她安詳平靜地離去。《聖經》說，論到睡了的人，就是講到過世的基督徒。論到那些睡了的人，我不願意你們無知無識，像不信的人一樣哀傷過度，好像沒有指望的人。什麼叫睡了？就是還要醒過來。我們有這一位神復活的生命，我們才有醒過來的把握。所以在安息聚會裡，要對一些親朋好友叮囑提醒，要藉著這樣的機會，盼望他們也能得著這永遠的生命。這樣將來我們就可以在神面前一同歡聚，這就是《聖經》所說來生的篇章。

**胡軍軍：**您對安樂死怎麼看待？

**李光弘：**我的舅媽告訴我，她的孩子們在父親病危時說，無論做什麼只要讓爸爸多活一天，大家都樂意，哪裡知道這些是建築在爸爸的痛苦上。所以若是問我，我要說讓人能夠安然過去才是最理想的。但什麼叫做安樂死？連法律都不敢輕易界定。一不小心就被人為操縱，甚至被拿去當作殺人工具。

二〇一九年一月九日　臺灣臺北召會會所

# 鄭振煌

一九四五年生，臺灣政治大學新聞研究所碩士。

長期致力推展居士菩提道及佛教現代化、國際化、學術化、生活化。

翻譯藏傳、南傳佛教英文書籍為中文，翻譯漢傳佛教為英文。

於二〇〇七年創立中華維鬘學會，擔任理事長，二〇一三年卸任，任名譽理事長至今。

其譯著《西藏生死書》在漢地佛教界產生巨大深遠的影響。

# 如此而已，毫無恐懼——鄭振煌訪談

**胡軍軍：**您當時是在什麼情況下讀到《西藏生死書》的？並決定把它翻譯成中文，介紹給漢語世界的讀者？

**鄭振煌：**其實不是我發現的，而是有另外兩位給我推薦的。那應該是一九九三年，一位是臺大心理系的余德慧教授，他到美國開會，無意中看到這本書，他是徹夜通宵看完的；另一位是名建築師姚仁喜先生，他也是去美國看到這本書的。他們兩位彼此不認識，但是一回到臺灣就想找人翻譯成中文出版。他們輾轉找到我，我當時說翻譯不成問題，可是時間是問題，因為我有很多的工作，包括教學、寫作、翻譯、編輯和行政工作，只能利用閒暇時間。整個翻譯大約經歷三年才完成。

**胡軍軍：**當時想過《西藏生死書》會在漢地佛教界產生如此深遠的影響嗎？

**鄭振煌：**一開始翻譯我就覺得很震撼，主要是這本書的呈現方式，用的是小說的筆調，而且是現代的語言，結合心理學、精神醫學、物理學、天文學，用種種現代的科學來談古老的佛教，是很現代化的談法，不古板，不是依照傳統談佛教的方式。因為作者本人索甲仁波切在英國讀過比較宗教學，所以他懂得現代人的心理，這本書寫作的動機並不是為佛教徒而寫，而是為西方人，尤其是為西方從事安寧療護、從事臨終關懷的人士而寫的，他就必須要用非常現代的語言。我那時除了震撼以外，同時很有信心，我相信這這本書一定會影響很多人。

**胡軍軍：**您當時就有這種預感了？

**鄭振煌：**是的，因為每一段、每一句話都有很震撼的力量，而且這本書把佛教所有的教法都包括在裡面，從小乘教法，一直到大乘教法，一直到密宗的教法，統統涵蓋在裡面。它是用全面的佛教哲學觀點在談生死，而且加上現代化的語言，所以從一開始我就有這個信心。

**胡軍軍：**您認為是什麼因素導致《西藏生死書》引起了如此多的關注和閱讀？

**鄭振煌：**最重要的原因是作者開放的心胸，因為他讀過比較宗教學，他心胸開放，他並沒有將佛教或是佛學高舉在天上，他沒有，他是很接地氣的，同時把它與其他宗教放在一起平等看待。用這種臨終關懷的理念，同時以《西藏度亡經》為基礎，把範圍擴大，《西藏度亡經》只是談死亡這一塊，而《西藏生死書》擴大到人的生老病死，是一個整體的呈現，我認為這是這本書最成功的地方，目前這本書在全世界有二十種語言的翻譯。

**胡軍軍：**讀《西藏生死書》的人，很多並不是佛教徒。

**鄭振煌：**這本書任何人都可以讀，但同時裡面是包含了最深刻的佛學理論的。最重要的是中陰這一部分，也包括了般若中觀的思想，一切皆空的思想；也包括了唯識學，阿賴耶識的思想，一切萬法唯識現；也包括了佛性論，三界唯心造；也包括禪修。禪修從小乘的禪修方式，到大乘的禪修方式，到藏傳佛教的大圓滿禪修方式，作者都能把它們綜合在一起，非常全面。雖然這本書並沒有預設說一定要有佛教的思想背景才能理解它，可是如果不懂得全體佛教，只能夠很表面地讀這本書，好像看小說一般，就很難理解它深層的意涵。

**胡軍軍：**您認識作者本人嗎？他是怎麼樣的一個人？

**鄭振煌：**在一開始翻譯的時候還不認識，後來中文版出版兩三年後，索甲仁波切訪問臺灣。他跟我說，好多人跟他講，中文版比英文版好！

索甲仁波切是一位在家瑜伽士，他有寧瑪派大圓滿的傳承。他的祖先，五、六百年以來一直都是西藏的大地主，都在護持寧瑪派。所以呢，第一他是西藏貴族；第二，他祖先歷代都是在護持佛教；第三，他自幼跟他的上師生活在一起，日夜都生活在一起，睡覺也在一起。從三、四歲開始，就在上師旁邊，因此有親身的體驗，親身瞭解藏傳佛教大圓滿修行者是什麼樣子。

**胡軍軍：**您是在什麼情形下開始學佛的？

**鄭振煌：**我們華人世界從小就是拜拜的習俗，佛道不分。逢年過節都要拜拜。每年春節，一大早從我家出發，小孩子大約走三個小時，到山上的大仙寺、碧雲寺去拜拜，同時吃一頓免費的素食午餐。那是最好吃的，很香，雖很簡單，可是非常好吃。吃完飯再回家，已經天黑了。一直到中學，我讀嘉義中學，後面就是天龍寺。我經常跑到寺廟裡面讀書，其實主要是去看佛教的書籍。

大學的時候，我讀臺大外文系。那時我想，在中學六年對儒家的書我都很熟悉，臺灣那個時候，很注重中國傳統文化，四書、很多詩詞都會背。讀外文系，一定會接觸希臘羅馬文化，尤其是中東的猶太文化、巴比倫文化，這些世界的古文化都會接觸到，可是還剩下印度古文明這一塊，我還沒有深入去瞭解。正好校園裡有晨曦佛學社的招生廣告，我就去報名了，哪裡曉得一專注佛學以後，其他學問統統變成次要的了。

當然，臺中的李炳南教授對我影響非常大。

**胡軍軍：**我從書中對李老居士的理解，他是位宣揚淨土法門的大居士。

**鄭振煌：**李老師在寒暑期辦大專佛學講座，我是參加第一屆的，每屆十天，後來也有長達三個星期的。每天早上上課，下午複習，晚上上課，進入那種氛圍，是個很特別的經驗。那時候見到李炳南教授的學生，不管老幼，一見到他，一定是跪下來三頂禮。我們赫然發現，原來臺灣還有這種在古書上才看到的風範。但是李老師一看到出家人也一定叩頭。

當時我聽了李老師的課，就覺得李老師的佛法怎麼會那麼圓融，那麼深入！他有時候講唐詩宋詞，講《論語》，他通儒學；同時他也是位中醫師，在大學教《黃帝內經》，也教唐詩，連武術也很了得，當時大家都很佩服他。

**胡軍軍：**您當時覺得佛學裡面哪些部分特別吸引您呢？

**鄭振煌：**最吸引我的是高僧的修行經驗，而且留下的經典文詞都非常美，意境都非常高。

**胡軍軍：**您有沒有曾經考慮過出家？

**鄭振煌：**我想每一個學佛人一開始都會考慮出家。

**胡軍軍：**後來怎麼沒走上出家的道路？

**鄭振煌：**有好多原因。第一個我親近的啟蒙老師是在家人，李老師對佛學、對儒學、對中國古文化的理解，在那個時候的臺灣社會應該是數一數二的。李老師很尊敬出家眾，也很讚歎出家，但並不認為每一個人都應該出家。我從李老師身上，看到在家人也能夠有如此高深的修為，他對佛法經論的深入，對佛教的奉獻，都是很偉大的。他的家人都留在大陸，在臺灣他是孤家寡人；他的所有收入，統統都用在推廣佛學，成立臺中蓮社聯體機構，臺中地區甚至整個臺灣地區當時的淨土法門可以說是他帶上來的，尤其是對大專知識青年的接引，產生很大的影響力。此外，我服務很多年的慧炬雜誌社、慧炬出版社的創辦人周宣德教授，也是在家人。從他們身上，我看到在家人也能有甚深的佛法體悟，也能對佛教有巨大貢獻。

另一個原因，我覺得我的長輩如果知道我要出家，一定很難過，我不想讓他們傷心，尤其他們都是鄉下人，都沒有讀過什麼書，我不想讓長輩難過。所以，有動過出家的念頭，但是沒有完成。

**胡軍軍：**您認為一位居士學佛，有什麼優勢和劣勢嗎？

**鄭振煌：**居士學佛的優勢有好幾方面。第一方面，對世間學應該是更深入；第二，社會經驗會比較多，畢竟佛教徒九九％以上還都是在家人，溝通起來可以用接近的語言。還有一個優勢，就是在家人可以比較自在，在家人可以到處學習，可以去親近各個在家出家的大師，但是出家了以後機會就比較少了。

劣勢呢，第一個，不是專業的修行者，因為時間有限；第二個，在家人弘法，效果會降低很多。一個出家人跟一個在家人講同樣一句話，出家人講的，信眾可以百分之百相信，但是在家人講的可能會打折，甚至不相信。傳統上，大家認為白衣上座就是佛教的滅亡，所以居士要弘法很難。居士要成立佛教團體，幾乎都沒有資格。信眾樂意把錢供養給出家眾，但是供養給在家人就很難，所以在家人弘法會很辛苦。但是我樂在其中，只要掌握了大乘佛法般若空性的精神，掌握到了一切本空，一切都是隨緣而為。

**胡軍軍：**死亡時時刻刻都發生在我們周遭的世界，可是鮮少有人能以平常心來對待，尤其發生在至親至愛的人身上。請問如何才能放下對死亡的執著？

**鄭振煌：**坦白講，很難的。除非他能夠信仰宗教，尤其是瞭解了佛法。因為佛法的最主要觀念就是緣起，緣起而性空，根本沒有生，沒有死。真正懂得佛教的緣起理論，就會怕生而不怕死，因為沒有生就沒有死。所謂生只是眾緣和合不斷在改變而已，死亡也是如此，並沒有一個我在死，沒有一個我在輪迴，沒有一個我在生。大乘《般若經》講緣起緣滅就是空性，就是假有，就是虛妄，就是不真實的。透澈瞭解緣起性空，才能夠真正不畏懼生死。

**胡軍軍：**但是這個理論聽上去當然很美妙，真正面臨的時候，痛苦的感覺還是非常真實的。

**鄭振煌：**所以還是要以緣起性空的觀念去觀照，「行深般若波羅蜜多時，照見五蘊皆空，度一切苦厄」。要有教理的深厚基礎，還要實修。如果說還是怕死亡，怕輪迴，淨土宗還設立一個阿彌陀佛極樂淨土，這也是一個方向。

**胡軍軍：**我聽說死亡在西藏人看來是件光榮的事情，為什麼會光榮？

**鄭振煌：**我們活著的時候，有肉體，很難變成一隻可以飛的鳥，變成天神、天人，或甚至證得無餘涅槃。可是在死亡的時候，心離開了肉體，那是一個大轉變的時刻，可大好，當然也會大壞。而西藏人大部分人都是信仰佛教的，因此他們對上師、對佛法都有很深的信任，尤其他們都非常看重死亡，都會請上師來加持。西藏人認為這是一個光榮的時刻，因為那時候可以展現這一輩子修行的功夫；同時，在他們的習俗裡，上師一定會來臨終關懷，一定會來加持，往生淨土，或成就法身。我們現在都被色身束縛了，被整得很慘，為了維護這個色身，每天還要吃喝拉撒。

**胡軍軍：**您曾經說過經常觀照自己的起心動念，就是生死的觀照。如何才能培養這樣的觀照行為？凡夫早就被眼前的五光十色吸引了，如何能聯想到生死呢？

**鄭振煌：**最好的就是要實修，隨時觀照自己的起心動念；觀照起心動念最好的方法，就是坐禪，禪修。禪坐一坐下來的時候，閉上眼耳鼻舌身五根，那個時候只剩下意根在活動，意根的活動就是起心動念。養成習慣了，每天早晚都禪坐，就很容易看到意根在動，就能時時刻刻都觀照自己的起心動念。我推薦禪坐，這是一個最好的觀照起心動念的方法。

**胡軍軍：**以您這麼多年的學佛經歷，您能以一位佛弟子的身分，來說明生命的價值到底是什麼嗎？我們為什麼要活著？

**鄭振煌：**我覺得生命的價值在於不斷地學習，不斷地圓滿自己。大乘六波羅密的修行，是不斷在進行的，直至成佛以後，才算畢業。當然畢業之後，還是要度化眾生。

**胡軍軍：**所以生命的價值是為了度化眾生，幫助他人？

**鄭振煌：**對，成熟眾生跟莊嚴國土，是大乘佛法的兩大綱領。成熟眾生，我自己是眾生之一，除了我自己以外，還有其他一切的眾生；莊嚴國土，讓國土，讓整個的法界能夠莊嚴。

**胡軍軍：**佛法中提到的涅槃，您是如何理解的？

**鄭振煌：**涅槃，Nirvana，它本來的意思就是不生不有。小乘的涅槃定義，就是不再有現象的假有；大乘的涅槃定義就是不再有分別心，不再執著有涅槃或是生死輪迴，一切不二，這是涅槃，自性清淨。一切眾生、一切萬法都是自性清淨的，都是佛性、心性的流露。

**胡軍軍：**您認為必須通過學佛才能漸漸走上涅槃之道？

**鄭振煌：**如果是佛教所說的這種究竟涅槃，只有學佛才可以。小乘的不受後有，也只有佛學才會談到。小乘要證的不受後有，要先斷五下分結，再斷五上分結，看到它們的無常、苦、空、無我，才能夠證涅槃，這種方法只有在佛教。佛教斷一切的貪：對欲的貪、對色的貪、對無色的貪甚至於對涅槃的貪，這已經是大乘的涅槃定義。對沒有煩惱的貪也要斷，只有在大乘才會提這麼深的教義。

**胡軍軍：**所以對涅槃也要放下？

**鄭振煌：**也要放下，這樣子才能夠莊嚴國土，成熟眾生。

**胡軍軍：**大陸的臨終關懷還沒有引起廣泛關注，以至於多數人在生命的最後一刻走得很不安寧，死亡質量極低。您有什麼樣的建議，讓更多人參與進來並有效地運用佛法的手段？

**鄭振煌：**第一，當然要大陸衛生部的首肯，聽說已經開始在實驗了。從去年開始，在全國幾個地方，先做實驗性的推廣臨終關懷。這一定要借助政府的力量，政府衛生當局能夠接受臨終關懷，這樣子醫院才能設立臨終關懷部門。第二，各個宗教，不僅是佛教，其他宗教也有推廣臨終關懷的，要經常舉辦生命教育、臨終關懷的講座跟實務訓練，讓全民完全理解生死的真相，把生死學推廣開來。

**胡軍軍：**我知道您一直在致力於這方面的推廣。

**鄭振煌：**我做的幾乎就是這些，佛教的主要目標是了生死。整個佛學都在講了生死，都跟臨終關懷有關。生死不只是肉體的生死，一念之間就是生死，緣起緣滅就是生死，要通達它、看透它。

**胡軍軍：**除了《西藏生死書》，您也翻譯過其他藏傳和南傳的佛法書籍，請問您在翻譯時會特別選您感興趣的話題嗎？

**鄭振煌：**有關西藏的臨終關懷或中陰救度，我總共翻了五本。我只有一個原則，只要是正信的佛法，我稍微一看，不講怪力亂神就可以去翻譯出版。我很不喜歡怪力亂神，但是我很樂於把佛陀的正法讓更多人知道，這是我最重要的目標，也算是我這一輩子的心願。一輩子我都在講課，禪修，寫作，翻譯，就是這樣子。

**胡軍軍：**您在翻譯過程中有什麼難忘的經歷體驗嗎？

**鄭振煌：**有一本書，藏傳佛教的，英文叫做 *The Healing Power of Mind*，心的力量，我把它翻譯出來，中文書名叫做《心靈神醫》。這本書是一位藏地上師東杜仁波切寫的，內容是心本身就有療癒力量。那個時候我在多倫多，用十天時間把這本書翻譯了出來。在翻譯的過程中，我充滿法喜。書裡的每一句話都是在告訴我，心是可以解決所有問題的，不管是生理的問題，還是心理的問題。那時候還沒有使用電腦，書放在這裡，我看幾行就立刻寫下來。那種感覺是怎麼樣子？往外一看，多倫多冬天零下三十度，經常下雪，雪花一直飄，我靠在窗邊，看著窗外的雪花，內心那麼寧靜，那樣跟佛法、跟高僧大德、跟佛陀緊密地結合在一起，那種喜悅沒有辦法描述。早上一睜開眼睛就開始，坐到半夜十一點鐘，除了吃飯睡覺，都在翻譯。

書出版後，有位臺灣師範大學的教授，拿計算機幫我算，說十天翻譯一本書，這本書雖然不是很大，但算下來，一天要翻譯一萬五千字。一萬五千字，不要說翻譯，光是抄一遍，就會抄得很累，他問我怎麼可能一天翻譯一萬五千字？那種感覺是很不一樣的，像禪宗達摩祖師所說的，凝心壁觀。心，像冰一樣晶瑩透剔，徹照法界。

**胡軍軍：**您在漢傳佛教、藏傳佛教、南傳佛教，都有非常深的涉獵，那您具體修的是什麼法門？您會以往生淨土作為此生修行的目標嗎？

**鄭振煌：**三傳佛教都有它們的特色。早期的時候，我跟著李老師學習的當然都是淨土法門。到後來我去泰國參加兩個禮拜的禪修，那時在臺灣淨土宗最盛行，很少人禪修，而且淨土宗認為打坐會走火入魔，因此都不敢去嘗試禪修。可是我到泰國去禪修，參加的是一個國際性的禪修營，我那時候還是代表臺灣青年去禪修的，課程都以英文教學，感觸特別深，非常有體會，對南傳佛教的禪修非常有感覺。此後我就一直在學習各種大乘的禪修法，禪宗的禪修法，天台的禪修法，密宗的禪修法。

簡單講，四十五歲以前，我都是以淨土法門為主。之後我的觀念就改變了，我受到維摩詰居士的影響，心淨則國土淨，所以處處皆是淨土。我們這個世界是釋迦牟尼佛的淨土，一切佛都是阿彌陀佛，因此一切國土都是極樂淨土。我現在的淨土修持是唯心淨土，也就是廣義的淨土。我再也不是年輕時候那樣，一定要到西方極樂世界去。一切世界皆是極樂世界，一切佛皆是阿彌陀佛，我還是照樣念阿彌陀佛，我也照樣要往生阿彌陀佛的世界。遨遊世間，但並沒有捨棄世法。這還是淨土法門，一個更廣義的淨土法門。土就是心，淨土法門就是淨心的法門。我們為什麼把心當作土？因為心就像土一樣，能夠生長萬物，能夠承載萬物，萬物都是依土而有。如果依佛法而講，萬物皆是一心，因此我是修淨土。

**胡軍軍：**《西藏生死書》裡面提到大量的中陰身超度法，為什麼在中陰身的過程裡其實蘊含著最大的轉機？又要如何來把握如此珍貴的機會？

**鄭振煌：**所謂中陰，藏文叫 Bardo，《俱舍論》稱為中有，中有就是中間的存有，中間的存在。狹義的中陰身指中有，就是死後再生前的五陰，所以稱為中陰。廣義的中陰身則是指每一個時間點，每一個空間點，只要有妄念，也就是有念頭，有念頭一定就有時間，有了時間一定有前後，有空間，前後左右上下都跑出來了。因此廣義的每一個妄念就是中陰身，每一個時間點，每一個空間點都是妄念產生的，這種中陰教法非常有力。為什麼有力？因為它告訴我們一切皆是無常，皆是空性。如果平常有修行，抓住正確的方向，就可以改變得更好。沒有修行，沒有方向，就會迷失。因此中陰是非常有力量的教法，是轉變的關鍵。如果沒有中陰，我們改變不了。正因為有中陰，我們才能改變，而且時時刻刻都可以讓自己更好。

**胡軍軍：**您本人覺得能運用《西藏生死書》裡面教導的這些法門，在最後一刻做這些中陰的教法嗎？

**鄭振煌：**當然，所有的法門都可以應用在臨終時刻。從《西藏生死書》出版以後到現在二十二年，我幾乎不斷地在談《西藏生死書》，在談臨終關懷；同時我也教南傳的佛法、藏傳的佛法，現在教比較多的是漢傳的各種經論。我甚至覺得，無論哪一部經論、哪一種法門都可以讓我們成佛。每種法門都非常好，而且我還進一步發現理是相通的。只要抓住理，任何法門都可以應用。像我自己，我抓住一個理，凡是緣起的就是性空，一切都是莊嚴的華嚴法界，一切都是華藏世界，都非常莊嚴。我目前看待一切人、事、物，都是莊嚴的華嚴法界，大圓滿。

**胡軍軍：**您長年致力於推動佛教現代化、國際化、學術化、生活化，您是如何規劃您的弘法願景的？以目前狀況來講，您最大的弘法心願是什麼？

**鄭振煌：**講弘法是不敢當，我是透過教學相長，幾乎一年到頭都沒有停過，到處講學。大陸二〇一八年我去了四次，人家要我講什麼，我就學習講什麼。至於說目前最大的願望，就是研究漢傳佛教。未來佛教的希望還是在漢傳，因為漢傳《大藏經》保留了最完整的佛法，漢傳佛教三藏保留最好而且華人最多，我尤其看好中國大陸，我發現大陸的年輕人對佛法都非常真誠、嚮往，那種熱衷的程度遠遠超過臺灣，因此中國大陸是絕對不可以放棄的。中國地域遼闊，人口眾多，文化的底蘊都在，處處都可以看到佛教的遺址、古文明的影響，所以很容易契入佛教。

**胡軍軍：**您講解過非常多的經典，在諸多的經典中，您個人最心儀的是哪部經典？

**鄭振煌：**講那麼多經典，有兩部經典應該是最容易讓聽眾接受的。第一部是《六祖壇經》，第二部是《維摩詰經》。這兩部經典都具有文學性、故事性，還有原創性，《維摩詰經》想像力之豐富，那種原創，那種靈感，不得了。《六祖壇經》也是原創性、文學性很高，特別受大眾接受。其他經典就很深了，比如說我明天會在這裡講《楞伽經》，就很深，一般人很難聽得懂；但是如果講《六祖壇經》、《維摩詰經》就很容易接受，當然要真正理解，沒有那麼容易。

**胡軍軍：**大多數的漢傳佛弟子，都會有心中最常憶念的菩薩名號，據我觀察，最受歡迎的應該是觀音菩薩、地藏菩薩、普賢菩薩、文殊菩薩，您會最常憶念哪位菩薩？

**鄭振煌：**我從十八歲起，親近臺中蓮社的李炳南教授，他這樣說，你念阿彌陀佛就好了，因為阿彌陀是無量的意思；西方極樂世界的教主是無量壽佛、無量光佛，所以一念阿彌陀佛，就與一切諸佛相應，一切諸佛菩薩都是同體的。心、佛、眾生三無差別，所以我幾乎都是念阿彌陀佛。

**胡軍軍：**臺灣佛教在近幾十年的發展中，可以說是臺灣最美的風景之一，臺灣的素食文化、專業的義工培訓，都是大陸人士經常去參訪和稱道的典範，您如何看待大陸這些年佛教的發展狀況？

**鄭振煌：**在硬體方面都已經起來了，現在需要加強的是軟體方面，我對大陸佛教是非常有信心的。因為大陸這二、三十年來經濟起飛以後，物質並不匱乏，但是信仰不足，而這部分佛法可以填空，尤其是正信的佛法，可以讓絕大多數人受益。所以我對大陸的佛教非常有信心，而且非常看好。我經常對臺灣的朋友說，臺灣的佛教再過幾年就被大陸甩得遠遠的了。

**胡軍軍：**您對大體捐贈如何看待？您會鼓勵嗎？

**鄭振煌：**大體捐贈，我是贊成的。當然我最初學佛是淨土法門，可是後來我接觸了般若的法門，禪修的法門，禪宗的法門和密宗的法門，尤其是目前我很堅信，一切皆假，一切皆虛幻。如果能夠把我們的最後貢獻給眾生，我是很提倡的，我很樂意大體捐贈，因為一切國土都是淨土，一切國土都是淨土世界。

**胡軍軍：**您對安樂死怎麼看？

**鄭振煌：**安樂死，英文 euthanasia，是從希臘文翻譯過來的。其實翻譯成安樂死會有誤導，讓人以為利用 euthanasia 來結束生命是安樂的，其實不是。它本來的意思是無痛，就是沒有痛的死亡。因為得了絕症或老病臨終，肉體的痛苦是相當大的。原則上生命的尊嚴，任何人都沒有權利剝奪。因此我認為有兩個條件，才可以接受安樂死。第一是自願的；第二是修行功夫到家，你已經證空性，知道死亡不是真的，一切不生不死，生命只是緣起緣滅。我們緣滅了以後，眾生需要的話，我們會再緣起。如果你已是佛菩薩的境界，是依眾生需要而來的；眾生需要的時候，學佛之人都應拔苦與樂。眾生有感，佛菩薩就會應。一切生命都不是真實的，生不必貪，死不必怕。生命只是緣起緣滅，只是一個不斷流動的、改變的整體。

生命的整體是個 holistic，它是 totality，它本身不增不減，只不過它不斷在變化，它是在流動中，它是無常，緣起緣滅，一切自性空，是一個不斷在改變的過程而已。所以我贊成安樂死要有兩個條件：第一是完全自願，第二要通達空性。你如果沒有通達空性的話，我還是建議你即使是很痛，即使是罹患癌症，你要把它拿來作修行的手段，你要觀照你的痛，觀照癌細胞，觀照你的死亡過程。在這個重要的時點，覺醒的力量最大，從中去體會空性，不要浪費生命！

**胡軍軍：**什麼是自性涅槃？您會認為涅槃是高不可攀的修行目標還是當下可證？

**鄭振煌：**涅槃是非常平常的一件事情。涅槃在古代印度是口頭禪，當媽媽煮好了飯，或是燒了一壺開水泡了茶，客人要喝，主人就會說，「等飯涅槃了再吃」或「等茶涅槃了再喝」。也就是說，涅槃是日常用語。因為印度很熱，所以涅槃就是不生一絲熱，涅槃在印度古時候的意思就是涼下來，清涼下來。因此，涅槃可以有很多種分類，第一種是剎那間的涅槃，我們經常能體會，心無熱惱、心無妄想的時候；此外還有長時間的涅槃、永恆的涅槃、不二的涅槃。所以涅槃是非常平易近人的，一天二十四小時就跟我們在一起。當我們放鬆的時候，當我們感到平靜的時候，我們就身在涅槃之中。我們為什麼要學習修行？修行就是體會涅槃法義，讓涅槃的時間能夠愈來愈長，到最後永遠是涅槃，而且不二。所以自性涅槃是什麼？自性是眾生的心性、佛性、眾生的自本性；自性涅槃就是佛性本自空寂。

**胡軍軍**：您曾這樣描述對生死的態度：如此而已，毫無恐懼。這種豁然淡定的態度令人讚歎，也只有通過對生命真相的深刻瞭解，才能如此的雲淡風輕吧。您對自己的身後事會提前做出細緻的安排嗎？

**鄭振煌**：應該不會，沒有做任何細緻的安排。因為一輩子學佛，一輩子在享受佛法的清涼、佛法的美妙。因此所謂的身後事，其實沒必要特意安排。我這個人對一切都不執著。比如說《西藏生死書》，早些年在大陸據說有將近一千萬本的盜版書，我都無所謂。人家告訴我說你要怎麼怎麼，我說都沒有關係，只要人家願意讀你的書，你就應該謝謝他。你應該要感恩他們，因為他們在讀你的書。別人想讓我辦的事，只要我能做到，沒有任何條件。所以我對身後事，我覺得沒什麼需要安排，隨時都可以斷氣，因為斷氣也不是真的斷氣，也是假相。我的重點是，生死無關重要，生死不重要，死亡不重要，修行最重要。

**胡軍軍：**當代社會因為信仰的開放性，有相當多的年輕人也開始學佛信佛，您對他們有什麼忠告嗎？

**鄭振煌：**第一不要怪力亂神，學佛千萬不要怪力亂神，不要講神通，去追求前世是什麼，或者去算命，我未來是什麼東西。你要算命不如算自己的心，你要看命不如看自己的心；第二，一定要花點時間去深入佛法，而深入佛法的步驟，如果時間較充裕，我建議先從佛傳開始。因為你想學佛，就要知道佛陀這個人是幹什麼的，這個人在想什麼，這個人說什麼。接下來，要讀《印度佛教史》、《南傳佛教史》、《藏傳佛教史》，當然現代世界的佛教史也稍微涉獵一下，這樣子你才知道思想發展演化的脈絡。

然後很重要的，一定要聽課，系統地聽佛法概論課，用一段集中的時間，專門學習。這樣你很快就會抓到佛法的輪廓了。身為華人，至少要先把漢傳佛教搞懂，以漢傳佛教為中心。我覺得，要養成定期上課的習慣，而且是每年，一定要抽出一個禮拜，至少一個禮拜，或者兩個禮拜、三個禮拜的時間去禪修。現在我是特別強調禪修。這就是實修，實修了，你才看得懂經論，因為經論都是修行的經驗，經論都是修行的記錄而已。

**胡軍軍：**您提到禪修，您會比較鼓勵用漢傳的方法還是南傳的方法？

**鄭振煌：**各有優勢，但是漢傳的禪法裡面其實也有南傳的因素，像智者大師的六妙門。六妙門數隨止觀還滅，前四妙門是南傳的觀呼吸法門，但理論不同。漢傳的理論是以佛性、自性為標的，而南傳的理論是以證得諸法無我為標的，這是它們不一樣的地方。

從理論方面，我比較推崇研究漢傳佛教，它講的理論比較廣，比較深入。當然每個人根基不一樣，每個人的時間、因緣也不一樣。但如果你真的要學佛，以一個華人的立場來講，你的文化背景，你血液所流的還是中華文化。中華文化跟漢傳佛教是比較相應的，真的是這樣，這沒有看不起南傳、藏傳的意思，而是說你文化血液裡面就是漢傳佛教的文化，儒釋道文化都在裡面。

**胡軍軍：**您教的禪修用的是什麼方法？

**鄭振煌：**我的方法是不固定的，我在臺灣過年之後，我會帶華嚴禪修。如果七月、八月，我會帶天台摩訶止觀的禪修法。在國外有時候帶密宗禪修法，也有帶南傳禪修法，方法我一直在調整。如果是目前，我自己天天禪修的方法，講實在的，那是很簡單的，就是禪宗六祖慧能大師的自性法門，六祖的自性法門就是大圓融法。一坐下來，就進入心性的觀照，當然首先要調身，我大約用一個小時來調身，要做各種瑜伽運動，然後按摩穴道等。一個小時以後，一上坐，就非常舒服了，我是用這一種自性的法門。整個開放，整個清淨。

二〇一九年一月十一日　臺灣中華維鬘學會

# 陳嘉映

一九五二年生，少年時插隊內蒙古。一九七七年考入北京大學西語系讀德語，一九七八年考入北京大學外國哲學研究所。一九八一年畢業留校任教。一九八三年赴美國攻讀哲學博士。一九九〇年獲博士學位，後赴歐洲工作一年。一九九三年回國，先後任教北京大學哲學系、華東師範大學哲學系，現為首都師範大學哲學系資深教授。著有《何為良好生活》、《海德格爾哲學概論》、《從感覺開始》、《無法還原的象》、《哲學・科學・常識》、《說理》、《價值的理由》、《簡明語言哲學》等；譯有《存在與時間》、《哲學研究》、《感覺與可感物》、《倫理學與哲學的限度》等。

# 萬般自然，面對生死——陳嘉映訪談

**胡軍軍：**作為一個佛教徒，以我所接觸的佛法經典，按照我個人的理解，佛法是在解決生死問題；請問哲學在解決什麼問題？哲學對解決生死問題有幫助嗎？

**陳嘉映：**我知道佛教有好多宗派，好多不同的學說，但比較起來，哲學更多種多樣吧。比如說像古希臘的哲學，你要是再加上把中國思想也叫哲學的話，那實在是特別多種多樣，所以很難說哲學解決什麼問題。總的說起來，從西方哲學來說，最早在希臘哲學的時候，它主要是探究本原的問題。這個本原當然可以從很多方面來想，比如說宇宙的本原，世界的本原，當然也包括人的本原，善的本原等等。說到這裡，當然就牽涉到生死，但是我不覺得都是圍繞著生死問題在講。但也有哲學家認為哲學的根本問題是死亡問題，甚至自殺的問題，卡繆（Albert Camus）會這麼說。這個所謂自殺的問題，也可以說是解決生命的意義問題，我的生命有意義還是沒有意義，這裡有些和佛教的那種根本問題是相通的。不過，就像我剛才這麼簡單的說起來，角度還是有點不太一樣，甚至包括解決自殺問題，也和一般的生死問題不是完全一樣的。

**胡軍軍：**那麼，哲學對解決生死問題是有幫助還是沒幫助？還是它就不在這個層面上來討論？

**陳嘉映：**我覺得佛教把生死問題放在第一位，也許基督教或者伊斯蘭教不完全是這樣，我對每一種宗教的瞭解都不是很多，但是一般說起來，我會覺得宗教總是跟生死問題牽連很深很深。

哲學是一種反思，你可以說，反思從源頭處跟死亡意識連在一起。史前的考古有很大一塊是研究墓葬，史前人類安葬死者，有墓地，墓地有一定的形制，有陪葬物品，也有跡象表明，他們會舉行特定的安葬儀式等等，總之，那是人類文化的開始，或者說人類自我意識的開始。這樣一種自我意識，在很大程度上，我想，就是宗教意識的起源。你大致可以這麼說，所謂自我意識的根本就是對死亡的意識吧。拿人跟其他動物來相比，這一點頗為突出。有些動物是不是也有某種死亡意識？動物學家也在研究，你比如說鯨魚或者大象等等。但是，寬泛說來，其他動物大概是不知道生死的。那麼人之為人，人之有自我意識，大概跟死亡的意識緊緊相連。

哲學的發生要遠遠晚於宗教。從希臘哲學的起源來說，它把人的生死放到一個可以說更大的問題裡，放到整個宇宙的生命裡。你也可以這麼來說佛教，不過希臘哲人是基於一種自然態度來探究這些問題的，他力求他的這種探索跟我們對世界的經驗能夠相合。我們現在說到求真，是在這個意義上說的，所以我有時候會說哲學是系統求真的活動，大概會這樣。

那麼，它對生死的事情會不會有幫助？我個人認為，一個好的哲學應該是有幫助的。信教的人，信另外一個世界，這種信仰對解決生死問題的幫助是挺直接、挺明顯的。實際上有很多人就是在大病，或者在爹娘，或者在其他親友生死的那種環境中信上一種宗教的，這一點就足以說明宗教對這些事情有幫助。

哲學呢？不一樣。哲學思考是從自然態度出發的思考，所謂自然態度，差不多可以說，從此生此世出發，不借助超自然的世界，守在現世。即使像蘇格拉底那樣，似乎暗示有另一個世界，他仍然是從此生此世出發來論證的。守在這樣一種自然態度上能不能夠解決生死上的煩惱？這是一個問題，我有時說，堅守自然態度的思考能不能讓人坦然面對死亡是對這類思考的終極考驗。偉大的哲人無不經得起這種考驗，從蘇格拉底到維根斯坦（Ludwig Wittgenstein）。華夏文化更富有這種自然態度的資源，孔子、莊子、蘇東坡，明顯的，都始終秉有自然態度。他們把生死連到大河奔流，連到混沌初開，連到天地一瞬，他們顯然都從他們的思辨中獲得了這種，你可以叫力量，力量這個詞稍微有點突兀，獲得一種心量吧，就是坦然面對死亡的心量。

**胡軍軍：**您一定聽說過佛教的一個法義，叫「涅槃」，您怎麼理解「涅槃」？

**陳嘉映：**肯定聽說過。談不上有什麼特別的理解，就是像普通一個不通佛教的人，聽說過這個詞，它的基本意思好像也理解，不知道佛教的學者會怎麼理解，大致有點像莊子說的「齊死生」吧，進入道通為一方生方死的境界，沒有什麼再能夠傷害他。我不知道涅槃跟圓寂的關係，涅槃應該是最高的境界，只有高僧大德能夠進入這樣一種境界？普通的佛教徒可能這兩個都說不上？說到這時候我突然有點不明白，為什麼普通的佛教徒就不說他圓寂，也不說他涅槃，是沒達到那境界嗎？

**胡軍軍：**佛法認為生命可以通過修行的方式抵達涅槃，所謂不生不死常樂我淨的境界。您並不是佛教徒，請問您相信這種超越生死的價值觀嗎？如果不是，那您相信什麼？

**陳嘉映：**以我對佛教的粗淺的瞭解和理解，它是更多講無差別境界的，但是我個人，第一我看不見無差別境界，我看不見也感覺不到。當然，在某些特定的意義上，我能理解無差別境界，但一般說起來，我會看到差別，體認差別，你說無差別也很難打動我，因為差別就在那兒，其中當然包括生與死的差別，生死有別。我覺得這一點上，可能是自然態度和佛教的態度之間的挺根本的一個區別。

**胡軍軍：**我個人相信輪迴，相信來世，相信淨土，相信因果，這讓我覺得我的存在是有意義的。請問您的有意義的存在，是什麼標準？

**陳嘉映：**有些哲學家也講靈魂不死，比較突出的是蘇格拉底。在近代比較突出的康德（Immanuel Kant），他認為靈魂是不死的，在他看來，要是沒有靈魂不死這樣的一個預設的話，對善的論證就一定不能成功。我自己不接受康德的論證。但我會承認，人為什麼要向善？人生為什麼還有意義？等等，不接受靈魂不死，這些都會變得很困難。但有點像我一開始說的，哲學要求真，當然，任何一種宗教它也說它是求真，但哲學的求真指的是跟我們現在所有的知識能夠相協調，要跟經驗事實能夠吻合。我看不到靈魂不死，怎麼跟我現有的知識相合。不認下靈魂不死，可能使得人生意義和為善的問題變得更加困難，但困難不一定是個缺點。

困難是困難，未見得持有自然態度就不能坦然面對死生。在這一點上，比起蘇格拉底，我覺得自己更多與莊子和蘇東坡同道。人生在某個意義上就是無意義的，不過渺滄海之一粟，寄蜉蝣於天地，我們難免哀吾生之須臾。但此時此刻，江上清風，山間明月，洗盞更酌，卻不因為吾生之須臾就沒有意義。東方既白，韶華易逝，這我們知道，但蘇軾說的偏偏是不知東方之既白，也許這不知才是大知呢。我年輕時翻譯《存在與時間》，書裡一個核心概念，Sorge，熊偉先生譯作煩，很傳神，但是我覺得最好不要把海德格（Martin Heidegger）跟佛家連得太緊，改掉了，好多讀者抗議。要說的話，佛家似乎是要去煩惱，但在海德格看來，人生在世，煩惱是去不掉的，我們能做的，是如其本然把這個煩惱接受下來。我們哀吾生之須臾，那就把這個哀歎接受到吾生之中來。

人生很有限，人生的意義也很有限，但有限不等於無意義，在造物主之無盡藏的背景下體認自己的有限，這是意義。眼光拘囿於有限，人生的確怪沒意思的，但我也不靠把自己的短短一生延伸到永恆來獲取意義。我只取今晚的清風明月，但今晚的清風明月自連到造物主之無盡藏。

**胡軍軍：**所以這個求真的態度，您認為還是相對來講是有意義的？

**陳嘉映：**求真的態度我認為肯定是有意義的，但是剛才我說的有意義還不只是說求真的態度有意義，而是說一般自然態度下的生活是有意義的，哪怕我的生命我的生活很短暫，此前沒有，此後也沒有了，就這麼幾十年，而且這幾十年裡也沒什麼大的事兒，沒有跟什麼更大的意義連在一起，它就這一小塊，它也有點意義，我大概就這意思。我希望我們能夠滿足於這麼一點意義。

**胡軍軍：**東方哲學和西方哲學最大的區別在哪裡？除了佛法對生死的解剖，我也很心儀莊子闡述的灑脫的生死觀，在西方哲學裡有類似這樣的生死觀嗎？

**陳嘉映：**東方包括印度嗎？你也許主要是說中國。跟中國思想相比，西方思想更加是好多思想源流的總稱，最突出的是人們常說的，希臘思想和希伯來思想。我們談論東方思想和西方思想的時候，一定要記著這些。中國思想跟西方思想的差異很多，很根本。我剛才說，希臘哲學一開始關注的是本原問題，世界的本原，人的本原，善的本原。從流傳下來的記錄看，一開始，宇宙論意義上的本原占據核心地位，幾乎所有哲人的著作的名稱都是「論自然」，當然，這些著作本身都失傳了。

到蘇格拉底那裡，有個轉折，把注意力集中在善的本原上。粗說，蘇格拉底開始把人的問題放到了哲學的中心地位——靈魂是怎樣構成的？良好的城邦應該是什麼樣子的？何為良好生活？宇宙本原的問題，先秦思想家很少考慮，從孔子開始，核心問題是怎麼建立良好的社會秩序。墨子、老子、孟子，這都是核心問題。

在莊子那裡這倒不是核心問題，他看來對良好政治絕望了，所謂政治所謂道德不過是弱肉強食的一種掩飾。他關心的是在惡劣生態下的個人，這個個人怎樣不被惡劣的環境吞噬。我們說老莊老莊，其實在古代的時候並不稱老莊的，《史記》裡老莊也不放在一起。後來的道家才把老莊放在一起。我覺得莊子是個異類，他對當時的政治取了一種絕對叛逆的態度，他不是站在統治者一邊考慮怎樣建立良好的政治秩序，而是在考慮一個自由人怎樣才能不被惡濁的社會環境同化。

我這樣說到政治和個人，可是，希臘人的政治觀念跟先秦人的政治觀念又有很大差異。古典時期希臘人的政治思考是城邦本位的，柏拉圖思考政治和個人，往往復復拿城邦的結構和靈魂的結構比照，中國人沒有這樣的參照，他不大會去考慮靈魂的結構。

我不是思想史專家，這些完全是個人讀後感。而且，西方思想，中國思想，都經歷了很多根本的轉變。例如，到了宋朝的時候，思想家考慮問題的方式跟先秦哲人就很不一樣了，他們的一個根本關切是要對佛教思想做出回應。當然，他們仍然借助先秦的思想做出回應。從這點說，可以說有一個比較完整的中國思想傳統。可以從不同的角度來刻畫這個傳統的特點。一個比較常見的角度是說，西方思想是外在超越的，中國思想是內在超越的。基督教的上帝是超越這個世界的，不過，即使在希臘哲學裡，已經有這個超越者的影子。希臘人本來是崇拜諸神的，希臘哲人對這種多神崇拜提出質疑，有的哲人從根本上質疑神這回事，有的哲人仍然承認 devine 這回事，承認神性的東西，但這個 devine，漸漸被理解為一個唯一的神，從 gods 變成 God 了。到希臘化時期，在普羅提諾（Plotinus）那裡，在斯多噶哲人那裡，他們的神的觀念跟基督教的上帝很接近了，實際上，他們的思想後來匯入了基督教思想，或者說，基督教思想在很大程度上吸納了晚期希臘的思想。

跟這些思想相比，中國思想可以說完完全全是此世的，this-world-ness。後來講中國人的精神也不是沒有超越，那麼叫做一種內在超越，人人都聽過這詞。內在超越在字面上不那麼協調，是吧？——超越、超出，從內部到了外部。不過，內在超越有它一套說法，也滿有意思的。這裡不詳談，反正，人們常用外在超越和內在超越來刻畫中西思想的區別。退回來說，不管用不用超越這個說法，中國思想更明顯地保持在 this-world-ness 這裡。

至於西方有沒有跟莊子類似的生死觀，我真不知道誰是最接近的。單說灑脫呢，灑脫的多了。蘇格拉底就很灑脫。雅典人判他死刑，喝毒酒，有人要想辦法讓他逃出雅典，他拒絕了，他堅持說，城邦的法律不可以被私人取消，即使對他的判決不公，逃亡也是以錯對錯。他喝下毒酒前，他的學生朋友圍著他，都很悲傷，蘇格拉底卻談笑風生，繼續討論正義、至善、靈魂不死這些話題。神是我們的主人，死亡也是聽從神的召喚，誰知道呢？也許我死後去的那個地方比咱們生前待的地方要更好些。

我還可以提到一個思想家叫伊比鳩魯（Epicurus），你可能也聽說過。伊比鳩魯被認作是在古代世界比較少見的一個所謂唯物主義者，我們都知道馬克思的博士論文寫的就是伊比鳩魯，也許唯物主義是伊比鳩魯吸引他的一個方面。伊比鳩魯也談論神，不過，他認為神並不關心我們這個那個的，神不干預世間的事物，所以也有人認為他其實是無神論者。在當時，在後來一段時間，伊比鳩魯的影響極大，有哲學史家認為殊不亞於柏拉圖和亞里斯多德，只不過，後來的世界是基督教世界，柏拉圖、亞里斯多德雖然是異教徒，但他們畢竟是信神的，他們的思想跟基督教思想有相通之處，伊比鳩魯的思想就太不正確了，很多世紀裡基本上不傳了。

伊比鳩魯在本體論上是持原子論的，他思考生死問題也基於原子論。身體和靈魂都是由原子構成的，原子以特定的方式組合起來，形成了身體和靈魂，形成了我們，形成了有感知的生物，死亡說的是這種組織形式瓦解了，瓦解之後，身體和靈魂就不存在了，人死了，原子還在，綿綿不絕，但沒有什麼東西能感知死亡了，所以，死亡跟我們無關。這個思想跟莊子在〈知北遊〉裡說的確有幾分相似，「人之生，氣之聚也，聚則為生，散則為氣」。

當然，你可以說，死亡跟我們還是有關係，死亡跟死人沒關係，他不能感知死亡了，你死了，你什麼都不知道。但我們不是死人，我們活著時候會去思考甚至感受死亡。死亡跟已經死去的人沒有關係，跟我們活著的人有關係。

要是只提一個西方思想家，我會想到伊比鳩魯。反正我個人特別喜歡莊子的人生態度，也特別喜歡伊比鳩魯的人生態度。

**胡軍軍：**以我有限的對西方哲學家的瞭解，似乎他們總顯得沉重，像尼采等人，而我想到中國的王陽明等人，就有豁然開朗之感，我年輕時候是很迷戀西方文化的，反而中年以後重新認識東方文化，才發現老祖宗留下的宇宙觀、世界觀有那麼多可品味和效仿的地方。您是一直在追隨西方哲學的精神吧？東方哲學一直沒有引起您足夠的興趣嗎？

**陳嘉映：**我不知道該怎麼比較。莊子似乎特別通達，但你細讀莊子的話，他可能是對人生的苦難或者政治上的黑暗感受最深，有切膚之痛。孔子當然也通達，但那種知我者其天乎，也夠蒼涼的。我還可以舉好多例子，但我不知道舉出來有多大意義。

倒也可以說，西方思想家有它更沉重的一面，我會說，西方思想注重結構的探究，行星是在什麼樣的整體結構裡運行的，城邦的階級結構，各種政體的結構，靈魂的結構，概念的結構。中國思想很少去探究這些結構。探究結構的真相很辛苦，需要更艱苦的思考。從精神氣質上說，西方人更多開拓性，中國人更多守成，偏於享受，我不只是指所謂物質享受，也包括精神上、文化上的享受。我這都是信口說說啊，你就這麼一聽。我個人很願意中國思想裡能增加結構探究這個維度，讓中國思想變得更豐富，更實在。

**胡軍軍：**所以您對東方哲學不是說沒興趣，只是說沒有把它作為一個研究的方向。

**陳嘉映：**中國的東西我讀得不少，後來這些年讀得少一點。年輕的時候，諸子啊，唐詩宋詞啊，都讀。有一次，我在華師大的時候，跟幾個做中國哲學的，喝酒喝多了之後，我們就開始胡扯起來，你一句我一句引這些詩文之類的。他們做中哲的朋友，當然他們是年輕人了，他們說陳老師對這些文本比我們還熟悉。年輕的時候讀的這些，記住的多一點。

我後來的確讀西方的東西更多。也可以這麼說，我從小生活在中文裡面，一輩子生活在中文裡面，更多去瞭解那些我本來不是生在其中的，是件好事。可能跟另外很多東西也有關係。年輕的時候，深深地痛恨我生在其中的政治制度，那時候對西方的政治制度充滿了嚮往，比現在的嚮往要強烈得多。後來當然會看到西方的政治制度的更多缺陷，但那個時候是這樣一種態度。這樣的一種態度會讓你覺得西方的思想家，對政治的、對人生的論述來得更加貼切。這我在課上也常講，西方的政治思考和人生思考的一個核心是個人的自由和權利。這個觀念中國人沒有——我說的是政治上的個人自由，這兩千多年都沒有，直到今天也沒有，我覺得你再怎麼為弘揚中國的文化，這一課，我覺得作為一個現代人是非補不可的。

**胡軍軍：**您理想中的死亡狀態是什麼樣的？

**陳嘉映：**死亡有幾種，一種突然死亡，正在買火車票的時候心臟病發作，前兩天聽到一個朋友是那樣。沒有什麼可說的，應該說挺幸運的。還有一種，偶然也會聽說，一個老人，八十、九十，睡下了，第二天早上沒醒來。這叫做純自然死亡。這些都比較少有，大多數人都經歷了或長或短的痛苦折磨病痛之後而逐漸死亡。

我想像我不會幸運到那樣子，突然心臟病發作，或者躺下去就沒醒過來，我覺得我沒修到那麼好。我還是把自己想像成第三類吧，像歌德那樣，他是一八三二年過世的，一七四九年出生，他到八十三歲仍然騎馬出行，騎馬回來後著涼了，然後發燒生病，一週之後去世。我覺得能修到這樣就非常好，受一點折磨，但是很短暫，也不是折磨很深。

**胡軍軍：**說到「修」字，我覺得是我們佛教徒經常用的一個字眼。那麼哲學家如果要替代的話，應該是用什麼詞彙，更加接近你們的習慣？

**陳嘉映：**「修」這個詞在佛教裡用的多，但在儒教裡用的也很多，修身養性本來是一個儒家的態度。我說漢語，漢語在這裡就是說「修」，不是從佛教來的，可以做一番解釋，但沒有哪個詞來代替「修」。

總的來說，西方哲學跟中國思想比較起來，它的智性追求要更突出一點，就是要把這個事情弄明白，有時候，智性追求會占有壓倒性的優勢，比較典型的是現在的分析哲學，討論的一些問題，討論的方式，你怎麼都看不到跟個人有什麼聯繫，哲學變成一種純智性的追求，乃至於最後變成一種智力遊戲。有這種傾向，但是大哲學家沒有這樣的。拿哲學跟科學相比的話，任何哲學思考都是和人生和你的生活相聯繫的，它是非常強調智性，但從來都不是一種純智性的活動。硬說，那是要讓「修」變成充滿智性的「修」吧。

**胡軍軍：**您有過瀕死經驗嗎？

**陳嘉映：**那種瀕死我沒有，就是說病得要死那種。或者像杜斯妥也夫斯基（Fyodor Dostoevsky）那樣，他已經上了絞架，這時候沙皇的特赦令到了，就這麼巧。這些瀕死經驗沒有。另外的，我不知道叫不叫瀕死經驗，比如說從懸崖上摔下來。我覺得不像瀕死經驗，但它是平常不大有的那種感受，是種特別的感受吧。

我有過一段描述。我跟兩個美國朋友到一個叫做圓頂礁（Capital Reef）的國家公園去，冬天沒什麼人，我們去滑雪，那種野外滑雪，cross-country skiing。到一座山邊上，解下雪橇，開始爬山。兩片山壁之間有個不寬的裂縫，我想從這個山壁到另外一個山壁，我想悠過去，我覺得悠起來我能夠著對面。悠的時候，那是砂岩地帶，石頭斷裂了，人就這麼掉下來。我後來算了一下，用自由落體公式算過，我現在忘了，我算過大概七、八十米，大概掉了幾秒鐘。挺幸運的，不是一直到底的懸崖，到了一半它就變成了個斜坡，所以我先是垂直掉下來，後來是沿著斜坡往下滑。但是斷掉的那塊石頭跟下來了，砸到頭上。把頭砸裂了，現在頭髮都白了看不出來了，以前黑髮的時候就那裡有一撮白頭髮。

就在落下來的幾秒鐘，有一種平常沒有過的體驗。那幾秒鐘什麼都沒想，但是你看到冬天的陽光打在岩石上，岩石上有綠色的植物，很細小的植物，山岩的裂縫、光澤，都看得特別清楚。腦海裡浮過了很多很多，你覺得在三、四秒鐘裡絕對浮現不了那麼多的鏡頭或者印象。現在有點年深日久了，我記得當時好像說，有點兒像從前的幾十年的重要鏡頭都在眼前閃過，而且還挺從容的，不是那種快閃鏡頭。沒有恐懼，一點點都沒有恐懼，沒有想到生死，來不及想那麼多。

**胡軍軍：**落地的那一刻有感覺到身體的苦痛嗎？

**陳嘉映：**沒有，腦袋砸裂了也沒有。那兩位朋友在另外一側，一男一女一對夫婦，他們叫我叫不應，就開始找我。說找到我的時候，我是無意識狀態。我自己覺得我始終都保持著意識狀態，看到他們走過來，此前也聽到他們一直在叫我的名字，還在想：我不回應，他們能不能找到我這裡？

但沒苦痛的感覺。

**胡軍軍：**「無常」是佛教裡經常強調的，西方哲學範疇裡有類似的詞語可對應嗎？哪些哲學家用到過像「無常」這樣的概念？

**陳嘉映：**非常多。我個人的體會是，希臘哲學的一個很重要的起源就是面對無常——希臘人對無常的感受還格外強烈。為什麼希臘人對無常特別敏感？我覺得好多原因。第一個，希臘人特別有活力，他們對什麼都有強烈的感受。第二個，希臘人幾乎永遠在打仗。《伊利亞特》好幾十處寫到說，一刻前他還是個英氣勃勃的男子，下一刻他滾進塵埃裡，雙眼罩上了黑暗。還有，希臘是個航海民族，跟農耕比，航海更是時時要面對無常。這讓我想起威尼斯帝國，商隊和商船出海，每一次出海，全威尼斯人都出來送行，教堂開始鳴鐘，然後這條船駛出海港。那時候也沒微信，船一出去你不知道下落。說是一年為期的，一年他可能回來了，但一年也可能沒回來。他也可能第二年回來，也許第三年回來，也許永遠不回來了。你讀到這類描述，印象深刻，比起農耕民族，他們對命運無常的感受實在是格外的鮮活。

西方人的信仰、上帝、靈魂不死、至善、道德，我在課上也講過，這些在好大程度上本可以看作對抗無常的努力。你信共產主義，我們也能想像達到這樣的效果，宗教信仰這樣的效果。剛才說到「修」，比如像莊子，修練最後修到「不待」：「列子御風而行，猶有待也」，列子能駕風而行，莊子說，這個本領高，但是還沒有高到頭，因為他「猶有待也」，他還需要某種東西，最高的境界是無待，修到啥都不需要了，修練到那種絕對不受命運影響的境界。我自己不相信能修到無待，但能夠修到，用個比較雞湯的說法吧，接受無常，與無常和解。

**胡軍軍：**西方哲學裡有沒有提到過「圓滿」？

**陳嘉映：**很多。我甚至覺得西方哲學可能比中國思想更突出圓滿。柏拉圖的最高理念，亞里斯多德的沉思靜觀，阿奎納（St.Thomas Aquinas）的至福。他們對絕對者有一種信託，比我們中國人更信任。這些比較當然都過分籠統。孔子就不怎麼講「圓滿」，他講「知其不可而為之」的那種。我特別推崇孔夫子那種人生態度。

**胡軍軍：**我是第一次聽到您居然是這麼喜歡孔子的。

**陳嘉映：**從自然態度講，拿哲學跟宗教比，我會覺得哲學更是自然態度；在思想家裡面，你要讓我舉自然態度的典範的話，我可能最先想到的是孔子和莊子。他們兩個差別很大，但都是自然態度的典範。孔子的自然態度體現在好多方面，最簡單的，孔子不言怪力亂神，《論語》裡面還有一處說，他不言性與命。

其實《論語》裡有時說性與命，不過，在孔子那裡，性與命就在具體的事情中，不是跳出來講性與命。他不言怪力亂神，他說要敬神，祭神如神在，不是說假裝有神，是說祭這件事本身是件恭敬的事。孔子有他的道，吾道以一貫之，他的道大了，在中國傳了兩千多年，但他在顛沛流離的時候，聽到人家在那裡罵他、諷刺他，他就派學生把這人找來，聽他們怎麼說的。聽了，孔子說了那句著名的話：道不同不相為謀。他有他的大道，但他不說他是唯一的道，多數哲學家、宗教家都不是抱持這種態度，他如果有一個道，那就是the道。好像只有孔子說，這道嘛，我有我的道，別人有別人的道，我就行我的道。

**胡軍軍：**您有本著作叫《何為良好生活》，請用較短的篇幅闡述到底什麼是良好生活？

**陳嘉映：**那本書，別說較短篇幅，那麼大長篇幅，我也沒回答這問題。因為沒有一種唯一的良好生活，有好多種良好生活。那本書寫的是，當一個人追求良好生活的時候，他恐怕會要想何為良好生活這個問題，雖然我們設想的良好生活不盡相同，但是我們的思考肯定有交集。那麼我提供出我的思考，可能這裡那裡能幫上你想。大概這個意思。

**胡軍軍：**您作為一個哲學家的困惑是什麼？

**陳嘉映：**未見得能說得很好。我開始讀哲學的時候是有這麼一個問題：這世界是不是一個純粹必然的世界，或者說決定論的世界？碰巧呢轉了一圈，我最近這兩三年又在集中思考這問題。硬這麼說的話，也許這是真正纏繞我的問題？能這麼說嗎？我不知道。

**胡軍軍：**您集中思考的是什麼問題？

**陳嘉映：**每個問題都跟別的問題套著，沒有一個單獨的問題。但你有時候可以用一個題目把它集中一下。這個問題描述起來不難，起步不難。比如說這杯子掉地上了，或者是我把它推到地上了，或者風把它刮到地上了，或者是桌面上有水這麼滑，總而言之，有個原因，不會是無緣無故就掉到地上了。為什麼桌上有水，為什麼起風，當然也是有原因的。追到頭來，每件事情都被此前的原因鏈決定好了。

但若這世界是個被充分決定的世界，我們就面臨另一套問題。比如說，我們以為至少有時候我們是自主的，有自由的。我自己可以決定把杯子放在左邊還是放在右邊，但是決定論會告訴你說：是的，你看起來好像你在做自由選擇，但你這麼選擇，是你腦子裡神經早搭好了。你認為的自由選擇，其實都已經是被決定好了。可是我們就覺得，如果這樣的話，我們的生活還有什麼意義？——要是在大爆炸發生的那一刻起所有的事情都已經決定好了。大概這樣。

再舉個例子。我們覺得一個人有德，另一個人，強姦犯，強姦之後他還把人家碎屍，我們覺得特別義憤。但決定論會說所有這些都在大爆炸那時候就決定好了。人被他的神經系統和社會環境決定好了，他是個無賴，但是你看看人家生活在貧民窟，七歲時候父母離異，諸如此類的，他幹出這種事，這都是由社會條件決定好的。你是個道德君子，當然了，你從小衣食不愁，你爸媽都是教授，所以你自然就被培養成這個樣子了。其實兩個人有什麼差別？那也是一種無差別境界，高低好壞之分都只是表面。

**胡軍軍：**您通常用什麼手段來解決您的各種煩惱和苦悶？

**陳嘉映：**各種各樣的煩惱，當然用各種各樣的辦法，但有個比較一以貫之的辦法，那就是忍著。我年輕時候讀《浮士德》，有好多金句印在我的腦海裡頭。其中一句是這樣：我真是不耐煩這世界的一切，尤其不耐煩的就是忍耐，尤其不能忍耐的就是，人要忍耐。

**胡軍軍：**日常生活裡，我們總是喜歡用緣分這個詞，哲學家相信緣分嗎？

**陳嘉映：**每個人都有對緣分的不同理解，我不能代表哲學家，我個人相信緣分。不一定是好意思，你生在這裡，你有這樣的父母，這樣的子女，好也罷壞也罷，這一切對你都有特殊的意義。

**胡軍軍：**您有很多學生追隨您，請問他們跟您學的主要是哲學本身，還是生活態度？他們大多數是健康陽光的人群？還是更偏多於陰暗狹窄？您如何指導他們？

**陳嘉映：**大多數學生都陽光。他們跟我怎麼學的我不知道，從他們後來零零星星的回饋來看，我教他們的那點哲學，他們大多數說後來都忘光了。

**胡軍軍：**所以跟您學的是生活態度？

**陳嘉映：**我覺得有可能。這些問題我平常不大會留意。

**胡軍軍：**我認識您這麼多年，知道您在朋友，親人，家庭各種關係中，是個「面面俱到」的人，幾乎接近完美。是您學習的哲學主導了這一切嗎？還是您天性如此？

**陳嘉映：**這問題分兩層，第一層是事實層面的，第二層面是判斷層面的。事實層面我抱有相當懷疑。倒是前不久有一次在聚會上，他們都說我是最充分社會化的人，「社會化」這個詞有點兒怪，我就記著了。可能跟你說的那個意思有點接近，就是說不太敢得罪人吧。這個我覺得跟哲學沒關係，可能是從小有一幫哥哥，後來有個老婆，都不敢得罪。

**胡軍軍：**所以你還是偏向於是天性如此。

**陳嘉映：**要說學哲學跟生活有什麼關係，哲學是反思活動，我天生比較多反思，一件事我有點想把它想明白。我覺得哲學接受不了智性太低的東西。我自己呢，本來智性好奇心比較重，你看我喜歡下棋、打橋牌、數學——直到現在做數學題還興致盎然。

**胡軍軍：**現在提倡幸福指數，哲學家眼中的幸福是什麼？哲學家對幸福的獲取感會比常人低還是高呢？

**陳嘉映：**我肯定不能代表哲學家發言，只能代表我自己發言，這絕不是矯情。我想像，一個人能夠做他愛做的事情，肯定幸福指數會比較高。相比之下，從事哲學比做金融更容易幸福。如果你不只為掙錢，你愛金融這個行當，你當然也可以幸福。但你做金融，畢竟有好多細節，你必須做，卻是不願意做的。像做藝術、哲學這些，連細節都吸引你。要說這個，哲學家的幸福感應該是很高的吧，包括維根斯坦，包括尼采。不管他性格如何，不管他對痛苦有多敏感，應該是幸福的，一種內在的滿足。

**胡軍軍：**您希望您的哲學研究完成怎樣的高度？您希望您的哲學思想給世間傳遞什麼信息？

**陳嘉映：**這是個相當年輕的問題。我們做事情，一開始做的時候會放一個標竿，然後盡量去達到標竿。你做啊做啊，這個標竿的意義愈來愈少，你愈來愈多考慮的是這件事情應該怎麼做，這變得比做成什麼樣子更重要。我已經臨到生命的尾聲，基本上完全在這種狀態裡了。達到什麼高度？不是虛偽，真的是不會在意。也就是我還能做什麼，怎麼能把它做好，想一個事的話怎麼能把它想明白，基本就這麼一點。

向世人傳達什麼信息？回到你剛才說生死這件事，或者再擴大一點，就是說人怎麼生活這件事，我覺得我主要是對持自然態度的人說話，在這事上，自然態度有它比較難的地方，因為他如果有信仰，他的問題大概已經解決了。我希望我們持自然態度之人能像有信仰的人一樣，坦坦蕩蕩面對死亡，面對無常。

**胡軍軍：**所以，這個還是一個終極的目標？

**陳嘉映：**如果你這麼說。

**胡軍軍：**對於大部分人，哲學是高深晦澀的。如果您給初學者上課，您會從哪裡講起？

**陳嘉映：**哲學高深莫測，但它的高深跟科學不一樣。學科學，你去向更深的地方探索，你必須先接受一些硬性的規定。你要學牛頓力學，你就得接受他對靜止、慣性、加速度的定義。哲學思考，可能會想得很深，深到很難明白，但是他從淺顯到深入，中間沒有重要的技術性規定，沒有哪個東西是你不管懂不懂你必須接受的，然後咱們才能往下講。你可以跟小孩子講，跟街上的人講，你就從他最能夠接受的道理講起。哲學思考可深可淺——當然，太淺就沒意思了。

**胡軍軍：**您現在會恐懼死亡嗎？您相信靈魂嗎？

**陳嘉映：**這要看對靈魂的定義了。我當然相信靈魂，但我不相信脫離了身體的靈魂。我相信尼采說的，一個人的靈魂就是他的身體。

恐懼死亡，分好幾種。我跟狗子他們聊過，比如我站在馬路中間，一輛小汽車飛快地開過來，我肯定跳開，我肯定不站在那兒等它撞上來。我不會像皮浪（Pyrrho of Elis）這位古代懷疑論者那樣，走到懸崖邊上還接著往下走。在正常的意義上我是恐懼死亡的，而且這種恐懼跟另外的一些恐懼是有內在聯繫的。

**胡軍軍：**您看過我的涅槃畫展，您有什麼感受？可以提些創作上的建議嗎？

**陳嘉映：**我看畫展，我的那些感覺只對我個人有意義，沒有什麼能夠幫到別人的地方。我看你的展覽，注意到那些形象在某種意義上它是比較單一的，臥佛，佛躺在那裡這樣的一個形象，但是通過色彩的變化，通過一些細微的姿態的變化，讓人感到精微的多樣性。你看我又是看到差異，要是同樣的精神用單一的方式來表現的話，我會覺得索然無味。我看涅槃展，這點我特別喜歡——雖然始終你都被同一種精神籠罩著，但是你感覺得到精微的、豐富的變化。

二〇一八年十一月四日　杭州安曼

# 詠給・明就仁波切

詠給・明就仁波切（Yongey Mingyur Rinpoche）當代禪修大師，

一九七五年生於尼泊爾，父親是二十世紀禪修大師祖古・烏金仁波切。

幼年就為禪修生活吸引，十三歲時，在智慧林寺開始嚴謹的傳統三年閉關。

圓滿出關後，十七歲，受其上師大司徒仁波切指派開始指導三年閉關，成為最年輕的閉關上師。

他精通藏傳佛教傳統的實修訓練與哲學訓練，

在教導中結合自己的體驗與現代科學研究，教法平易近人。

二〇一一年六月，他留下一封書信，隻身離開印度德噶寺，開始了四年半的遊方閉關生活；

二〇一五年十一月，在圓滿了自幼就萌生的做一個隱姓埋名的遊方閉關瑜伽士的心願之後，

回到所住持的寺院，繼續擔負起延續傳承和法教的使命，也繼續在世界各地進行他所熱愛的

禪修教學和個人的修持。著有《世界上最快樂的人》、《世界上最幸運的人》等。

# 如果今天是你此生的最後一天——詠給・明就仁波切訪談

**胡軍軍：**為何眾生對自己的身體如此執著，並對死亡如此恐懼呢？中國有句話叫「千古艱難唯一死」，死亡的真相究竟是什麼？

**詠給・明就：**人們害怕死亡一般是基於兩個原因：一是人們不相信來生，因此認為死亡就是結束，沒有希望了，死後你就像進入了一個黑洞，所以對死亡非常恐懼。另一個原因是，如果他們相信生命的延續，但對於生命中應該完成的，他們認為自己還沒有做到，就會很害怕死亡。

**胡軍軍：**禪修能減輕對死亡的恐懼嗎？禪修的目的是最終解決生死的問題嗎？

**詠給・明就：**對禪修者來說，要具備三點：見地、禪修和行持。從見地來說，我們相信有覺知，而覺知是我們心的本質——那真正純淨的心，作為一切的基礎的心。這個心是超越了死亡、臨終的，因為此心無生。儘管念頭會消亡，情緒會消失，有生有死，記憶有生起和消失，信念、感知等等也都有生滅；然而覺知本身不會死，因為它是無生的。它是無處不在，卻又無處可尋的。覺知也是完全自由的。因此，死亡對真正的禪修者來說，就如同是另一個念頭死亡了而已。死亡並不是終結。

那麼，禪修者在做的就是如何跟這樣一個基礎的心連結，跟這樣的清淨的覺知連結。在佛法中我們用了很多不同的名相來形容它，有時候說它是佛性，或是一切眾生的自性、法身、每個人的清淨自性、真正的佛等等很多不同的名稱。如果透過禪修，你明白了這個見地，那就對克服死亡的恐懼非常有幫助，而且還不只是相信它，還有實際的修持教導如何在身體死亡那刻連結上這個覺知。

那麼如何修持？在生的時候，有三個機會。一個機會是在生活中，另外兩個機會是在睡眠中。對睡眠而言，入睡的過程跟死亡的過程是相當接近的；其次是在睡著之後，開始做夢。夢跟死亡之後是很相似的。夢是睡著和醒來之間；而死亡之後到來生之間也有一個階段，我們把它稱之為中陰——中間的一個階段。這個階段跟夢是很相似的。我們面對這兩種都有修持的方法。

還有一個機會是在我們生活中，當我們面臨重大的問題、變故、挑戰的時候，其實就是在一個死亡的過程中——從過去某一個事件或狀態中死去。那麼，我們就必須要接受眼前的狀況，我們必須允許自己死去——讓過去消逝。如果這一刻我們不能讓自己死去，也就無法獲得重生於新的機會和狀態。比如事業，這是個重生的很大的機會；當意外或者一個很大的障礙出現，那是很好的讓自己成長的機會，讓自己走出舒適區，獲得一種重生。這些都是非常棒的機會。

所以，見地是無死覺知，禪修是如何跟覺知連結，行持是將方法運用在入睡、日常生活，以及在臨終那一刻。

**胡軍軍：**那麼是否對禪修者來說，如果連結上這個覺知，其實並沒有真正的死亡，死亡不是結束，生死只是在一個概念，是人的感知。那麼是什麼原因造成了這個錯誤的感知，認為死亡就是結束，而心生恐懼呢？

**詠給・明就：**這原因是無明，也就是不知道這個基礎的、無限的覺知。我們一直抓著的是想法、念頭，而它們都是無常的，會改變，消逝。它們都不堅固、不可靠，那麼自然會給人帶來恐懼。如果你接受死亡是生命的一部分，即使你並不瞭解清淨的覺知，也會感覺好很多。接受無常，接受自己經歷的是個平常的過程，都會對臨終有所幫助。接受死亡，對生活也是有極大幫助的。就是現在，如果你想充實地過好生活，那你應該允許自己死亡。否則，你會卡在一個僵硬、固執的自我當中，而沒辦法更新、重生而活出鮮活的生命。

**胡軍軍：**您所說的「讓自己死去」，跟我們平常聽到的「放下」，是一樣的嗎？

**詠給・明就：**是的，讓自己從舊的、腐朽的、固執的想法、行為模式、習慣中死去，隨順自然因緣的流動，生命就能得到新的開展。

**胡軍軍：**您剛才提到了中陰，在藏傳佛教中，中陰是非常獨特且重要的教法。能否請您進一步講述一下中陰？

**詠給・明就：**中陰的意思是中間的階段，在兩者之間。那麼，生——死，今生死亡之後和來世的投生之前，這中間的過程叫中陰。中陰也指在生命中任何所做的兩件事之間，存在的一個空檔、間隙、一個飛躍出現的時候。比如說，你將要開始新工作之前，有個空檔，這段時間是個非常好的一個自我成長的機會。這時你失去或辭掉了舊的工作，這是非常好。或是當你離開家去另外一個地方，開始一項新計畫、一個新行動之前，跟過去做了斷開之後，都會有個很好的改變的契機。你可以透過它連結上自己真實的一部分，可以連結上自己的本質自性，由此而得到成長發展的機會。

**胡軍軍：**有些人對中陰，可能從書和錄影片等資料中得到過一些片面的瞭解，認為中陰就是死後到投生之間的那段，是這樣嗎？

**詠給・明就**：不只是這個階段。中陰有六種，一般我們稱之為「六中陰」。「中陰」在藏文裡面被稱為 Bardo，意思是中間的階段。這個中間的狀態，是非常珍貴的。這一個時段，如果你能夠認識出來，或者知道如何運用它，就能看到自己的潛力，能夠讓我們得到轉化。為什麼這個中間的時段如此有力量？是因為我們有很多執著，有著強大的概念心，它一直在製造著，製造出來的一切概念，被我們緊緊抓住。然而，我們抓住的事物會時好時壞，會變化無常；但是我們的執著沒有放鬆過。現實在走下坡路，而我們的執著在加強，這就出現了一個中間的狀態。人生就像海上的波浪。人生就像股市，像天空的浮雲，總是有起伏。沒有起伏，就不能運作。就像股市有漲跌，才會有買賣，才有可能賺錢。也像世間有日夜、起落、生死……然而這個中間的時刻，不是起伏的，也沒有對錯，在其中充滿了無限的自由。而它就是我們跟自性、真相連結上的最佳時刻。因此，中陰的修持就是抓住這個時機，運用這個機會去看到我們的自性。

中陰教法含有「六中陰」：

第一，生有中陰，就是出現這樣一個空檔、間隙的那一刻。修持就是認識到這一個空隙，與之連結上。也就是接受它，並且放下它。基本上這是生有中陰所做的。我們有解脫道的修持，也就是生有中陰的修持。在日常生活中，也可以運用生有中陰的修持。在出現這樣一個時刻、中間的一個階段的時候，認識到它。我們每個人都經驗過，但只是不知道。這樣的時刻有些看上去比較重大，有些看上去比較微小。比如在心碎的經歷出現時，這就是個大的生有中陰的一刻。我們都有執取心，緊緊抓住自己對完美的伴侶的占有。但事實上，一切都會改變。當你發現對方不再是你心目中完美的那個人，你就心碎了。這時就會出現一個很大的空檔、間隙，在那一刻，就是關鍵的。在那一刻，我們要懂得放下。如果不知道放下，那就會愈來愈痛苦，成為人生的創傷，無法擺脫。如果在那一刻，當你的心少了很多概念時，就有很多空間和自由，很珍貴，如果你知道禪修，在那一刻，你能安住在禪修，放下過去的期待，隨順因緣，你將會有很多新發現——新的方案、智慧、方法。你不會有深受重創的感覺。事實上，那樣一個狀況，能幫助我們成長。一般我們都生活在受限的像繭一樣的狀態裡，要打破這樣一個限制，不太容易。但遇到這樣的突變，會迫使我們走出這個限制，如果你那時能接受這個現狀，就能得到很多成長和啟發。如果我們一直執取自己認為和希望的，很僵化和固執，那我們的生命會失去很多活力和彈性，可能活得像行屍走肉。但這樣一刻出現，你停下來，生起一個殊勝的問題，引導自己看到自己是誰。比較微小的一個時刻，可以是任何意外的情況發生，比如出現一個錯誤，這也會造成一個中間階段的時機。如果那時候，我們認識到，從錯誤中可以學習，最終可以成功。

第二，禪定中陰，是嘗試跟清淨的覺知連結上。

第三，睡夢中陰，這包含睡眠和夢境兩方面。入睡時的過程，跟死亡極其相似。如果你在入睡時能夠安住在心，就能進入睡眠的禪修。這對死亡那一刻是很有幫助的。夢境是心的活動。晚上的夢境，無論讓人開心還是讓人悲傷或恐懼，它都是心所顯現。醒來時都知道那並不是真正的存在。如果在夢中能認識出自己在做夢，知道自己在夢中，而不隨波逐流，心能夠自主，你可以不從夢中醒來，而繼續掌控夢境，這對死亡之後的中陰階段會有很大幫助。

上面這三個中陰是相關於生的層面的。

第四，臨終中陰，是在呼吸停止的那一刻。

第五，法性中陰。法性的意思是「如是」、「自性」、「任運」。

第六，投生中陰。跟睡覺很相似，當你睡著後失去意識一陣子，然後就在夢中醒來。而死後，你會在法性中陰——此生和來生之間醒來。在此期間，有很多心的顯現，這是走向來生的階段。

**胡軍軍：**您在三年多以前結束了四年半遊方閉關的經歷，中間有過瀕死的經驗。是什麼原因激勵您放下一切，冒著可能有的生命危險進行這樣居無定所的長時間的閉關呢？

**詠給・明就：**遊方的閉關給我機會修持中陰。放下過去我一直擁有的「明就仁波切」的頭銜、身分和地位，作為上師、寺院住持、轉世祖古、擁有很多學生愛戴、著書立說……讓所有這些都死去，走出去露宿街頭，因此出現很大一個間隙。

我還記得當我一個人離開寺院的那一刻……雖然我已經準備了很長一段時間，期待已久，但面對巨大的不同，面對這樣一個空隙，我的心當時可以說超越了語言。哇哦！多麼好！多麼自由！同時也很驚愕。尤其坐火車的經歷，那是我沒有預料到的。我單獨一個人，跟印度平民推來攘去、爭先恐後地擠上火車，坐在最低等座列車地板上。後來我去了拘尸那羅——佛陀入滅的地方，在那兒我身上帶的錢用完了，終於過上了樹下一宿、乞食為生的雲遊僧生活。但沒過幾天，就因為食物中毒而上吐下瀉了四、五天，經歷了瀕死的考驗，也就是臨終的四大分解的過程，但同時體驗到了無死覺知帶給我的重生……這些經驗跟我以前的生活方式完全不同，而我必須從過去的狀態、方式、模式中死去，經歷所有這些，才會有新生的各種發現、體驗和了悟。

**胡軍軍：**請問您為什麼選擇了遊方閉關的方式修行？可以說一下這過程中最難忘的回憶嗎？您以後還會再有這樣的舉動嗎？

**詠給・明就：**我從小就對山林有著熱愛。七、八歲時，就喜歡跑到高原的家鄉附近的山洞。那時候還不懂禪修，但模仿我的外祖父和父親那樣盤坐在山洞裡，心中默念六字大明咒。其實不知道自己是不是在禪修。遊方的閉關是很多藏傳佛教過去的大師們都採用的修持方式，我多年前就非常嚮往。

在山間的生活，沒有電話、商店、網路，但每天面對群山、藍天。每到夏季，野花盛開的季節，那樣的環境是非常適合修行的，當然也要面對很多實際的問題。比如剛開始要自己在野外生火煮水，我花了兩個多小時都沒辦法把水燒開。煮出來的水都是煙味——因為生火不當，冒出很多濃煙。後來有周圍的牧民來幫忙，也送給我適合燃燒的木柴。有時候我也會跟一群牧民結伴露宿，一起行走。有一天，出發前我收拾東西慢了一些，其他人都上路了，我還在後面。一邊走，一邊看前面的隊伍走得有多遠，回頭看昨晚我們露營的地方，好像在身後沒多遠。這樣前瞻後顧，讓我覺得走起路來腿有千斤重，而我平時爬山走路，其實是很輕鬆的。後來我發現是自己的心沒有在當下，而一直看前面的人——未來，往後看來路——過去，卻一直不在當下。於是，我嘗試將心安住在走路的腳步和呼吸上。慢慢地，不覺得腿有那麼沉重了，也很快趕上了前面的隊伍。

遊方閉關是找到不同禪修對境的很好的方式。比如生病、遇到障礙問題，都是進步和突破的最好時機。

至於未來，我還是會做閉關，或許不會再遊方閉關，但是會做比較傳統的關房裡的閉關。

**胡軍軍：**您的遊方閉關的經歷，就像釋迦牟尼佛成佛前的六年苦行，在很多人看來是非常了不起的行為。您認為要達到您上面所提到的了悟和體會，是必須經歷這樣的苦行嗎？您會建議自己的弟子去做這樣的遊方閉關嗎？

**詠給・明就：**如果是很好的弟子，可以這樣……哈哈……開玩笑的。我不建議所有弟子做這樣的嘗試。其實在日常生活中，我們可以經驗到那樣的中陰狀態。尤其是人的成長過程中，在西方如果你滿了十八歲——當然不只在西方，現代社會來說，當你年滿十八歲，就會有個很大的中陰，你這時會有更多的責任。很多國家，當孩子過了十八歲，就必須離開家自立，照顧自己所有的一切，自己租房、要有收入、面對就業等等，否則你可能會流浪街頭。這是自己成長的絕佳機會。其次，在我們生活中，會出現大的改變，比如我們可能失業，我們的婚姻和人際關係會改變，有時候我們認為找到了完美的伴侶，結果後來發現完全不是自己想像的那樣，關係破裂也讓自己心碎；有時候也得到新的拓展機會。人生不斷經歷很多的起起伏伏。就在這樣的起伏之間，在這樣的時刻，就是練習生有中陰非常好的時候。

**胡軍軍：**像您提到的透過遊方閉關，走出自己的舒適區，換個說法就是去迎接更多的挑戰。現在很多在家的修行人，需要兼顧自己的工作、家庭、事業，同時還要修行。精進地修持對很多人來講，會是一種挑戰。可否請您針對現代人的修行給予一些建議，如何可以保持信心而更有效地做心靈修持，同時保持修行和居家生活的平衡？

**詠給・明就：**重要的是能夠放下，但不是放棄。我們都有這樣不可思議的圓滿的本初善——自心基礎的本質。我們已擁有所有我們希望獲得的一切。我們的本質就具備圓滿的慈悲和智慧，然而我們沒有認識到這點，而固執、僵化地堅持過去的舊習慣、老套的想法和做法，不讓腐朽的東西逝去。放下這些，能帶來新的體驗；因為我們一直堅持抓取外在的很多事物，認為它們是長久、持續的，一旦它們破碎失落，我們就放棄了。所以放下不是放棄。能夠放下，包括放下對修持的期待，對你禪修好的覺受的執著，對負面煩惱情緒的對抗，始終去嘗試，不要放棄，就會看到修持帶來的變化。

也許你禪修一週之後跟第一天開始禪修時的狀態沒有太大變化；但堅持一個月、半年、一年之後，再回頭看剛開始禪修的第一個星期，就會看到自心有了很大的轉化。如之前我們談過的三個重點：見地、禪修和行持。見地是在認知層面，一個信念，你需要讓它改變，要相信自己在障礙、失敗中也是在學習和進步；禪修是要和覺知連結上，帶著覺知去修持、去生活，就從自身擁有的基本的呼吸開始，就可以覺知——知道自己在呼吸，不需要邏輯思考，只是覺知。然後逐漸地覺知到改變和無常；行持，也就是行為的層面，你需要將這些方法運用到日常生活中，比如你遇到意料之外的事情發生，那就是很好的練習接受的機會，從中學習和成長。

**胡軍軍：**您透過教導禪修，將佛法的精要分享給社會大眾，甚至非佛教徒、沒有宗教信仰的人，也可以學習禪修來認識自己的本質。生活中如何讓自己煥發出更自如的生命狀態呢？

**詠給・明就**：修持感恩。試著在每天去感恩五件事——有關於自己或發生在自己身上、周圍，或是關於生活和世界的五件值得感恩或欣賞的事。比如說，認識到我今天還活著，多麼好啊！不需要是一件特殊的大事。我們通常都有很多好的特質，然而經常聚焦在負面的部分。科學家說，如果一個人有十個特質，其中九個是正向的，一個是負面的。他不會看到這些正向特質，而往往注重那一個負面特質，並將它誇大。曾經一對夫婦經常爭吵怨恨，於是跑來見我，希望我能幫他們。他們期待我能有什麼特異功能，可以幫他們除掉經常爭執的問題。我說我沒有神通力量能幫你們。他們聽了有點失望。但我說可以給你們一個建議。他們說：好啊，你給我們的任何東西都會有幫助。我就給了他們倆一個功課，回家之後每天坐下來半小時，互談對方的好。他們聽了說好的。結果幾週之後回來見我，說半小時太長了，他們一開始談「當我第一次見到你，你讓我感覺很好，但是……」，就談不下去了，兩個人只能乾坐在那兒，保持沉默，一直看時間……然後他們問我說：我們該怎麼辦？於是我說：那我給你們一些折扣吧，每天只需要坐下來五分鐘去談彼此的好。他們說：五分鐘！那很容易。於是離開了。之後一年我都沒再見到他們。一年後他們再來見我，說現在半小時對他們來說都不夠。他們真正投入去看到彼此，發現有很多的美好，平時都被忽略了。逐漸地，他們能更加互相欣賞、體諒，成為既是朋友也是伴侶的關係，建立家人的信任與和諧。

**胡軍軍**：從您幼年時患有恐慌症，蛻變到今天作為一位國際知名的禪師，以致西方媒體稱呼您是「世界上最快樂的人」。您提到過是透過禪修，有了對自己恐慌症的很重要的突破，請問您會認為自己是「世界上最快樂的人」嗎？您認為的快樂的標準是什麼？

**詠給・明就：**我並不認為自己是世界上最快樂的人，但我的確是經歷過恐慌症。大概是我七、八歲時開始有恐慌症，那時候就很不開心。九歲的時候，我請我父親教我禪修。我當時很喜歡禪修的這個想法，但不喜歡做練習，覺得禪修很無聊。我想從恐慌中解脫，但是我父親叫我看著自己的呼吸。這多沒意思啊，就看著呼吸，怎麼可以幫到我的恐慌症呢？我試著吸進來、吐出去，有時候還打瞌睡。但過了一段時間，我開始發覺它有效了，對有些方面是有益的。後來，我父親又教了我其他的禪修方法。其中一個是默念禪修。這個方法是在心中默念咒語，不動嘴和舌頭地默念，一遍一遍地重複，這對我的恐慌症很有幫助。最終，父親教我如何用這些方法與覺知連結，認識這個最基礎的覺知。而這才是我從恐慌症解脫的關鍵。

我們其實隨時隨地都希望快樂。因為這就是我們的本質。我們希望快樂，不希望痛苦。每時每刻，每個呼吸，每次眨眼，都如此。認識覺知，會讓我們連結上這個基礎的渴望，會逐漸認識到痛苦不是我們的本質。我們會認識到自心慈悲和智慧的兩個面向。智慧能幫助我們認識真實的狀況——實相，而不再期待一切如我們所期待的那樣，接受無常，接受自己如在生命大海中起伏的波浪一般的所有經驗，轉化每個經驗為自己的朋友，轉化每個經驗為助緣，便能逐漸找到自己內心的穩定、沉著，不依靠外境獲得短暫的快樂，發現內在恆常的滿足。

**胡軍軍：**在漢傳佛教的淨土法門，人們修持念佛求生阿彌陀佛極樂淨土。您如何看待這個法門，往生西方極樂世界是否是修行人應該持守的一個修行願景？

**詠給・明就：**一般我會說生命應該有很多計畫：A計畫、B計畫、C計畫、D計畫……A計畫就是在今生解脫，這相當困難。那麼B計畫就是在臨終那一刻解脫，也就是跟清淨的覺知連結上的最佳時機，因為在臨終的這一刻，整個概念心瓦解了，對你身體的概念，能所二元的概念，各大元素消融，念頭、記憶、感知等等統統消融了，但清淨的覺知不會消融。到最後，你會清晰地經驗到清淨的覺知。這就是我在閉關中的瀕死經驗中，所經歷到的。如果能安住在此當中，你就能解脫、自由、成佛；如果做不到，那你可能會昏厥過去大概三天半的時間，而後神識會在中陰狀態下醒來，如果那時候你能認識到清淨的覺知，也能解脫成佛。這是C計畫。如果計畫失敗，那就要實行D計畫——往生淨土。當你在投生中陰，失去了成佛的機會，但還是可以往生淨土。怎樣往生淨土呢？就像當你想到拉薩，你的心即刻就到了拉薩。同樣的，你想著我要往生西方極樂淨土，你就到那裡投生了。那麼要做到往生淨土，需要今生就具備四個因素。我們稱「淨土四因」。首先，生起菩提心——我要往生淨土，為了利益一切眾生，幫助他們也成佛；第二，要皈依阿彌陀佛，明觀阿彌陀佛淨土和阿彌陀佛；第三是累積資糧——布施、供養、禪修、持咒等等任何善德；第四迴向往生淨土。如果能做到這四點，能夠在一生中完成至少十次「淨土四因」的修持，就得以往生淨土。

**胡軍軍：**臨終是很關鍵的時刻，而我們一直在經受著對死亡不確定的恐懼，是否可以在平時或在臨終前做一個死亡的準備呢？

**詠給・明就：**觀修死亡無常是非常重要的修持。如果今天是你此生的最後一天，現在你就要面對死亡，有五個步驟的修持可以讓我們更容易邁上生命的最後一段旅程。

首先，在開放的覺知中安住自心，接著，閉上眼睛觀修以下步驟：

一、放下。檢視自己的內心此刻還執著什麼，有什麼人和事物是你臨終都還罣礙執著的。可以用獻曼達的方式，把所有這些你不舍的對境都供養給諸佛菩薩、聖者先賢。即使你不會念誦獻曼達的經文，也可以作此思維。將你所執著的一切供養給諸佛聖者，由他們來幫你處理這些財物、人事。要作此思維，這些供養出去之後，就不再屬於自己，而它們已得到妥善安置和處理。

二、迴向。思憶自己一生所做的善行，經驗過的喜樂，任何修持過的布施、持戒、忍辱、精進、禪定、智慧等善德。將所有這些功德都迴向給家人、親朋、社會、國家，乃至所有的眾生。祈願他們都能究竟離苦得樂，證悟解脫。

三、動機。在內心生起一念正向的動機：現在我將要離世，面對死亡，我將它轉化為修持，因為它正是證悟成佛的最好時機。多麼好啊！藉由這個修持，我能證悟成佛，而利益一切有情。

四、祈請。想像所有諸佛菩薩，與你有緣的上師、聖者，此刻都在你前方虛空之中。祈請他們加持你邁上死亡之旅，沒有障礙。諸佛菩薩，聖者上師化為光，融入自身。你的心和諸佛上師的心融為一體，無二無別。

五、覺知。最後，將心安住於覺知，自然放鬆於當下。覺知任何身體的感受、內心的活動。保持覺知。

在這些步驟之後，覺知自己的身體四大分解、消融的過程，如是去覺知任何感受。地大消融可能帶來下沉、擠壓感，接著水大消融，可能帶來漂浮感，然後是火大消融，體溫逐漸消失，最後風大消融，即是呼吸停止。四大消融之後，一切融入根本識（阿賴耶識）。瘋猴子心、能所二元、概念心、業力等等，都消融，不起作用了。你會感覺近乎無意識的狀態。這時，心的本質的光明會顯現——一種清晰、明亮的狀態，如同無雲晴空，超越概念，然而卻有著覺知。若你認識出它，並安住其中，就將解脫輪迴痛苦，或是證悟成佛。

觀修結束後，張開眼睛，再回到開放的覺知中安住。現在，認識到自己還在呼吸，還活著，多麼好啊！

**胡軍軍：**藏傳佛教中對涅槃的定義是如何詮釋的？

**詠給・明就：**在藏文中，對涅槃的定義是「超越痛苦」，這也就是涅槃的意思。我們說的圓寂、涅槃是指最終你會死亡，身體消亡；這是跟死亡相關的。但一般來說，涅槃並不需要死去。涅槃是無處不在的。它是最終達到對清淨的覺知——心的本質的證悟，完全的證悟就是涅槃。在藏傳佛教，完全證悟心性就被稱為達到涅槃。

**胡軍軍：**那麼您的修行的目標，當然除了幫助眾生，也會希望達到涅槃嗎？

**詠給・明就：**是的，當然是。一切的修持最終的目的是達到涅槃，換句話說，就是要證悟或是證得菩提。我們說的 Bodhicitta，就是菩提心，證悟的心，修持的目的，就是幫助自己和他人證悟，達於涅槃。

**胡軍軍：**我們人類居住的這個地球，因為貪婪的人性和無止境的索取，環境日漸惡化，我們的下一代甚至我們自己，其實已經生活在被各種垃圾包圍的空間裡，空氣和水源的品質讓人愈來愈絕望，我們是否能透過修持看到它的正向的意義？作為資深的修行人和傳承持有者，您對此抱以什麼態度或願望呢？

**詠給・明就**：現今的世界，其實是更和平的。科學家和社會學家分析現代社會的暴力和戰爭相比一百年前、兩百年前減少很多，犯罪率也是歷史最低；醫療、物質和科技進步其實大幅度改善了我們的生存環境和條件。但我們的心更混亂了，我們經受著焦慮、憂鬱、恐慌和很多其他問題，我們缺乏安全感和滿足感。

我想禪修對現代人來講非常重要。我們有著佛陀所教授的兩千六百多年歷史的傳承精華，於當今世界非常有幫助和利益。因此，我自己希望的就是將這樣一個古老的智慧傳承，以適應現代的方式傳播出去。能夠幫助到個人的內在轉化，從而影響社群、國家、世界，由內在的環保，煩惱轉化為助緣，而開啟每個人本具的喜樂和富足。我們每個人都是世界的一分子，如果我們發掘出內心的平靜、喜樂和滿足，便可以像水波的漣漪，一個人影響一群人，一群人影響一個社會，一個社會再逐漸慢慢影響國家和世界。

**胡軍軍**：您教導的基礎禪修課程是去宗教化的，是否這就是您希望用來幫助社會和世界的方式呢？

**詠給・明就**：佛陀說過，無論什麼樣的形式，只要能讓教法給眾生帶來助益，都是可推廣的，並且佛法也是可以供任何人學習的，並非佛教徒專屬。因此，依循有關覺知、慈悲和智慧的教法，我開展出一套禪修的實修教程，中文稱作「開心禪」。它有三個階次，分別是學習修持覺知、慈悲和智慧，這是佛法流傳兩千六百多年來的精華所在，透過實際的修持連結上我們根本的覺知，開展出它的慈心、悲心、同理心、智慧、洞見等不同面向的特質。這些特質每個生命都具備，無論身在任何文化、語言、種族、宗教等等不同背景裡的人，都有這樣的本具的心的特質。人們因為沒有認識這些真相，就有著像瘋猴子一般的心，而給自己的生命帶來很多煩惱和痛苦。

**胡軍軍：**您在四年半的閉關之後回到了以前的角色和責任裡來，現在對您來說，最大的願望是什麼？

**詠給•明就：**我很喜歡禪修，我也很喜歡教導禪修，我希望看到這些教法可以利益到更多人。所以我在做的，也是我自己喜愛的；同時，我也希望定期做個人的閉關修持。

**胡軍軍：**現代親子關係帶來很多困擾，很多孩子受著自閉、憂鬱等等心理疾病的困擾，禪修如何可以幫助到家長和孩子的互動以及心理健康？

**詠給•明就：**呼吸的禪修，默念的禪修——在心中默念短句，聽聲音的禪修等等，都可以讓家長和孩子一起練習、互動。當感覺到不安時，可以將注意力帶到呼吸，或是聽著聲音。方法上可以因人而異，有人比較適合覺知呼吸靜心，有人比較喜歡聽聲音。家長和孩子可以一起來做這樣的練習，幫助情緒平復，安定內心，提升注意力，提高傾聽的能力。

**胡軍軍：**您對佛教的傳承和傳播在當今的全球環境下如何看待？

**詠給•明就：**我到目前為止去過不少國家和地區，也跟很多不同佛教傳承的導師和修行人會面，現在基本上佛教有東南亞的南傳派系的傳承，還有北傳到中國、日本等等的大乘佛教傳承，以及在西藏傳播的金剛乘教法。每一個傳承都有其獨特的修持。如佛陀所說，不同的人有不同的心態、傾向和個性，因此佛陀的教法是「因材施教」的。每個傳承都有獨特的修持，總是適合某一類人群。在我看來，一種藥不可能治療所有的疾病。不同的修持方法就提供了不同的契入點、面向和重點，也會適合不同的人，適合不同的修持階段。這是非常值得慶幸的。

**胡軍軍：**像您這樣一位高僧，到處弘法，充滿了光明和自信，還會有什麼讓您恐懼，讓您感到困擾的嗎？

**詠給・明就：**我現在感覺有點累，哈哈……我也會背痛，跟所有人一樣，我也有情緒，我也會遇到問題，但在內心深層，我始終感覺喜樂。無論生活中有多少起伏，面對什麼樣的狀況，內心是感覺踏實和歡喜的。

**胡軍軍：**生命的意義和價值何在？您找到了您活著的價值了嗎？

**詠給・明就：**對我來說，生命的意義是去探索真相——自己是誰，不只如此，還要去幫助他人。這是我認為有意義的生命。

二〇一九年一月二十六日　尼泊爾加德滿都金剛飯店

（本文由妙琳法師協助翻譯）

# 林清玄

一九五三年生，高雄旗山人。八歲立志成為作家，十七歲正式發表作品，才情敏慧，廣受矚目。二十歲出版第一本書。三十歲前得遍臺灣重要文學大獎。三十二歲遇見佛法，入山修行。三十五歲四處參學，寫成「身心安頓系列」，是二十世紀九〇年代華語世界裡最暢銷的作品。四十歲完成「菩提系列」，暢銷數百萬冊，是當代最具影響力的書，同時創作「現代佛典系列」，帶動佛教文學，掀起學佛熱潮。四十五歲錄製《打開心內的門窗》、《走向光明的所在》有聲書，被譽為有聲書的典範。五十歲後，完成「人生寓言系列」三百篇，《林泉》、《清歡》、《玄想》等作品，被選為青少年最佳讀本及中小學生優良讀物。近年，作品多次被編入大陸、臺灣、中國香港、新加坡、韓國、日本中小學華語教材及大學國文選，其文字魅力風靡華人世界。一生出版過二百多本作品，隨著閱歷廣大，體驗愈深，作品境界提升，從文學到佛學，悲智雙運，情境相容。二〇一九年初，告別六十五歲的不凡人生。

# 繁華落盡見涅槃——林清玄訪談

**胡軍軍：**您文學上的成就斐然，好多篇文章被選入了教科書，同時您也是位虔誠的佛弟子。如果現在在卓越的文學才華和佛學上的證悟兩者之間只能選一個，您會選哪個？我的意思一面是鮮花掌聲，一面是一個清冷的小小的證悟。

**林清玄：**我覺得不能選，原因是這一切的形成都是因緣，有時候是由不得你的。比如說我跟佛學結緣，是我九歲的時候。那一年我們家龍眼生產特別多，我父母親就說，那你背一些到佛光山給師父吃，因為聽說有個師父在那裡開山。從我們家走路到那裡大概半個多小時，我就背著一簍龍眼跑到山上去。到了以後，龍眼放下，我打算要走了。有一個人過來說：「小兄弟，你要不要皈依？」我說：「皈依是幹麼？」他們說：「就是拜師父。」我說：「拜哪個師父？」他們說：「就是前面那個師父。」我一看，是一個年輕的英俊的高大的師父，完全顛覆了我的想像。我說：「好，他看起來滿精神的，應該有資格做我的師父。」我把簍子放下來，我就皈依了星雲大師。

**胡軍軍：**所以您也沒多想？

**林清玄：**沒多想，那時候九歲，皈依到現在五十八年，成了佛弟子。因為皈依的佛光山離我媽媽家很近，走路就會到，所以有空就跑過去，就跟佛教結緣了。

**胡軍軍：**那您跟文學是怎麼結緣的？

**林清玄：**我跟文學結緣也差不多在那個時候，八歲的時候。那時候我就想，我們家歷代都是農夫，我不要做農夫，農夫太辛苦。那有什麼事可以做？想說寫文章給人家看，所以立志要當作家。為了生活的實際需要，就試圖跟文學比較靠近，一直尋找我的出路。後來我就到了城市，到臺北。到臺北在我們那個年代算很遠了，現在當然很近。我跑到臺北找出路，然後因為寫文章的關係就當了記者，然後當了報社的主編，那時三十歲。按一般的定義來講，我算成功比較早，因為我三十歲的時候就做報社的總編輯了。

**胡軍軍：**很年輕就名滿天下了。

**林清玄：**所有的重要的文學獎我都得過，我的書已經有很暢銷的了。暢銷書排行榜裡二十本裡面大概有六本到八本是我的書，大家都覺得我很成功。我在電視臺主持一個節目，在廣播電臺主持一個節目，每天忙得不可開交，可是我卻過得很不快樂。我想如果成功是這樣，那就不值得追逐。在三十歲時有一天我讀到一本書，叫做《奧義書》——印度哲學很重要的經典。裡面說一個人到三十歲，要把全部的時間用來覺悟。如果到三十歲不把所有的時間用來覺悟，就是一步一步在走向死亡之路。那一年我正好突破三十歲，我想說要開始走向死亡之路了，我應該找出路，讓自己快樂。所以三十歲那一年我就上山去閉關。帶著我師父的書，就是星雲大師的演講集，還有「人間佛教」的一些著作，在山上待了快三年，完全沉浸在佛教裡面，確立說這個是我這一輩子要尋找的路。

但又想到佛教的思想這麼好，可是知道的人那麼少，應該有人來告訴他們說，它的思想真正的好在哪裡？要怎麼傳播？那時候正在寺廟裡面幫師父燒那個冥紙，看到火光裡面浮出三個字，林清玄，嚇一大跳，這註定是我要做的事。不到一個月我就下山了。下山以後我在想怎麼樣用最快的速度傳播佛法？應該是演講跟寫作，所以我就開始寫佛教的文章，然後找一個地方去演講，當然是要找最大的、最有影響力的地方。我計畫要去演講，大家說：「哪有居士在演講？」那時候很保守，不讓我演講。後來好不容易找到一個地方叫菩提講堂，我就說我每個星期來幫你講一場佛教，我都不收費，如果有人捐獻的話，就全部送給那個演講的地方。所以在我演講的地方就擺一個大盆在門口，來聽演講就樂捐。一開始的第一場來聽的才不到二十個人。

**胡軍軍**：您記得當時講的什麼內容？

**林清玄**：當時我第一場講的是《心經》。我有一點改革精神，一般佛教的師父講《心經》一講講半年，我說我要在兩個小時裡面講完《心經》，那時候頭腦很好，演講都不用稿子，要講的東西全部在腦子裡面。

**胡軍軍**：您是從小就特別有演講天賦嗎？

**林清玄**：不是，完全是自我訓練。後來有人問我：「你怎麼那麼會講？」我說：「很簡單，如果你一年講上一百場演講，連續講十年，肯定是很會講。」因為後來我主持電視跟電臺節目，大概口才訓練得還不錯，電臺節目是每天直播，一大早六點到七點叫「林清玄時間」，就是上去跟讀者閒聊。因為我很忙，沒時間準備，後來就養成了會講的習慣。

一開始第一場是二十幾個人來聽，聽完以後馬上口碑就傳出去，說我講得真好，一兩個小時就完全知道《心經》是在講什麼。然後聽眾大概每個星期都成倍數增長，幾個月之後，每次我演講那幾天，外面的三條街都塞車，沒辦法停車，車也走不動，很多員警來管制交通，來問說到底在幹麼，怎麼塞成這樣？他們就說是林清玄在演講。後來規模愈來愈大，變成每次演講都從四樓，沿著樓梯一直到一樓這樣，塞滿了聽眾，完全沒地方坐。一講講了大概兩年多，那個地方變成一個非常重要的講堂。

我的演講特色，就是在兩個小時裡面把一個題目講完，比如說《維摩詰經》，我就講兩個小時講完了，《金剛經》兩個小時講完了。其實這並不難，關鍵找幾個非常重要的重點，比如說你要講《金剛經》，你就記住，若以色見我，以音聲求我，是人行邪道，不能見如來。一切有為法，如夢幻泡影，如露亦如電，應作如是觀！你把幾個重要的概念記起來，然後就講這幾個重要的概念，讓你知道原來是這樣子，讓你聽完有重重的一擊的感覺。

比如你要講《心經》，你就講觀自在菩薩，講行深，一直走到最深的地方，智慧就開起來，大概很簡單明白的講；比如說有一講我講蓮花，大概聽眾聽完了以後一輩子都不會忘，因為我說蓮花，在佛經裡面說蓮花有五德：清淨、細膩、柔軟、堅韌、芳香，這是蓮花的五種德行。但是一般人記不住，我說我們用一個簡單的方法來記住蓮花有哪五種德性？清淨，就是臺語叫做白泡泡，很潔白，用臺灣話記很容易記住。細膩，就是幼咪咪，柔軟，就是冷生生，堅韌，就是Q嗲嗲，芳香，就是香共共。以後他們一下就用臺語把這五個德行記下來，就知道蓮花原來有這五德。為什麼佛教用蓮花做象徵？因為蓮花最具有這五德，然後最柔軟。你要知道你有沒有辦法去西方極樂世界？很簡單，找一個蓮花池，找一朵蓮花坐上去，你會發現蓮花馬上扁掉，為什麼？因為你的身心很濁、很重，它撐不住。你要練到什麼樣的狀態，可以在蓮花裡面化身？你要身心輕快，然後你有這五種德行，就馬上可以投身極樂世界。那怎麼樣使你的蓮花開啟呢？我就說《心經》最後的偈語是：揭諦揭諦，波羅揭諦，波羅僧揭諦，菩提薩婆訶。就是說你要去彼岸，你要去彼岸，一直努力地去彼岸，祈求內心的蓮花開放。大概如此，我會把整個重點的精神融會貫通。

後來人實在太多了，菩提講堂已經坐不下了，我就開始辦那種大型的公開的演講。曾經辦過一場，在臺灣的桃園巨蛋，五萬人的會場，大概只有兩三個人曾經在那裡演講過，一個是星雲大師，一個就是我。那時候應該是破紀錄的，但是傳出很多謠傳，說我是菩薩來化現的，我演講的時候背面都有佛像，人來了就會先禮拜，大家就說我很驕傲，為什麼人家在禮拜的時候我還是繼續講，視若無睹，我說他們又不是在拜我，他們在拜後面的佛像，可能到後來變成有一點以訛傳訛。

其實我從來沒有覺得我有什麼特殊，我只是不斷地在尋找覺悟之道，然後希望用最簡單的方式告訴別人，什麼是覺悟，覺悟要走向哪裡。大概我的基本精神是這樣，可是那時候影響力滿大的，所以有的人就說我影響了整個佛教的復興。因為那時候基本上這些大師都變成我的好朋友了，他們出書的時候都請我幫他們寫序，我幫星雲大師寫過序，幫聖嚴法師寫過序，幫證嚴法師寫過序。很多師父要傳播他們的想法的時候，就找我寫序，所以基本上我覺得這一路走來，我的方向應該是沒有扭曲，一直都還是我原來所要找的方向。

**胡軍軍：**有一部經典，《大般涅槃經》，我覺得現在被提到的機會很少，我自己也沒聽到過有人專門解說這部經；在您的《菩提系列叢書》裡，您在很多處引用《大般涅槃經》的句子，這是一部怎樣的經典？您是怎麼理解涅槃的？

**林清玄：**佛教有很多經，一般人比較少機會接觸。當年我在山上的時候，總共讀了大概有兩千部佛經，經律論裡面經的部分讀的特別多。《大般涅槃經》就是講一個人，也就是佛陀，從入胎一直到成佛，在人間的基本的過程。其實我演講講過涅槃。當我們講到涅槃的時候，會從幾個重點來講。當時佛教的翻譯家把梵文翻成中文時，對那些特別難懂的東西，不翻譯，比如說涅槃、般若、菩提、菩提心等等，他們不直接翻譯。譬如說般若，我們應該翻成妙智慧，如果用中文。可是他們不翻，為什麼不翻？因為讓你思考，就好像走路踢到石頭一樣，讓你思考什麼是般若？你就開始去研究。你會發現般若很難，因為佛教的《心經》是從《般若經》裡面來的，《金剛經》也是從《般若經》裡面來。然後最完整的一部叫《大般若經》，六百卷，大概我看那一部就看了六個月，從頭到尾在看。

涅槃也是。涅槃，什麼是涅槃？涅槃翻成中文就是究竟的止息，最終的止息。為什麼不翻？因為翻了以後你會想說，涅槃就是死了。但行住坐臥，裡面都有涅槃。佛教裡說要行如風，要坐如鐘，要立如松，要臥如弓。行住坐臥，都是涅槃的一部分。所以我把涅槃翻譯最簡單的方法，就是不管是行住坐臥，都把你的身口意捏死在盤子裡，大家一聽就懂了，原來是這樣子。你在行住坐臥，你的念頭都止息。這個境界就很高，這就不是只是死掉。就是說你在拜佛的時候，你的意念止息，那你就涅槃了。所以涅槃基本上如果用活潑的態度來講，就是禪心開啟的狀態，你在走路吃飯的時候，禪心都開啟。如果你沒有禪心開啟的狀況，就是你拜佛的時候你的心也不止息，你讀書的時候你的心也不止息。你的心止息了，你就不但很活潑，而且不怕孤單。

我聽到過一句話講得很好，「你要有文化藝術的修養，你就不怕人生的孤寂。」人生很孤寂，找不到可以談話的人，找不到相應的人。可是因為你內在有那種很好的修養，所以你孤獨的時候也很好，不孤獨的時候也很好。涅槃有一點像這樣。有一部電影叫《一個人的武林》，我們說一個人的修行，就是涅槃，你完全活在你的內在的狀態裡面。《大般涅槃經》就是講入胎，經過多少個月，他的成長，在成長的過程裡面意識在裡面怎麼養成，然後直到死亡，其實是滿人間性的。

**胡軍軍：**我讀到過一個史料，大約在東晉時期後兩百年左右的時間，當時存在過一個學派叫涅槃學派，當時很多的高僧被稱作涅槃師，他們就這部經典做了很多的討論和爭辯，您認為是什麼原因導致這部《涅槃經》的沒落？

**林清玄：**原因很簡單，佛教是跟著時代在變革的。佛教在中國曾經有八大宗，每一宗派都是很興盛的，像弘一大師修的律宗，玄奘大師創的唯識宗，智者大師的天台宗，還有即使不只在西藏，在中國也有密宗，在唐朝時候都是很盛的。為什麼大部分的宗派都消失？你現在要修唯識你很難找到老師，我以前曾經在寺廟講過唯識。為什麼會沒有老師？因為那一套就很難理解，你就很難進入那個狀況。譬如說律宗很難，你要一條毛巾用到破，然後睡覺的床，一定不能睡高廣大床，你的床要寬度三尺，長度六尺，然後你不能塗香花鬘的，不能用香皂，你一定要去買那種洗衣服的肥皂，反正就是太多規矩，一般人根本做不到。

又譬如密宗的觀想，是特別難，那就會被淘汰。佛教不會淘汰眾生，但是眾生會淘汰佛教。其實這也是末法的特徵，很多很好的宗派像華嚴宗、法華宗都不如從前了。華嚴宗依靠的經典就是《華嚴經》，《華嚴經》是特別美的一部經，因為眾生的心不美，所以華嚴宗就沒有人修行了。《法華經》在日本是很風行的，在中國也很冷清了。所以淘汰到最後，變成禪淨雙修，禪宗跟淨土宗。因為禪宗跟淨土宗的經典是特別簡單，《阿彌陀經》、《六祖壇經》，一般人都讀得懂。你看像《大般涅槃經》、《大般若經》、《楞嚴經》、《楞伽經》那種，一般人大概讀第一章就讀不下去了，門檻很高，「七處徵心」，用各種方法阻擋你，不讓你一下就跨進來。眾生都比較懶惰，跨不過去，那就算了，我找別的門進去。後來又有一種說法，每個法門都可以進入最高的境界，所以那個不能修也沒關係，我們來修別的，到最後就變成最簡單的淨土宗。大家不會去看經典，也找不到老師，就變成這樣。

**胡軍軍：**這麼多年的學佛經歷，佛法在您身上所發生的最大的改變是什麼？

**林清玄：**應該說是翻轉人生。我以前認為人生反正就是不斷的追求，但是這種追求都是外在的。學佛以後就翻轉了，就變成比較更內在的追求。所以其實佛教是一個內在的革命。我常說，學佛其實很簡單，就是把貪瞋痴慢疑翻轉，轉成悲智行願力，是悲，是慧，力行、願望、力量，這你都有，就是五毒變成五智，這是最大的翻轉。在我的內心裡面，我知道什麼是重要的，什麼是不重要的。一般人不知道，一般都是把大部分的時間用在不重要的事情上面。

**胡軍軍：**相信您有很多的讀者是在讀了您的書以後，開始對佛教產生好感，之後慢慢開始學佛的。您是把文學作為載道的工具嗎？

**林清玄：**其實有幾個階段，一開始是把文學當成傳法的工具，跟我的演講一樣，就是說希望告訴別人佛教有多麼好，但是那時候自己不知道，我已經陷入了那種分別見，分別的心。我舉個例子，怎麼樣打破這個分別見。我那時候喜歡蓮花嘛，有一天要去看蓮花，我跟我媽媽講說，我可能要兩個多小時以後才回來，因為我要去某某地方看蓮花，聽說那裡蓮花正在盛開。我媽媽就說：「不要跑那麼遠去看蓮花，我種的芋頭也開花了，你去田邊看看芋頭開花。」我就跑到田邊去看我們家的芋頭開花，看了以後我嚇一跳，沒想到芋頭的花的美跟蓮花是一樣美，甚至更美。因為那時候正好有夕陽，然後芋頭的花是淺藍色的，我從來沒有看過芋頭開花，那是因為還沒開花，芋頭都已經被吃掉了。所以第一次看到非常震撼，所以就打破了我的分別見，原來世間的一切都是這麼美，不一定只有跟佛教有關的東西。所以從那以後，不管是我的文學或者對佛教的傳播，我想應該是自然的流露，這樣的態度最好。

所以，那個階段應該說是繁華落盡見真淳，你對繁華的那種見解已經不一樣了，突破了那種表面。所以我從事文學跟佛學，它們對我是貫通的。我寫過一個偈子，叫做「茶味禪味，味味一味，詩心佛心，心心相印」。我說詩人若寫詩寫到很高的狀態，它就進入禪。像王維、蘇東坡那種詩歌，像白居易就進入禪的那種境界。反過來講，禪師如果開悟，他就自然會寫詩，很奇怪，像六祖慧能大師他不認識字，可是他開悟以後講出來的東西就像詩歌一樣。所以詩的心跟佛的心追求到最後是相通的，就好像老朋友相見，其實就是這麼簡單。但是一開始我們就起了分別心，說文學是怎麼樣？佛學是怎麼樣？比如說臺灣有名的詩人像周夢蝶，他的詩我覺得這是一個開悟者寫的詩，他不講佛教，可是那裡面就讓你覺得這樣的文學詩歌，到了最後的境界大概就是如此。

**胡軍軍：**上次見到您，我印象特別深刻的一點，說您皈依了一百多個師父。您為什麼會皈依這麼多師父？哪幾位對您產生了重大影響？

**林清玄：**皈依就是走向清白之路，後來我們明白皈依的實相，應該從這種形式的、表面的皈依回過頭來，找到皈依的真實價值。其實，皈依一個師父，就等於皈依了一切的三寶，也等於皈依了自性的三寶。

第一個皈依的師父，當然是星雲大師。青年時期我曾經閉關，我的閉關跟一般的人閉關不一樣，不是說真正關在關房裡面，我的閉關是心的閉關，所以到假日的時候，我會到處去參訪名師。這些名師不管是臺灣的或者西藏的或者日本的，還有國際的有名的出家人，只要來臺灣，我就會去參訪。不只是出家人，像德蕾莎修女，她是位修行很好的人，我聽說她來臺灣，我跑去見她，那時候她快八十歲。

**胡軍軍：**您是我這一生碰到的唯一一位見過德蕾莎修女本尊的人。您對她有什麼印象？

**林清玄：**看到她的感覺就跟看到證嚴法師是一樣的，就是當她走路，你即使側耳貼在地上，也聽不到她走路的聲音，是這樣的人，非常安靜，然後移動非常的輕巧。這種輕巧，我叫做「見地唯恐地痛」，走在地上怕地會痛的那種感覺。看到這種人，我就會很自然的禮拜，覺得真是太厲害了，修行太好了，雖然她跟佛教完全沒有關係。我那時候就是抱持著這樣的心，聽到哪裡有一個大師很厲害，我就會跑去見。

有一次我聽說有一個大師在那裡開示，接見群眾，幫人摩頂，我就排隊排三個多小時去讓他摩頂，摩了以後好像也沒什麼，依然頭髮愈來愈少（哈哈哈）。還聽說有一個師父，你只要看他一眼，你就不會墮入地獄；如果真的是這樣，我就去看一眼，我跑很遠的路去。不過大部分都是假的，但是也有很多很好的修行人。像後來我也皈依印順導師，也皈依聖嚴法師，皈依惟覺法師，很多有名的法師，還皈依過很多法王跟仁波切。我很有興趣找他們去問法，通常問三句就倒了。

**胡軍軍：**您把人家給問倒了？

**林清玄：**我沒有把他們問倒，但是他們的答案就是讓我覺得俗，俗人的那種答案，比如說發財什麼那種。要拜多少拜，你就會得到什麼功德那種，我就覺得比較低級了，可能他把我看成是一般人。所以我當時就做了很多好玩的事情，比如說拜梁皇寶懺，如果一個人自己舉辦一場梁皇寶懺，那會有多大多大的功德，在佛經裡面這樣說的。我真的找了一個師父，一個人辦一場梁皇寶懺，花了一百萬臺幣。那時候一百萬臺幣算很多錢的。有位老師父，八十幾歲，他就整個寺廟為我辦了一場梁皇寶懺，七天七夜。那時候我比較有錢，一百萬就拜了一場。反正那時候就有一點好奇寶寶的樣子，然後皈依了很多師父，總共加起來大概超過一百位。

**胡軍軍：**是啊，上次聽您提到這個，我印象特別深刻。

**林清玄：**這個過程滿有趣，對各種宗派都有了一些瞭解。比如說我有一個師父叫做懺雲法師，其實是修行很好的，但在臺灣沒有什麼知名度，因為他是修律宗的，他跟弘一法師一樣，自己在山頂上蓋一個小廟，然後律宗修持地很好。我就跑去住他的廟，跟他住在一起。女眾來到他的寺廟大概三十公尺外，他綁了一條線，女眾不能跨過那條線。女眾有事站在紅線外面，敲磬「鈧鈧」響，然後師父就派人出去問什麼事。他連女眾的樣子都不看，反正律宗就是嚴格到這種地步。我是聽到敲磬，就會跑出去，問問什麼事？所以他收留我一陣子，發現我不是這種傳人，不適合學律宗。還有他們過午不食，下午一點後就不能吃了，有時候我餓的要命，我說：「師父，可不可以煮一碗米粉湯來吃？」類似這種。他很欣賞我，可是他覺得我不適合做他的傳人。後來他過世了，他的廟在有次地震的時候整個毀於一旦，完全找不到樁基，我是想將來如果有機會我可以寫出來。反正很多很有趣的因緣。

**胡軍軍：**那是太有趣的一些佛門故事。聖嚴法師是我的皈依師父，您談談他好嗎？

**林清玄：**聖嚴師父當時辦一本雜誌叫《人生雜誌》。有一天他上場說：「《人生》，這一次大家都收到了嗎？」我就問旁邊的朋友說：「這麼好！皈依他，還有人參可以拿，你們有收到嗎？」後來才知道是一本雜誌，《人生雜誌》。我曾經常去找他，他的學問很好，對什麼東西都有非常完整的見解。雖然不是我所嚮往的非常犀利的那種，可是他就是非常穩，做什麼都非常穩。我皈依他的時候很特別，我拜下去時就淚流不止，我就知道我跟這位師父應該有特殊的因緣。

**胡軍軍：**弘一大師在臨終前寫下的「悲欣交集」，我每次看到那幾個字，總感覺這背後還有千言萬語，您如何解讀弘一大師的這幾個字？

**林清玄：**我寫過弘一的傳記。我寫過佛教的傳記不多，星雲大師我寫過，弘一大師還有玄奘大師，我寫過傳記。弘一那本傳記的書名叫《呀，弘一》，為什麼叫《呀，弘一》，因為弘一對我來講就是生命的驚歎號，看著他的一生這樣，就好像處處都留下驚歎號，一直到死也是留下驚歎號。所以他的偉大是來自於他修行的過程給我們的教化。所以「悲欣交集」，那時候我看到也很感動，就是說不清楚，人生修行這件事情說不清楚，所以「悲欣交集」。我也時常會這樣子，就是在最枯竭的時候會覺得人生就是這樣，說不清楚的人生，這個就是「悲欣交集」。從一方面，你好像找到了，就欣了；你好像還沒找到，所以悲。如果透澈了，就沒有悲欣的痛。透澈了就是，總有群星在天上，你在怎麼樣狀況底下都是燈火輝煌。可是因為「悲欣交集」帶給你的，就是還有一些未了的。所以我看到這四個字，我就相信說，弘一還會再來。

「菩薩清涼月，常遊畢竟空。未嘗多結怨，浩蕩入紅塵。」菩薩在天上本來過得很好，像月光一樣，可是為了解救更多的眾生，所以整裝待發，浩浩蕩蕩再一次進入紅塵。「悲欣交集」給我的感受就是這樣，回去整裝待發了。

**胡軍軍：**剛才您談到弘一大師，您感覺他是願意再來世間的，聽了讓人驚歎感懷。如果說現在有西方淨土和再來人間兩個選擇的話，您會選擇去哪裡？

**林清玄：**我深深地相信一個觀點，就是書到今生讀已遲。如果你這一輩子才開始讀佛經，那已經太慢了。你肯定是讀過很多輩子，這一輩子才會碰到佛經。所以我對我自己的理解應該也是這樣子，在某個遙遠的地方，或者某個遙遠的時代，我曾經讀過這一部書，所以我才會歷歷在目，翻過去就有很熟悉的感覺。讀經典，馬上就知道重點在哪裡，然後歷歷如繪，這表示我從前曾經讀過，但是當時可能沒有究竟，所以這生再來。

我認為每世每一輩子你只得一分，如果一百輩子能成佛，下輩子我得兩分，下下輩子我得三分，慢慢成佛。所以我並沒有那麼渴望，說從此到西方極樂世界去聽鳥唱歌、講經說法，或者說走在黃金鋪地的臺階，這個對我來講還沒有木頭鋪地好，所以我沒有那麼嚮往那種境界。我覺得應該在每一個過程去經歷，所以我有幾本書在大陸還滿受歡迎的，有一本叫做《現在就是最好的時光》，還有一本《所有的遺憾都是成全》。我上輩子可能留下很多遺憾，就是要為了成全我這一輩子。然後現在就是最好的時光，把現在的時光掌握好，這才是最重要。類似這種其實也是在播下一些種子，其實這些都是佛教的思想，只是用一個很美的狀態把它包裝起來。

**胡軍軍：**您的文字裡有很多禪宗的故事，您平常會參禪嗎？禪對您意味著什麼？

**林清玄：**會。參禪，就是一般人認為是打坐，其實我自己是比較不拘形式，我不會說我現在要打坐，大家都不要講話，可能有種情形，大家都在吃飯，但你的心是安住的，那你就是在打坐。所以參禪對我來講，佛教講「戒定慧」，「戒」不是說你要不要喝酒什麼，那種叫「戒」，「戒」就是生命的減法，把那些不需要的去掉，我就在守「戒」；定，就是你的心放在一個地方；那慧就是有特別的見解，特別的體悟。

戒定慧都是參禪，所以基本上我會讀禪宗的公案、禪宗的書，然後我養成一種習慣，就是內心放在一個地方，然後盡量做生命的減法，把你的生命盡量簡單，就是有一個老妻、幾個老友、養一條老狗，類似這種生活就很簡單，簡單就是純粹，純粹就會接近「定」。「定」就是禪宗最重要的。

「禪」這個字最簡單的說法就是單純的心，右邊是單，左邊是心。你的心一直維持單純，那你就在禪裡。所以我的方法跟一般人不一樣，我在教別人時也是這樣。我說：「好，你每天有八分鐘你的心很單純，這八分鐘你的心就在禪裡，你有八個小時很單純，你這八個小時就在禪裡。」類似這樣其實是一個改革的觀念，我以前常常去打禪七，但是很奇怪，我一打禪七，一坐上蒲團就會睡著！就很好睡，因為環境很安靜，所以每次打禪七，師父都用板子打我，「啪！哎呀，幹麼吵我？我睡得正甜。」睡得很好，也在禪裡。我說硬撐、抹油什麼的把自己撐起來，說我絕對不睡覺，睡覺有什麼關係？坐著閉眼讓你睡覺很舒服，不睡覺也舒服，反正我比較沒有那種框架，所以我說如果跟著我的書去瞭解佛教，佛教是一種樂教——快樂的宗教。如果說讀了林清玄的書，學佛以後變得很苦，那就不是我的徒弟！

**胡軍軍：**您的文字充滿了悲天憫人的情懷，字裡行間透露出人世間的各種溫度，不過最終喜怒哀樂似乎都化為一縷青煙飄散而去。寫作對您來講一直是一個愉悅的事情嗎？還是說中間也有寫不出來的那些苦惱？

**林清玄：**一直是一個很開心的事。就好像武俠小說裡面的俠客一樣，每天早上第一件事情就是練劍。練劍不一定有敵人，但是要有套路。就是說你要練，為什麼要一直練？因為保持在身心的巔峰狀態。寫作也是一樣。我不斷的寫，就是要保持我的身心在那種巔峰的狀態，所以我寫的東西不一定會發表，但是我一定每天都會寫，變成一種習慣。我覺得其實跟其他的工作一樣，就好像奧運的跳水選手，一天跳八個小時，幹麼跳那麼多次？是因為他要保持在那個巔峰。高爾夫球選手整天都是打高爾夫球，一般人看起來是很無趣的，可是對他自己是很有趣的。對登山的人，他登得愈高愈有樂趣，對寫作也是一樣，你達到心、手、口、思想都在一個巔峰的線上，那你可以很開心。寫作對我來講一點都不困難，大家都問我總共寫了多少本書？我總共寫了三百本書。我是怎麼做到的？其實就是每天一直做一直做，它就慢慢變成那麼多。

**胡軍軍：**生命有許多的苦難，生死輪迴之苦應是其中最大的苦難，您覺得佛法是如何在啟示眾生，看透生死的迷障？

**林清玄：**我們會害怕生死是因為我們不知道未來還有世界，未來還有人生。佛法難聞今已聞，人生難得今已得。人的身體很難得到，現在已經得到，要好好用來修行。如果你知道生跟死之間，就好像你移民去國外，雖然這裡的人看不到你了，可是他們知道你很安好，因為你在國外。如果你相信佛法，就是說你在這裡大家處得很好，有一天你不在，我們不會悲傷，因為知道你去極樂世界，或者你去了琉璃淨土，你只是換了一個地方居住。

如果有這樣的高度，其實生跟死沒什麼兩樣，在我看起來就是這樣子，就好像移民或者搬到別的城市去居住，總有相逢之日，這樣一想就會開懷。像今年兩個月前我的哥哥過世，我特別回去奔喪，心裡很難過。可是到了這個年紀，接下來就是可能每一年都要碰到這樣的場面，會有人離開你，然後你的角度就要改變一下。我就想到我哥哥的好，我說我這個哥哥真的很可愛。他住在鄉下，他是我們家唯一的一個農夫。我們十八個兄弟姊妹都沒有人做農夫，只有他做農夫。

**胡軍軍：**我聽說過您有這麼多兄弟姊妹，您的父親收養了他弟兄的孩子。

**林清玄：**我排行第十二。每次回到鄉下，我哥哥知道我回去了，他不會特別來打擾我，也不會來看我，因為他知道我可能要工作。只要聽到我回去，他就會去割香蕉，把自己採的一串香蕉，掛在我家門口。我一開大門，就知道三哥今天來過，有一串香蕉掛在門口，要不然就掛兩顆鳳梨。他就是這麼可愛的人。但是突然聽說他過世，就會想到他的那種體貼、那種好，還有我們家的哥哥姊姊都很幽默，也想到他的幽默。想到他有一天在山上，八十幾歲身體還很好去爬山，爬到一半想上廁所，但是廁所太遠了，他就在草叢蹲下來上廁所，一蹲下來是斜坡，從山頂滾到山下，類似這種超爆笑的事情，我回憶起來，留下很多美好的記憶，大概就把他看成他移民了吧，所以這一點我倒是還滿看得開。

**胡軍軍：**我自己在學佛的最初幾年，深深感覺到信仰對生命的重要性，甚至我都擔心身邊的朋友，如果沒有信仰，要如何面對無常，如何度過餘生。您如何看待信仰對生命的重要性？一個沒有信仰的生命可能幸福嗎？

**林清玄：**剛開始學佛的時候，從山上下來時，我是一個滿狂熱的佛教徒。我們家附近有個醫院，我想這些人都沒有聽到佛的教化，不知道念佛可以往生，那太可憐了，應該有一個人來告訴他們。我就跑去醫院做義工，然後碰到快死的人，我就說你要從現在開始念佛，只要後面幾天很專心地念佛，你就可以去西方極樂世界。結果很多人聽了很生氣，我都快死了，你還講這些？我有點想不通，這個佛法這麼好，為什麼他們都不聽？後來我懂了，其實一切要講因緣。

以前釋迦牟尼佛就說，該度的我都已經度了，還沒度的我也留下度化的因緣。後來我自己想開了，其實就是因緣決定的。如果你在這一輩子沒有遇到，是因緣還沒有成熟，遇到了，你應該感到歡喜，原來這麼多人裡面可以遇到佛法的並不多。比如說中國大陸有十四億人，如果聽到有人講佛法，那是太了不起了，因為實在機會太少太少。

如果我沒有學佛，可能現在會很悲哀。悲哀就是很世俗，然後不知道人生的方向是什麼。像我以前，大家都認為我很成功，賺很多錢，四十年前我一年的版稅就有一億臺幣，那時候買了很多房子。日本有個設計師叫三宅一生，我就說我早就勝過他，我六宅一生。我有六個房子，他才三宅一生（哈哈哈）。後來學佛了，智慧開了以後，我就做林清玄基金會，建學校，蓋圖書館，所以現在只剩下一宅一生，現在只剩下一個房子。我太太常常警告我，只剩下這一個了，不要再賣掉。我的人生已完成我講的翻轉，翻轉了就知道什麼是重要，而你現在就走在重要的路上，這多好，多開心。萬一你這輩子都沒有聽到佛法，就這樣死掉了，太可惜了。

**胡軍軍：**您有許多在各地的演講計畫，並且前不久還旅居大陸各地，每個地方住上幾天，以參訪古蹟為樂。您是在尋找寫作靈感嗎？這樣的生活方式一定其樂無窮吧？

**林清玄：**其實也不是尋找寫作靈感，就是用佛教的說法叫「人間遊行」，人間各地去遊行。在遊行的過程裡面，隨緣度眾生，就是隨著因緣。最近因緣比較好，有很多機會去千年的古寺，千年的古寺通常會有很好的建築，很美，然後裡面會有幾個修行很好的師父，就到處參訪。然後會碰到一些有緣的人，跟很多人結緣。以前在臺灣，我就經常到處跑，我光是離開臺灣就三百多次。應該很少人跑這麼多，大概星雲大師以前跑得比我厲害，他全世界蓋了四、五百座寺廟，所以我習慣經常在全世界跑，我的人生大概有三分之一都是在遊行，在中國大陸也是一樣。我在大陸走過三百多個城市，每一次會跟幾千人、幾萬人結緣，埋下一顆種子。這種子不一定馬上就會發芽，但是有一天會發芽。

**胡軍軍：**您自以為是名精進的佛弟子嗎？

**林清玄：**我沒有那麼精進，我很怕碰到很精進的。沒有，我可以說我是一個浪漫的佛弟子。我比較不喜歡太精進。

**胡軍軍：**怎麼個浪漫法？

**林清玄：**最好一直睡到自然醒，就是說你的心一直保持對人間的那種熱情。所以我不知道為什麼，我是完全沒有辦法接受小乘的佛法，因為那種教義會不斷地把你捆綁，綁到你完全不知道你是誰的那種，所以我沒有辦法接受小乘佛法。

跟小乘佛法我發生過很多笑話。有一次我接到泰國皇室的邀請，去泰國演講，算是很大的事情，很隆重，皇帝請你去演講。因為他們辦了一個大會，我整裝待發跑到泰國去。一下飛機，看到好多人拿紅布條歡迎我，歡迎林清玄大師蒞臨泰國，蒞臨曼谷。然後我就走過去說：「你們在等林清玄？」「是。」全部都是僧團，都剃光頭。然後我就說：「我是林清玄。」當場好幾個昏倒，因為在泰國，居士是不能說法的！看我穿著西裝跑來泰國說法，結果把我跟皇帝的約會也取消了（哈哈哈），後來不但沒有講，跟皇帝吃飯，還有跟泰國僧王的約會也取消了，統統取消了。結果我就在泰國走來走去走了七天，然後回來了。

**胡軍軍：**過去幾十年臺灣的佛教道場建設和義工文化開展地非常成熟，成了大陸佛教的楷模，非常令人讚歎。大陸有成千上萬的寺院，您認為大陸佛教應該在哪些方面借鑑臺灣的經驗？

**林清玄：**臺灣佛教之所以那麼好，是因為裡面的出家人好，並不是寺廟好。跟大陸的寺廟比起來，臺灣都是小孩子，臺灣的寺廟都很年輕，不算什麼。可是因為臺灣有很多修行很好的師父，所以他們就形成一種吸引力；你如果修行的好，自然會吸引那種程度很好的年輕人進入佛教。所以臺灣的佛教之所以值得借鑑，就是因為有很多才俊，有很多修行很好的師父。

大陸也是一樣，大陸如果佛教要復興，要往更好的方向，一定要人才，光是寺廟是不行的。所以我在大陸也經常跟他們這樣講，因為我也經常到大陸的寺廟演講。去年我還去法門寺、少林寺演講，都是一場大概有五、六千人。大家對佛教還是很認可，可是誰講給他們聽？沒有人，或者說講得不好。其實我在大陸講佛教，聽得最開心的是出家人，因為他們從來沒有聽過這種講法。我到趙州禪師的柏林禪寺，在河北，講茶禪一味。出家人特別瘋狂，覺得好像聽到一個完全新的東西一樣。所以大陸需要培養很多佛教的人才。

**胡軍軍：**現代社會憂鬱症氾濫，嚴重影響個人和家庭的健康幸福，有些甚至走上自殺的不歸路。您會如何開導這些患者？

**林清玄：**我覺得在現在社會每個人都有憂鬱症，只是程度不一樣，有的還沒有，像我有時也很憂鬱，可是我不會自殺。因為我說人生就像一條多惱河，德國有一條河是多瑙河，很多煩惱的河。很多人到了多瑙河邊是去散步，去尋找人生的浪漫。可是很多人就忍不住要跳下去，因為有一個無形的煩惱在推動他。就好像我們在黃浦江邊散步一樣，我們不會跳下去，因為我們會看到那個美。會跳下去的，是因為你看不到那個美。所以憂鬱症之所以那麼嚴重，是因為我們在成長的過程裡面，沒有看到人生的美，沒有看到追尋的美，沒有這種美來支撐你的人生，所以很快進入黑暗，因為你沒有美支撐。所以我覺得在我們的教育裡面，或者在我們的一般人的思想裡面，應該培養這種美的教育。

佛教其實是一個美的教育，菩薩都很美，然後思想都很美，就是讓你有力量在多惱河邊的時候沒有那麼惱，而是有一些歡喜。

在不如意的時候，應該回來守住自己的心，等待因緣和時機的好轉！不要讓心到處亂跑。善導大師曾說：「息心即是息災。」如果我們要改變不如意的狀態，最快速、簡單、有效的方法，就是「息心」。

**胡軍軍：**您剛才說您也有憂鬱的時候，您用什麼具體的方法開解自己？

**林清玄：**你要培養很多正向的東西，這些正向的東西，包括你的思想，你的體會，你的情感，都要訓練自己。我有一本書叫《常想一二》，就是人生不如意事十常八九，所以要常常想那一兩件快樂的事，每天都有一兩件快樂的事，讓你有接下來要走下去的那種力氣跟勇氣。

**胡軍軍：**古代的文學家燦若星河，您最喜歡最欣賞哪幾位？

**林清玄：**中國的文學家裡面我最喜歡是蘇東坡、白居易，李白也喜歡。我喜歡的文學家不只是文學家，還應該是生活家，還應該是思想家。他自己有一套思想，然後他對生活有很好的體驗跟見解。不只是寫作，寫作是最後的一個枝節。如果只會寫作，那就沒什麼好說的，應該也會寫作也會做菜，也會交朋友，然後又有美感等等，其實是很綜合的。西方的就是泰戈爾、卡萊爾•紀伯倫、赫爾曼•何塞，這些也是除了創作還是生活家，也是思想家，不只是會寫文章，會寫詩，還會畫畫，各種東西都會一點的。

我自己也是這樣。我小時候寫書法，練魏碑，大家都笑我：「人家都在寫柳公權，你在寫魏碑。」柳公權字體軟綿綿的，我不喜歡；宋徽宗的瘦金體，看起來就好像隨時要跌倒；那個魏碑多好，大大的，然後有力量。所以我說書法我自己練，練得不錯，然後也畫畫。我看到人家煮出很好的食物美食，我也學烹飪。什麼都去做一點。茶道很好，我也來學茶道，類似這樣。所以陸羽有一句話影響我一輩子，他說：「恥一物不盡其妙！」如果有一件事情我沒有做到最高境界，我就覺得很可恥，很羞愧。雖然每一樣都要做到最好，這是不可能的，但是那個過程讓你一步一步往前進。我以前聽到人家說：「富有三代才懂得穿衣吃飯。」我說：「很多富有三代不見得懂很多。」反過來想，可不可能這輩子就懂得穿衣吃飯？我要往這個方向努力，把樣樣都做得很好，你想死就沒有那麼容易（哈哈哈）。

**胡軍軍：**我剛才在聽的過程中看到您女兒一旁用非常崇拜的眼光看著您，聽得非常認真。她是不是一位佛教徒？她會全盤接受您講的這些佛理嗎？

**林清玄：**她是佛教徒，但不見得聽我的。我帶她去皈依星雲大師，回來以後跟我講什麼話？「爸爸，你以後不要罵我。」我說：「幹麼？」「我是你的師妹。」（哈哈哈）。我記得在她青春時期，我給她寫過一段話：「在十六歲時，你要抓住生活的點。二十歲時，你要畫出思想的線。三十歲時，你要鋪設生活的面。之後，你要創造影響世界全體的面。」我常常告訴她：創作就是生活的呼吸，常常調息，養成自己的節奏，就永遠不會忘記了。她有天賦的才華，有飽滿的愛，這是她最大的資產。

平常在生活裡面我經常跟我女兒聊天，她很有才華，想法很成熟。她自己從小就會煮咖啡、泡茶，廚藝也很好，很會煮菜，從美國回來之前還在宿舍裡面辦一個 party，親自做一桌菜請大家吃，把美國人都嚇壞了，這小女孩這麼厲害。應該是各個方面都滿有發展的。我兒子也一樣，也懂得吃，懂得美好的事物。所以他們在外面我們比較不擔心，因為從小那些好的品質，爸爸媽媽都已經把它養成了。我們和孩子的相處比較像朋友。

**胡軍軍：**對於我這樣一位以涅槃為題材的藝術家，您有什麼建議嗎？

**林清玄：**我覺得不要著相。比如說，你有一些畫，畫樹枝和涅槃在一起的，枯枝是涅槃，也是止息的一種狀態。但是我看了以後的疑問就是，為什麼沒有一朵花，沒有一片葉子？如果在這麼枯寂的狀態下，你畫一朵花，寫兩句話：惟餘一朵在，明日定隨風，枝頭上還有一朵花，但是我知道明天它就被風吹走，哇，那個就很涅槃！

**胡軍軍：**現在的新作品裡面有花有鳥，葉子，古琴都有了，把涅槃融入中國的山水裡面。

**林清玄：**我覺得涅槃不只是人的一個姿勢，而是萬物推展的過程裡面的一個章節。比如說冬天，冬春之交那是涅槃，涅槃是為了更活潑的未來，更有力量的未來。佛之涅槃，就是要讓你們知道這是人間的教化，所以你們不要害怕，人間的教化就是這樣。生命一定有終極之處，但是佛的教化是沒有止息的；人間有止息，可是佛的思想或傳承是沒有止息的。如果可以突破那種形，讓別人在看你的畫的時候得到內在的止息，不只是因為這個畫畫得好靜；而是你在靜裡面，還讓別人能感受到那種安頓。涅槃應該就是一種身心安頓煩惱之事。那種安頓，可以更多地表達出來，可能就更好了。

**胡軍軍：**您曾經經歷一次婚變，當年引起很大的反應，大概也改變了您的人生軌跡，您覺得是別人誤解了您嗎？有什麼話想要說嗎？

**林清玄：**這很正常，因為你的心不美好，對什麼都有誤解；你的心美好，對什麼都沒有誤解。其實我跟一般人比較不一樣，就是我只是聽從我的心，聽從我的內在的那種追尋。我以前在大陸作過一個演講，叫做「不怕人生的轉彎」，我說我八歲立志要當作家，大家都說不可能，農家小孩祖先都不認字，你怎麼可能變成一個作家？我十四歲離開家鄉，我說我要為自己踏出一條路，大家都說不可能。我後來學佛，三十歲去閉關，成了當年報紙上的頭條新聞，但是我不說什麼，只是覺得時候到了，我應該要轉彎。

我再婚也是如此，聽從自己內心的聲音。我的朋友曾經對我說：「清玄，你和淳珍的愛情，以後一定會成為美談，那些誹謗你的人，不會有人記得他們的名字！」我想起有人問佛陀：「如果你舉得出證據，我就不再擾亂你。」佛陀溫和地舉起右手，指向前方，接觸大地，大音希聲，大象無言，他沉默地接觸大地，是說：「大地就是我的證據，無數的輪迴裡，我所行的一切都在大地留下了證據！」

佛陀修行的證據在大地，我留下的證據就是我的文章。我不斷不斷耕田，信心是我的種子，智慧是我的耕犁，我一直前進不退轉，希望能種出一片無憂的所在。我可以無憾地說：我所走過的路，我的文章都已留下美麗的證據！

二〇一九年一月十二日　臺灣臺北天母

（此篇訪談於二〇一九年一月十二日在臺北進行，沒想到九天後就傳來林清玄先生過世的消息，未曾想這竟是一場生死的告別。從文中的答案來看，清玄先生並不貪戀淨土世界的安逸，而是還要再來傳播至善至美的人間萬法的。他捨不得錯過這世界的任何一個美，我祈願，他的離去，也如同涅槃一般，清涼寂靜，大美無言。）

# 胡軍軍

一九七一年生於中國上海，浙江紹興人。九十年代混跡北京，從事詩歌繪畫創作，一九九五年獲劉麗安詩歌獎。一九九八年移居紐約八年，二〇〇六年回上海定居至今。曾舉辦「山外有山」、「常觀無常」、「涅槃本色」、「涅槃天下」等繪畫展覽，並創立「高安基金會」，在教育和佛法推廣方面有廣泛贊助；同時籌備「阿虛博物館 Ash Museum」。自二〇一五年起創作《涅槃》系列，以繪製佛像為弘法心願。

# 弱水三千，只取涅槃——胡軍軍訪談

**李小敏：**生和死是大哉問，人類歷史發展到今天，生死是個很神祕的問題，是個很神聖的問題，而且是個無解的問題，是個無奈的問題。您怎麼會想到來探求這個問題？還要做成一本書，這是個很大的挑戰。

**胡軍軍：**我覺得最早的根源應該是我從小就是個對生死問題敏感的人。我經常會問自己：人為什麼要活著？活著的意義是什麼？我幾乎是用一種非常頹廢的方式度過了我的青春歲月，因為我始終找不到生命的意義在哪裡。人生在世，短暫幾十年，辛辛苦苦，忙忙碌碌，為誰而苦？為誰而忙？最後有意義嗎？這是我那時候的想法。

後來當然是因為我二〇〇三年的時候，接觸了佛法，我讀到了從前的教育中從未涉及的領域；佛法給我開啟了另外一個世界的視窗，從那個視窗我隱隱感覺，我似乎找到了生死的答案，至少走在一條可以解決生死的道路上。這條道路，給了我一個方向，讓我看到了希望。我對佛法所展現的無窮智慧佩服得五體投地，我經常強調一句話：當你領略了佛法的智慧，你的雙腿會不由自主地跪拜下去。

我來做這本書，談涅槃，聊生死，並不奢望一定解決什麼問題，我想把問題拋出來，如果有人從中能夠受到一點點的啟發，我就覺得特別值得。我始終認為，宗教未必跟我們每個人有關係，但生死一定跟我們每個人有關係。人生到最後一刻，一生所積累的名氣也好，財富也好，兒孫滿堂也好，跟你就沒有任何關係了，而是你要一個人面對這死亡的一刻。

**李小敏：**我覺得我們在談生死這個問題的時候，其實討論的是一個生命的態度。所以您可以談一下您的生命觀嗎？

**胡軍軍：**確實生死的態度，其實最終還是一個生命的態度的問題。一旦你的生命觀發生變化，其實所有的東西都會連帶發生變化。我從小敏感體弱，凡事都不能以正面積極的態度看待，後來接觸了佛法，我的世界觀、宇宙觀得到了徹底的改變，隨之而來，我的飲食、作息、心態等等都潛移默化發生了改變，現在不會用虛無的態度去設定這個世界，而是用溫暖的心情去融入周圍，驀然回首間，發現自己變得有追求，有理想，充滿了使命感，這真是一個驚天動地的變化，我的生命像是有一道分水嶺，前後對比非常大。我慶幸人生有這樣的轉折，讓我去接近光明，接近真相，世界因為你的目光不同而截然不同，天堂和地獄是因為心的不同而呈現，甚至連山河大地其實也是這顆心照現而成。在一念之下，我不由地讚歎，處處充滿善意柔軟的風光。

**李小敏：**所以您的人生分水嶺是什麼？

**胡軍軍：**有時候我會思索，世間為什麼有宗教？我覺得大概因為有生死的逼迫才有了宗教。如果人類永生，沒有死亡這件事的話，可能宗教就不那麼被人類需要了。人類可以完全縱情享樂，反正有用不完的時間。而恰恰人生苦短，還有無常的事件隨時要面對，生離死別，人生大痛，至親至愛的人們可能隨時離去，自己也是說不定哪天就撒手西歸。

分水嶺的話，必須從信仰說起吧。二〇〇三年，當時我還旅居紐約，居住的地方，走路不過兩三分鐘，有一座寺院叫東初禪寺，雖說是寺院，但與國內的叢林寺院大有不同，不過是普通民宅改裝的一幢普通建築物而已，裡面的住持卻是大有來頭，正是法鼓山的創始人——聖嚴法師。那天我出於好奇，進去參觀，臨走時取了幾本聖嚴法師所著的結緣佛書，回家一看，大為震驚，原來世間還有如此一門學問，把生老病死的來龍去脈講得透透澈澈，一清二楚。之後在紐約上州的郊外，有一座莊嚴寺，裡面有大量的佛學書籍可結緣閱讀，我讀得如飢似渴，整個過程，三個月不到，剛好聖嚴法師有一場皈依儀式，我毫不猶豫地參加了，成了一名三寶弟子，也從此發願茹素終生。聖嚴法師是我學佛路上的引路人，他給了我一個法號，常觀。

後來的因緣際會，我有幸認識了寬謙法師，她是一名擅長講經說法的卓越的出家人，我系統地學習了唯識、中觀等佛學典籍，深入經藏，智慧似海，我能在其中優游一二，是此生最為榮幸之事。雖說到現在，依然在修行路上盤桓前行，但在內心的最深處，這份信仰的堅守，始終不離，始終有一份不可言說的喜悅伴隨內心。

**李小敏**：我們回看歷史，有一句話叫做：自古艱難唯一死。很多人對死亡這個事情是非常懼怕的，想盡方法長生不老，比如傳說中秦始皇派了五千名童男童女東渡去尋求不死之道，結果什麼也沒得到。人類其實一直在尋求永遠的生命，包括當下社會也常有多少年之後人類可以實現永生的說法。您對死亡這件事怎麼看待呢？

**胡軍軍**：秦始皇為了尋求長生不死藥的故事，是許多中國人都熟悉的，後來歷代多少帝王，也是到處尋仙訪道，希望永葆青春，可見人類就算到了權勢的最高峰，富貴的最高峰，心中對死亡的恐懼，每個人都是相同的；死亡，這是上天對每一個生命最平等、最公平的地方。死亡沒有對那些權傾天下或者絕世美貌的人另眼相待。

我個人從來沒有覺得永遠活著是一件多好的事情，我比較有興趣的是，如何面對死亡的態度，其實也是參究生命真相的過程。如何能擁有一個明亮的態度，談起死亡，我們不再忌諱，逃避，甚至恐懼。死亡是眾多無常中的一個，接受了死亡時時都有可能發生，我們才能更加活得清楚明白，才能徹底的理解何為當下！

**李小敏**：一般人看待的死亡是絕望的，悲傷的，可是在您的涅槃畫作中看到的涅槃是喜樂的，愉悅的，圓滿的，您心中的涅槃到底是什麼？

**胡軍軍**：其實我們總會講一句口頭禪：涅槃重生了，我想它最直接的意義就是重生了。從佛教的法義來講，涅槃是圓滿自在的狀態，超越了時間和空間的限制，達到了常樂我淨的境地。一切是那麼的平等，一切是那麼的寧靜，一切是那麼的圓融，這種境界實在是太迷人了，太吸引我了。鉛華洗盡，萬千尋覓之後，找到那個不驚不懼的我，找到那個充滿無限的慈悲和智慧的我。我對涅槃的嚮往，是我創作涅槃畫作的最重要的原因，我也特別想分享給看到我作品的人們，當我們面對死亡時，不是說死路一條，其實是重生的契機。

但我不得不承認，涅槃的境界是不可言說的，超越了我們的想像，而只有通過實際的修行才能體證。

**李小敏：**這樣一個接近神祕的題材，對您來講，是否是一個滿大的挑戰？

**胡軍軍：**我喜歡挑戰，哈哈。還有一方面，太多人對涅槃有誤解，把它看作是消極的、晦暗的，而事實上，這是生命最動人的昇華，在涅槃面前，人人都有機會。我特別希望更多人理解涅槃的真正涵義。

**李小敏：**涅槃這個題材，藝術形式上是怎麼流傳的？又是怎麼影響您的呢？

**胡軍軍：**佛教藝術史，從印度起源，經過絲綢之路，一路延伸到敦煌莫高窟，以及中原大地，最早的涅槃題材出現在壁畫和石窟的石雕上，比如敦煌一五八窟的一個唐代的涅槃雕像遺存，最為大眾熟知。在早期的壁畫上也常有出現，也許與南北朝時期，曾經風行過《大般涅槃經》有關，那個時期，專門有種法師被稱為「涅槃師」。

我酷愛中國的佛教石窟藝術，過往這些年，足跡遍布了各個大小石窟；若以朝代而言，南北朝的佛教藝術最為心儀，而南北朝中，又對北魏的造像藝術傾心萬分。二〇一五年，我去參訪甘肅東部的一個小城，名為慶陽，當地有座北石窟寺的北魏造像遺留，我還清晰地記得，那天走入北石窟寺的主窟，是宏偉雄壯的七佛立像，主佛各有八米之高，極其震撼，雖有修復，但北魏原汁原味的氣息還是撲面而來，當場把我感動地淚如泉湧！何德何能，微小如我，還能親眼目睹祖先一刀一刀鑿刻下的藝術瑰寶！我當下發願，我是否能繪製涅槃佛像，來回饋這一生滋養我的佛法三寶。

當代的佛教藝術，大多固守於傳統的模式，沒有太大的創新和突破。一個信仰力度已然敗落衰微的時代，要想在宗教藝術上脫穎而出，難乎其難！作為一名當代藝術家，我願意窮盡下半生，來深入和闡釋這個涅槃主題。時至今日，當時的一念，依然石破天驚，要有多大的福報，一個人才能有此機緣在畫布前繪製一幀幀的涅槃佛啊！

我曾經在我的個人展覽上，貼了一段話：

「縱覽這一千五百多年的本土佛教藝術史，雖有後朝的雍容華貴，技藝嫻熟，我卻獨獨鍾愛南北朝時期特有的脫俗超然，空靈剔透，這股瀟灑飄逸的氣質在後來無數的造像繪畫中再也尋覓不得。我繪製的涅槃佛像，權當是對那個時代的無限留戀和憧憬。」

在翻閱佛教藝術書籍的過程中，確實沒有發現歷代有藝術家專門以涅槃題材來創作的，我很幸運，能肩負這樣一個使命。

平常我非常注重涅槃題材的收集，到目前為止保存了七百多張圖片，有經典的石窟造像和壁畫，中國和印度及東南亞國家的，古代和現代的。有好多朋友知道我在從事涅槃題材，他們去哪兒旅遊，或者在一個古董店裡面看到一個小小的涅槃像，他們都會拍照發給我。我希望保存一些素材，包括涅槃像各種袈裟的變化，涅槃佛睡姿的一些微小的差別，我樂此不疲。

**李小敏：**我覺得這是件很有趣的事情，首先您發了個願，然後自己深入地去體會涅槃的意義，漸漸在身心靈裡頭成形，最後呈現在畫面上。您是透過畫作，把冰冷的、殘忍的、悲傷的，甚至可怕的死亡，變成一種溫暖的、清新的、美麗的，甚至祥和的畫面。通過這幾年的幾次展覽，我覺得至少做到一件事情，讓很多學術界的、藝術界的、媒體界的，還有一般大眾重新開始很正面地看待涅槃這個事情，這已經是一個非常棒的收穫。您現在規劃的這本關於涅槃和生死主題的書，整個的架構和想法是什麼？

**胡軍軍：**這本書最初的緣起，是我在規劃下一個展覽畫冊的時候，我考慮是否可以約一些稿件，請高僧大德還有文化界的前輩們，讓他們來談談涅槃和生死的主題。後來作了兩篇訪談下來，我覺得他們的詮釋讓我非常的受益和感動，他們所展現的生命情態，對死亡的態度，非常值得為更多人熟知和揣摩。我不如編本書，讓更多人分享到我在其中受到的啟發，畢竟生死事大，如果能給別人帶去一絲一毫的光明，哪怕是隻言片語，也是萬分慶幸的。

**李小敏：**從我的角度看，這本書將是對涅槃最好的總結，非常吸引人。

**胡軍軍：**在一千五百多年前，涅槃曾經在當年的宗教界文人士大夫間是個風行一時的話題，可惜今天已經沒落了，我們幾乎沒有聽說哪位法師和教授專門在講解涅槃。我通過視覺藝術的形式，加上涅槃文字理論的結合，來呈現多樣角度的涅槃涵義。其實我自己，是特別期待這樣一本書的。

**李小敏：**我也特別期待。書裡面被訪談的對象，都對生死有獨到的看法，我覺得這本書會非常有趣，同時又不失嚴肅的文獻價值。我希望這本書將來不僅漢語世界的讀者能讀到，更希望它能進入全球各地的圖書館，包括那些最高的學府。

**胡軍軍：**謝謝您的鼓勵。這本書主要由訪談形式來呈現，有漢傳佛教和藏傳佛教的體系，有出家僧人和在家居士的立場，有作家和哲人的觀點，也有基督教義的探討，內容將會非常豐富，當然裡面的觀點不盡相同，甚至大相逕庭，但這本書的目的並不尋求一個一致的觀點，而是遵循一個原則，那就是包容。對不同的宗教和文化的包容，盡可能的尊重，是我們人類社會最基本的相處之道。

**李小敏：**您的描述讓我看到一個畫面，就是一個人向宇宙許願，然後承諾，接受一份使命，上天讓您來完成這個使命，這是個很大的責任。

**胡軍軍：**說來很慚愧，我的修行程度很一般，倒是在訪談的過程中，我的視野被一次次放大，我感謝這些前輩智者們願意敞開心扉，分享他們的生命軌跡，他們每個人身上散發的人格魅力令我在在難忘。我感謝他們寬恕了我的直言不諱，其實有些提問是相當冒犯的，不過為了挖掘到他們內心深處的真知灼見，我也不得已而為之了。我想，這是一場最深情的生死追問！

**李小敏：**因為您在追問，必然有答案，您把涅槃跟生死做了一個最好的連接。

**胡軍軍：**我希望這本書出版以後，有更多人來參與討論，有許多精彩豐富的生死觀點，我們應該去聆聽和深思。

**李小敏：**從涅槃的畫作到涅槃的書籍，通過這樣的整合，也許會在人群中形成一個趨勢，產生一股對涅槃和生死的討論。

**胡軍軍：**我覺得涅槃是一個非常小眾的話題，但是生死無常之苦，我確實希望更多人留意到，如果不懂死之意義，又怎會感悌生之珍貴？死要死得從容，生要生得雋美。

**李小敏：**很多國家進入了老齡社會，關於生死的主題會被更多人關心，安寧病房，臨終關懷這一類呼聲愈來愈被需要。

**胡軍軍：**的確如此，我周邊有些朋友聽說我在做這樣一本書，都非常贊同，每個家庭每個個體都不可避免地會遇到生離死別的情境，處理死亡，是需要學習的，不僅為了自己，也為了幫助周邊的人們。

**李小敏：**這本書與其他一般談生死的書籍又有極大的不同，不僅停留在生死上，您是用獨特的畫面，提供了一個角度，從生死的悲傷跨入欣悅的涅槃境界，這樣一個慰藉是令人欣喜的，會容易閱讀，容易進入，而且會解答很多迷惑，會安定很多紊亂的身心。

**胡軍軍：**但願如此。訪談是個很好的方式，因為受訪者本人的一些著作可能是艱澀難懂的，或者因為宗教名相的緣故，會把一些人拒之門外，這很可惜。我希望書中的語言是平實樸素的，又有生動的故事場景，有會心一笑的地方，也有掩卷沉思的段落。我以前講過一句話，愛，才是我們最需要的宗教，我們需要敞開心扉，放下成見，這是一場生死的問候。

**李小敏：**我認識一位美國的科學家，他也學佛，我接觸了您的涅槃畫之後，我就問他，什麼是涅槃？他說站在科學的立場，涅槃是一種能量的轉換。

**胡軍軍：**我覺得他詮釋地特別好，能量的轉換，一語中的，所有的人都能聽懂，也給了我一個提示，涅槃是可以被科學論證的。

**李小敏：**您把涅槃的畫面呈現地這麼的喜悅、吉祥、寧靜、清澈，這是您的首創嗎？

**胡軍軍：**確實，我遇到好多人來跟我講，他們之所以喜歡我的涅槃作品，就是因為在色彩和表現形式上，是他們以前沒有看到過的，他們沒有想到佛像可以用這種輕鬆自在的方式來表達，顏色又這麼賞心悅目。當然在某種程度上，也許是有點挑戰某些比較傳統的佛教美術方面的一些框架，但是我覺得這就是我心目中的涅槃的姿態，所以我如實地把它呈現出來。不是說心如工畫師嗎？我畫我心目中真正認為的涅槃的樣子。首創與否不重要，重要的是，這一切作品是一位當代的藝術家、佛教徒最真誠的內心流露。

**李小敏：**那麼您所呈現的這種完全與傳統不同的方式，會不會在保守的佛教徒那裡有些不同的聲音，他們都能接受嗎？

**胡軍軍：**肯定不是這樣的。我覺得世界上任何一個論派學說，從古到今從來都沒有形成過一致的看法，尤其是藝術品，很難眾口一聲地說這一定是好，一定是壞，本身它沒有標準。這其實也是佛法的一個最基本的道理，就是沒有絕對的好與壞，沒有二元對立。真正的涅槃，就是在強調我們要打破二元的對立。

我們人類為什麼會痛苦？因為我們總是看到對立，我們還沒學會自如地運用因緣法，有生必有滅，一切就是因緣的緣起緣滅。生死一如，生死就是一回事，這麼一想，我們似乎沒必要對死亡感到過多的驚懼，我們可以模仿古代的禪師一般，瀟灑自如，說走就走，豈不大快人心！

**李小敏：**這樣的境界，能做到的實在太少了。您認為涅槃一定要透過死亡來實現嗎？

**胡軍軍：**我並不這樣認為，結合禪宗的觀點來講，當下即可涅槃。只要真正理解了涅槃，那麼即使是最短的一個瞬間，那也是涅槃的滋味。不是死亡才給我們這樣的機會，任何時候都有這樣的機會。如果我們把最短的涅槃瞬間，不斷擴大，把這些點連成線，那就是永生的涅槃！當然，實現這樣的終極修行目標，需要多少的福慧資糧！但是不要因為目標遠大，而放棄最細微的修行，我們可以時時刻刻去體悟涅槃的法喜，涅槃是清淨無邊的，我們首先學習把心態調整到清風拂面的輕安之境。

**李小敏：**通過您的描述，涅槃真的是件令人嚮往的事情，如何才能接近這個目標呢？

**胡軍軍：**我相信這是理論結合實踐的一個結果，絕不是憑空掉下來的，我相信書中的很多觀點應該都指出了如何解脫、如何達到究竟的生死圓滿的途徑，可能方法和名相不同，但都是指向解脫之道的。比如藏傳佛教裡，中陰身的教法非常突出，而且實用，但在漢傳佛教的體系裡面，這部分很少被提及；如果遇到一位禪宗的師父，他的詮釋又完全不一樣，他會很強調當下，甚至禪宗都不講涅槃，禪宗講頓悟。這也是採訪過程中不斷啟迪我的，每一個眾生的特質不同，一定要找到相應的方法，相應了，必定是身心愉悅的。

**李小敏：**您在創作方面有什麼預期的構想嗎？

**胡軍軍：**我在創作方面一直比較「一意孤行」，不太在意別人的看法，創作也好，修行也好，要有清晰的思路，認準了就走下去，寂寞是必然的，但熱鬧又能如何呢？這一點我還算坦然，我有我心中的高山，足以我仰望膜拜，何必去認同一般凡夫俗子的價值觀，我有我自己的涅槃之道，我為之慶幸，如能影響他人，也能從中受益，更是在夢中竊喜了。

涅槃的系列還會延續下去，我目前的新作品是涅槃的佛像優游在中國的山水林泉間，下一個想做的展覽叫「涅槃風光」。涅槃充滿了一切的可能性，涅槃的生命力不可思議！

**李小敏：**您在畫涅槃的過程當中，一定有很多的感動和收穫。

**胡軍軍：**我收穫了無限的喜悅，我非常享受這個過程，當然也有苦惱的時候，但是這就是生活的一部分，不是嗎？與煩惱病痛和平共處，是我們終生的功課，重要的是我們要成長，而不要原地踏步，事事計較。

**李小敏：**如果您的親朋好友當中有人要面臨死亡，您會怎樣去安慰他們呢？

**胡軍軍：**其實做這樣一本書，我是最忠實的學習者，在死亡面前，我從來沒有覺得我有任何的過人之處。不過，這麼多年以來，有一個觀念，始終都沒有離開過我的腦海，就是兩個字，叫「無常」，無常可以貫穿一切，無常可以涵蓋一切。在無常面前，任何語言文字都是多餘的。事實上，誰也沒法替代誰的痛苦，你只能盡量地用無常的概念，來安慰深陷在痛苦中的人們。理解了無常，也就理解了人世間各種的糾纏不休，有什麼能一直執取呢？放下，才是真正的智慧。

所以幾年前，我做過一個展覽，題目叫「常觀無常」，當我們無所執取之時，我們才能抵達空性的大海。

**李小敏：**現在很多地方在推廣生命教育，甚至在幼年教育中都有涉及，您認為生死的觀念應該從小就開始嗎？

**胡軍軍：**我並不是兒童教育方面的專家，但是生死是繞不開的話題，孩子如果有機會從小聆聽到這方面的課程，應該是裨益終身的。我遇到好幾位家長，說他們的孩子看了我的畫之後，回家學著像佛陀一樣右脅而臥，這讓我喜出望外，這樣至少在他們幼小的心靈裡，植下一顆種子，死亡並沒有那麼可怕。

**李小敏：**之前新聞有篇報導，引發大家的關注，就是全世界在面臨年老和病痛的時候，歐洲的一些國家，如北歐，他們從失能到死亡的時間為二週至一個月，而在臺灣，纏綿病榻到死亡，平均時間長達7.6年，竟然比國外高出這麼許多。

**胡軍軍：**不做過度的治療，平靜地離開，是更符合人性的；有尊嚴的死去，是全人類的訴求，但是聽到上面這樣的資料，心中卻是悲涼的，人類的科技文明已經日新月異了，但是倫理上還是被禁錮地很嚴苛，醫學上的發展，某些時候只是無效地延長生命，增加人為的痛苦，我主張更加自然的死亡方式。

**李小敏：**壽終正寢是很理想的死亡方式，甚至古代的高僧大德還可以坐化而亡。

**胡軍軍：**這都跟修行程度有關，生死能夠自主，這是多麼了不起的成就。了生死，這也是大多數佛弟子的修行目標。佛弟子是相信輪迴的，有過去世，現在世，未來世，生生死死，死死生生，在無數次的輪迴中要找到自性光明是很困難的，大多數時候，我們都隨波逐流，隨著業力，如同孤魂野鬼，到處流浪，可憐之極。我們錯把財富、名聲，還有愛情當作了歸依之處，實際上，那些是不堪一擊的，轉眼即逝的。

即使做不到立刻頓悟，馬上涅槃，也不需要灰心喪氣，我特別主張生生世世的積累，不要錯過任何一分的耕耘，不要期待很快開花結果，只需要耐心，然後付出，奉獻，過程就是結果。

**李小敏：**涅槃是一條很廣闊的路，也是一條需要長途跋涉的路，您從事的這個藝術題材，對您的生活產生了什麼影響？

**胡軍軍：**我覺得這個題材已經在全盤地影響我的一舉一動，包括現在在做的這本書，沒有涅槃的起因，大概我是不會想到就涅槃和生死來編這樣一本書，它似乎已經烙印在我心底的最深處，即使有迷失的時候，但總有一股無形的力量把我拉回到一個原點，讓我自問，什麼是生命的真相？始終要保持一個正念。

**李小敏：**我有些朋友，他們經歷了重大疾病或者事業的大起大落，他們就會有全新的生命觀，比如他們會說，我永遠把今天當作我人生的最後一天，也永遠把今天當作我人生的第一天，諸如此類。

**胡軍軍：**我自己也常有這樣的感受，我曾經說過，當你過完這一生，回首往事，你覺得沒有虛度此生，這是對自己最好的安慰和褒獎。有了無常這個觀念以後，會督促自己盡量去做最值得的事情，把時間花在最值得花的上面，也就充滿了歡喜。

**李小敏：**我對您身上的這種使命感，印象特別深刻。您是我特別尊重的一位女性。

**胡軍軍：**使命，我覺得這是我非常幸運的地方，多多少少知道自己要做什麼。找到一個大方向，然後窮其一生去接近。

**李小敏：**您如何排解煩悶憂愁的時候呢？

**胡軍軍：**每個人都有非常低落、非常憂鬱的時候，可是要學會轉身。很多時候，不良的情緒因為狹窄的小我而產生，我們不如多想想那些比我們苦難百倍的眾生，我們是多麼有福報，在自己還四肢健全的情形下，多多去關照他人的痛苦，有太多的貧困、病痛、歧視充斥在世界的角落，而我們居然還有幫助他們的機會。想到這人世間種種的苦難，我覺得，大多數情形下，我們連憂鬱的資格都沒有。

**李小敏：**講到這裡，不得不提到德蕾莎修女，她去街頭把瀕死的病人撿回來，幫他們洗乾淨，再給他們穿上乾淨的衣服，然後放在懷裡安慰他們，讓他們在最後一刻可以有尊嚴地或者是放鬆地去死。

**胡軍軍：**德蕾莎修女是我們的時代留下的最好的人格榜樣，她是真正做到了我們佛教裡講的無緣大慈同體大悲的精神，她太了不起了，她的這種偉大的愛震撼了所有人。尤其在臨終關懷方面，她是洞悉人性的，因為臨終之時，是所有人最脆弱最無助的時候，而她奉獻了所有的愛心。

**李小敏：**我知道您的人生充滿了戲劇性，居住過不同的城市，有很豐富的閱歷和心得，這些年又選擇了涅槃的題材來作為安身立命的方向，您會覺得這一切是個奇蹟嗎？

**胡軍軍：**這是個難以言喻的奇蹟，我內心充滿了感恩。所有的因緣，都將隨風而逝，然而有個清淨無染的本我，其實從未遠離；涅槃就是回歸天真的本我，找到那個不生不滅、不垢不淨、不增不減、不生不死的真正的自己，我對涅槃的旅程充滿了喜悅和期待。

二〇一九年一月十日　臺灣臺北松壽路

# 李小敏採寫

資深媒體人，熱愛文字、影像、音樂，終生學習，探尋生命之本質。

歷任《聯合報》uStory 專案總編輯，年代新聞臺總編輯，《中國時報》影視文化暨生活中心主任，時報出版社歷代聖典寶庫主編等職。

# 成慶

出生於湖北恩施，幼好文，大學誤入工科，念念不忘尋求人生之意義。

後供職電信公司，身心難安，遂前往華東師範大學歷史系攻讀碩、博士。

身處學院，卻對學術制度的教條與狹隘極度反感，幾欲放棄。

後有緣遇見美國柏拉圖專家 James Rhodes 教授，鼓勵探索靈魂之價值，從美國訪學回來後轉向佛學的學習與研究，並嘗試禪修，先後數次前往臺灣法鼓山訪學，學習禪修。

現任上海大學歷史系副教授，主要研究中國近代佛教思想史，近年來關注禪宗史與清代儒佛關係問題。在大學開設佛學通識課程，並在網易開設網路佛學通識課電臺，熱心佛學普及教育，也熱心佛學公共寫作，在《騰訊‧大家》撰寫佛教史的專欄文章，力圖通過媒體為公眾介紹佛教的真實內涵與歷史文化價值。

近年來開始關注並投入禪宗藝術與禪宗美學的推廣，尤其關注日本禪宗墨蹟，收藏作品涉及江戶時期以及到明治、大正時期的日本禪僧書法。

# 涅槃從不是高高在上——成慶訪談

**胡軍軍：**在接觸佛學之前，您曾經談到過一次聽巴哈（J.S. Bach）雙小提琴協奏曲的經歷，您曾寫文說到，「當時感覺靈魂瞬間如被電擊，似乎是一種歡欣的感動，是一種瞥見了美卻難以言說的喜悅，同時又感到自己的靈魂融入一個更偉大的秩序之中，被圓融地包裹住，溫暖而又令人忘卻自我！」我很驚歎這樣的描述。我也熱愛巴哈，我曾說過，巴哈的音樂會讓人不由地相信天國的聖潔，神的愛無所不在。您是因為這樣的體驗而影響到了後來去鑽研佛學嗎？為什麼不是其他宗教呢？

**成慶：**我本來是個古典音樂的愛好者，其實聽音樂剛開始時並不是從宗教的角度去理解的，單純是從藝術審美的角度，覺得很美。您提到的那一次體驗則是一次猝不及防的相遇，因為聽巴哈而產生了這樣一種莫名其妙的神祕體驗。在宗教學上，這常常被稱作神祕主義，因為它沒辦法用理性去解釋。

那之後我開始反思，我們過去所依靠理性建構起來的這樣一個認知，是不是有很大的侷限？我們一般認為的所謂審美的「好看」、「動人」是否有其更深的內涵？可能在我們的經驗上，有些東西我們還沒有認知到，但其實是可以突破的。那個時候正好我所研究的內容也跟佛教有些關係，而我喜歡的音樂很多也與宗教音樂有關，這兩個因素都讓我不約而同地想去尋找一個更加超越的維度。

這個維度一定與宗教相關。我當時並沒有決定說我要去專注瞭解哪一個宗教，我只是覺得我要去深度地理解宗教。

恰好在那次經驗之後，我前往美國波士頓學院訪學，波士頓對於聽古典音樂實在太方便了，而且它的演出曲目從早期的聖詠一直跨度到現代音樂。我那一年大概聽了四十多場現場音樂會，有的曲目在國內根本很難聽到，比如巴哈的《馬太受難曲》、《B小調彌撒》，以及不少中世紀時期的曲目。我聽了很多，但是後來那種神祕的體驗反而很難再遇到了，這種審美經驗不可重複，雖然我從音樂當中仍然獲得了精神上的滿足，但是同時它們也在消退，這讓我意識到，等待神啟、啟示的模式是不是存在問題。當時我也讀了很多猶太教的內容，包括赫舍爾（Abraham Joshua Heschel）、馬丁・布伯（Martin Buber）的著作，但是後來仍然覺得它們不符合我的思維習慣。

這時候我也因為種種原因，想重新去深入瞭解一下佛學。除了閱讀一些佛教經典，我同時也意識到，佛教也非常注重修行的實踐，所以那個時候我才開始接觸到禪修，並且開始學習。

**胡軍軍：**那是大概哪一年？

**成慶：**準確地說，我在二〇〇八年開始慢慢接觸，二〇〇九年開始密集地學習禪修。那個時候才開始意識到，原來佛教的宗教體驗與基督教的所謂等待神啟的體驗是如此不同。有的人可能說兩者是一樣的，但是我個人認為，佛教修行體驗是可以通過理性的認知，漸次地抵達的，它並不是一種偶然發生的現象，而是蘊含了一些人類可以認知的規律，對我而言，它符合我對宗教的一些認知要求。

當時接觸禪修，主要學習上座部佛教的一些修行方法，那讓我非常迅速地領會到這種方法的效果，不僅開啟了我對人類精神活動認知的另外一個角度，而且作為修行實踐的副產品，它讓我一個多月迅速地減輕了二十斤體重，並且也解決了我持續一段時間的心理憂鬱問題。這讓我對這種東方的心理治療方法產生非常濃厚的興趣與信心，確切地說，它激發起我非常強烈的好奇心。

其實用佛教所謂緣起法的角度，我在聽古典音樂遇到的神祕體驗，本來也符合緣起的佛教觀點，所謂精神的體驗同樣也是需要各種條件才能出現相應的結果，但是由於所需條件非常複雜，因此我們常常無法確切地瞭解，某種精神體驗它所需要的各種複雜條件到底是什麼。佛教面對精神體驗，其中一種是讓你通過禪修的方式安定身心，然後利用這樣的身心安定狀態去觀察我們是如何認知自己的身心，以及外界的環境。因此，禪修其實並不是什麼神祕的方法，只是利用我們自己的「心」來做認知的實驗，當然，它需要大量的時間和精力的投入。

但正是這一次短暫的禪修體驗，讓我有了想更加深入接觸佛教理論與修行的想法。因為這種理論與實踐兼具的特質，非常符合我對精神探索的理解，雖然藝術的審美體驗依然吸引著我，但是那種審美體驗難以預期，更像是一場長途跋涉中的偶遇而已。也就是從那之後，我開始密集地學習佛學理論與相關的修行方法。所以我認為，坐禪的體驗對我來說是一個非常大的突破，因為它讓我直接切入到佛教所談的「心性」的核心領域。

**胡軍軍：**在後來的禪修實踐，您還有沒有感知過您曾經描述過的那種類似巴哈音樂帶來的審美體驗？

**成慶：**禪修的體驗不是單一的，並且那種感覺與體驗的深度與廣度，都和我曾經感受到的審美經驗不太一樣。那一次聆聽巴哈的體驗，主要是一種被外在秩序控制的體會。但是佛教禪修的體驗，則是一種非常內外和諧的感覺，並沒有一種不能自主的感覺，因此這兩種體驗從我的角度而言，是非常不一樣的。

聆聽巴哈的體驗多少讓我覺得有點恐懼，因為那背後的神祕性，你不知道它運作的原理是什麼，那是一種完全被裹挾著的，完全不自主的體驗。但是於此相比，佛教的修行體驗在這方面是清晰的，有大量的解說可以幫助我瞭解這種體驗究竟為何會升起，而它又是基於什麼條件產生。這樣一種與審美體驗發生原理不同的特質，對我來說，非常符合我對宗教的認知。那就是，宗教的神祕性理應被人所認識，而且這種體驗是可以分享與學習的。

因此，對我而言，藝術的審美體驗與宗教的修行體驗是非常難得的人生經驗，這種經驗的獲得固然與我自己的尋求努力有關，但是同時也蘊含了許多我尚無法理解的深層原因。正是這些體驗，讓我開始反思過去的那種以純粹的理性知識為路徑的學習方向，更讓我對現代學術體系下的知識分科方式產生了深深的懷疑。因為我模糊地感覺到，那種探索方式與路徑並不足以讓我獲得關於世界的答案。

**胡軍軍：**您曾經提到，在兩歲不到還在學走路時的一個記憶，這個記憶相當有意思，因為多數人在那個年紀幾乎什麼都不記得。您能再描述一下當時的狀況嗎？那段記憶跟您現在的生命狀況有什麼影響呢？

**成慶：**您提到的這段記憶，我曾經在一篇文章中描述過。之所以我會特別強調這段經驗，是因為這段經歷讓我印象特別深刻。小時候的記憶大多都已經泯滅，但是那段體驗卻至今難忘。當時我記得自己還不會說話，坐在童椅上，被母親放在陽臺一側，外邊就是大院內的行人通道，有不少小孩子來回嬉戲玩耍。當時的我，突然產生了一種旁觀者的角色感，彷彿是在以一個老者的身分去看待這些玩耍的小孩子們，沒有受到他們吵鬧聲的任何影響，反而是非常平靜地看著一切，彷彿這一切都讓我感到非常熟悉。

這個感覺雖然一直深深烙在心中，但是並沒有覺得有多少特別，直到後來成長之後，才更加頻繁地回想起這一段體驗，覺得當中某些內容很值得玩味。

**胡軍軍：**您是有那種在童椅裡俯瞰眾生的感覺嗎？

**成慶：**我倒覺得不是，當然我也不知道為什麼會有這樣的體驗。就我當時的感覺而言，令人奇怪的是，當時的我並沒有嬰幼兒見到外界的直接生理刺激反應，比如很開心或者很害怕，那種感覺似乎是一種「過盡千帆皆不是」的安定感，似乎對這些都習以為常，不會被這些場景刺激，感覺就像是「一個幼小的軀體有一個老的靈魂」。這種說法如果按照佛教的解釋很容易理解，那就是嬰幼兒時期，其實容易看出一個人過去世因緣的某些特徵。

不過對我而言，更重要的是一些童年時頭腦裡浮現出來的奇怪問題。比如，有一個問題經常性地浮現在我的腦海裡，我也不知為何會有這樣的疑問，那就是，「什麼是我」？如果「我」是現在的「我」，為何我不是生在過去或未來，而是生在現在？而「我」究竟又是什麼？當然我根本無法得到答案，但是這個問題一直縈繞在我的成長經歷中。如果說有什麼問題長久困擾著我，那麼關於「我是什麼」，大概是一直刺激我不斷去探索人生真相的一個重要動力來源。

後來接觸了佛教，我才真正知道，原來佛教主要就在討論這個問題，所以這也是我很容易對佛教的說法產生親切感的主要來源，因為它非常直接地回應了我的問題。而且在接觸佛教學說之前，我曾經對於這個問題有過許多天馬行空的思考，後來也慢慢摸索出一套自己的說法與解釋，我驚奇地發現，許多答案和佛教的解釋是不謀而合的。

**胡軍軍：**那您最早開始接觸佛教，是自己先看書，還是通過其他什麼途徑？

**成慶：**我博士論文的研究方向和儒佛學說有關，儒家相對來說比較容易理解，但是我自己對儒家的學說其實多少是不滿意的。一是因為我對那種重點談倫理禮儀之類的觀念一直都不是特別親近，二是在思辨的深度方面，我一直認為儒家的內涵是相對較淺的，並不能滿足我對哲理思辨的需求。因此我一直對儒家經典沒有太多的興趣深入鑽研，因為我有一個感覺，那就是儒家的思想並沒有非常穩定的思想原則，可以一以貫之的來進行說明，它總是不斷地汲取其他的思想來修補自己，造成自己的思想非常的蕪雜。

但是，我雖然有心想去理解佛教，但卻實在無法理解佛典。好幾次我將《金剛經》從頭看到尾，雖然字字認識，但是完全把握不住其核心主旨。這讓我產生非常大的挫敗感，不過我在這方面也有非常強烈的好勝心，雖然暫時看不懂，心中就想著終於有一天要把它看懂。當然，一直持續到二〇〇九年開始密集坐禪之後，我再去看這些經典，突然就感覺能明白其中的某些邏輯了，而且隨著自己的體驗愈來愈深，也似乎愈來愈能掌握佛典的脈絡主旨了，這讓我感到非常開心。

後來才知道，這種理解其實是心性上的一種直接瞭解，而不是像我們過去習慣的那種依靠知識積累所獲得的概念理解能力，佛法的悟入，一定需要有心性的直接體驗才能夠明白。所以反而是在有坐禪體驗之後，再去讀佛典，相對來說就變得容易多了。所以我個人跟一般傳統經院的佛學研究者其實並不一樣，因為傳統經院是一種從語言、哲學進入到佛理的路徑，但我則因為特殊的原因，是直接從實踐的層面去接觸佛學。

**胡軍軍：**您談到從小時候對於人生意義問題感到疑惑，到後來您接觸佛學，中間其實是一個滿漫長的成長過程，可以稍微介紹一下這段期間您的閱讀習慣和思想變化過程嗎？

**成慶：**我的閱讀史其實開啟得滿早，除開童年、少年時閱讀的大量武俠小說，以及受到家人影響，很早也會去讀「傷痕文學」，以及各種時政相關的書籍外，總體而言，讓我直接觸碰到生命意義問題的，應該是高中時讀到的何懷宏先生寫的一本介紹法國思想家巴斯卡（Blaise Pascal）的小冊子——《生命的沉思》，這點燃了我昔日對於生命意義問題的探求興趣。進入大學後，我開始閱讀巴斯卡的《沉思錄》(Modern Liberary)，以及尼采的一些著作，包括後來大量的西方哲學方面的書籍，比如康德、盧梭等。粗略而言，雖然當時閱讀了不少西方思想的書籍，也獲得很多領悟，但是並沒有讓我真正解決人生意義的問題。

畢業之後，我被分配在電信公司工作，作一名普通的電信工程師。正逢網際網路起步時期，我對網際網路非常感興趣，獲得了相當多的閱讀資源，但是經過了一段時期之後，我開始感覺這些東西和自己的生命非常脫節，並不能指導我的生命，加上恰好在網絡上認識了後來我的研究生導師，於是改行前往華東師範大學去攻讀中國近代思想史的碩士、博士學位。

研究中國近代思想史，所需要的思想背景不僅需要傳統與現代的資源，同時也需要瞭解中西思想的差異，這段時期的學院生涯，雖然讓我的知識體系得到極大的提升，但是卻仍然無法緩解我對生命意義危機的關切，甚至到了碩士研究生階段的末期，我幾乎想要放棄攻讀學位的想法，因為我感覺現有的學術體系無法解決我關心的問題。

但是，這時候我的生命中出現了一位非常重要的美國教授，他是美國馬凱大學的政治學教授，名叫 James M. Rhodes，他是一位天主教徒，不過他強調的是有理性秩序的天主教信仰，並不是那種單純的宗教信仰，而是有濃厚的智性內容。他研究柏拉圖，出過好幾本著作，但是和主流學術圈的意見並不大相合，一輩子也只是在美國的一個小鎮上教書育人。但是他常對我說，只要讓一個學生關注「靈魂」的問題，他就覺得沒有白費力氣。

他對我啟發非常大，關於這一點，我曾經寫過一篇文章紀念他。他一直鼓勵我，要繼續沿著自己對生命的關切去探索，並且非常肯定我的選擇。這和我在一般大學體系裡碰到的學者是非常不同的，因為很少有人關注「靈魂」問題，而 Rhodes 教授卻認為這是人生問題的重中之重。

但是在大學體系裡，是沒有教授願意鼓勵這樣的探索的，他們只覺得你寫好論文就結束了，畢業，找份教職，就基本完成學術生涯的關鍵一躍。但是 Rhodes 教授非常鼓勵我，他在很多方面也與我很投緣，我也陪著他在北京講學共處了一個多月，然後也與他一起遊歷了西安，那當中我們有許多關於哲學的對話，至今讓我難忘。

不過，後來我的探索道路慢慢地就轉向了佛教，在對自己心靈的探索過程中，就沒有管外界的其他人的看法。你想轉變，其實主要的壓力是來自於主流思想的框架。

**胡軍軍：**我讀過您寫的那篇回憶文章，是他鼓勵您通過宗教的手段去尋求所謂的真理嗎？

**成慶：**Rhodes 教授主要研究柏拉圖哲學，他非常強調一個觀點，那就是所謂的柏拉圖思想中的靈魂體驗。柏拉圖之後的西方哲學家大多都認為柏拉圖是一個強調理性秩序的哲人，但是他認為，柏拉圖有神祕主義的一面。這基於柏拉圖寫的《第七封信》裡的一段話：「對那些宣稱自己知道什麼是我嚴肅對待的主題的所有寫作者——不管他們是我的還是其他老師的聽眾，抑或基於他們自己的發現——我可以非常確定的宣告，至少依我的判斷，這些人根本不可能理解這一主題。我的任何寫作中從不曾有過、將來也不會有處理這一主題的文本。因為它完全無法像其他學問那樣可以言說，而是作為與其自身不斷同在與共生的一種結果突然在靈魂中出現，猶如迸發的火花一樣善良，而後它自我保有著自身。」

這段話的主要意思就是，柏拉圖真正要表達的靈魂的神祕性，其實是無法在他公開的文本中清晰可見的，需要依靠靈魂的體驗才能觸碰到他真正要表達的內容。

Rhodes 教授的這些看法啟發了我，這又結合到前面講的我過去的一些審美體驗，所以我會去思考，這種體驗到底是怎麼回事？我們怎麼去認知它？所以，Rhodes 教授對我的啟發就是：一，要重視神祕體驗，要嘗試去認知神祕體驗；二，這種體驗其實也是可認知的，其內在邏輯也應是理性、有秩序的。

**胡軍軍：**我知道您讀過大量的西方哲學，但我自己有個偏見，就是讀西方哲學的人反倒不容易接受佛學，因為他們本身所具備的知識體系牢固而堅實，觀念很難打破，您同意我的看法嗎？您是如何向這些人群講解佛學的？

**成慶：**現代受過大學教育的人群，大多都是受西方思想影響較深，連我們的主流意識形態——馬克思主義其實也是來自西方。西方哲學，以概念的歸納與演繹見長，但是也容易讓人的生命最終只是生活在概念的世界裡，而脫離直覺體驗的本身，這是最大的問題。當然，西方哲學傳統中也同樣有反概念的哲學潮流，比如海德格。海德格在晚年時其實對道家與佛教有很大的興趣，不僅閱讀鈴木大拙的著作，而且還和泰國的僧侶進行對話交流。在去概念化的哲學努力方面，海德格顯然更接近東方的思維方式。

正因為這個時代的知識背景基本是概念化和體系化的，因此我在介紹佛學的觀念時，也常常用哲學的思維模式，以及科學的思考方法。因為我本身也是工科背景出身，一直也對理論物理有閱讀興趣，所以也會用一些理論物理的難題挑戰這些人。雖然我無法用理論物理的方式去解答，但是至少我會提出一些非常有挑戰性的問題，讓他們能夠想一想，「原來世界上的很多問題，並沒有我們過去想像的那麼篤定和不可質疑」，以此刺激他們去思考許多人類的根本問題。

用這樣的教學方法，其實也是無奈。因為如果直接從佛學角度去解釋，雖然看上去可以很容易回答他們的問題，但從他們的知識結構和思想體系而言，他們一下子很難接受一個陌生的思想話語體系。只要他認為你是東方的、傳統的，或者是古老的觀念，就常常會有許多先入之見，很難接受佛學的看法。

因此，利用西方哲學、科學的理論去回答他們自己的問題，讓他們意識到那套看上去完美自洽的體系本身其實也有一些盲點與漏洞，進而再用佛學的觀點加以解釋，往往能使他們走出思維禁錮。事實上，我也常拿許多西方心理學家的案例來幫助學生理解佛學思想的豐富性，比如我常常舉例，為什麼像榮格這樣的心理學家會對佛學這麼感興趣？為什麼作為一個中國人，不僅對此一無所知，而且還常常那麼隨便輕忽地去批評？

**胡軍軍：**這樣的教學方法有成功的案例嗎？

**成慶：**還是有一些的，尤其是工科的學生。工科學生們大多具有比較良好的分析推理思維能力，當我用某些推論去啟發他們思考自然科學假設的某些侷限所在時，比如還原論和化約論的問題，他們往往能迅速地理解，並且能主動地反思。至少，在與工科學生們做過說理性的溝通和對話之後，他們往往具有比較強的開放性。當然，雖然這其實也只是占一小部分，但更多的學生因此也多少對佛學產生了一些好奇心。

**胡軍軍：**至少保持了興趣。

**成慶：**對。

**胡軍軍：**您對日本的禪文化也很有研究，武士道精神和禪，彼此有什麼關聯？

**成慶：**武士道跟禪文化的關係其實有很大爭議，比如我們熟悉的武士道精神和禪宗的連繫，其實是新渡戶稻造的《武士道》這本書定調的，之後慢慢形成一種思潮。但是有學者也認為，武士道的精神和禪宗的關係事實上是後來建構出來的，歷史上並非如此。但我們拋開武士道本身來談的話，日本鎌倉時期之後的庶民文化跟武士階層的文化，主要來自於禪宗文化的影響。這是因為南宋時期大量日僧前來中國求法，也有不少的漢僧前往日本弘揚禪宗，使得鎌倉時期之後的日本文化受到禪宗的深刻影響，包括後來日本的茶道、花道等。

回到武士道，我們現在所理解的武士道，其內在的核心是它對生死問題的態度。因為武士在生死對決的時候，必須要克服對生死的恐懼，要克服對生死的疑惑。從這一點而言，他們是拿性命去比拚，背後必須要有修行的真實力量去支撐，而禪宗的那種超越生與死的人生態度對於武士而言，無疑是最大的精神支柱。在性命決戰的當下，超越對生與死的罣礙，沒有絲毫的妄想存在，只是單純地進行決鬥，將所有的力量只是放在比試的過程上，心沒有絲毫的動搖，也就不會被生與死的擔憂所干擾，這就是我們一般所認為的，武士道對於禪宗的汲取與轉化。

**胡軍軍：**看來日本對於禪宗的吸收和轉化和中國還是有一些差異。

**成慶：**是的，有很大差異。從某個角度來看，日本人的生命觀受到佛教的影響甚至比中國還深，如果你不瞭解佛教，恐怕是不能理解日本人的生命觀。

比如對於生死的看法，中國人是不大喜歡無常這個觀念的，中國人都喜歡「常」，忌諱死亡與虛無，但日本人對無常的觀念卻覺得很親切，覺得是一種美的表達。中國人講到無常則多是害怕與恐懼。就如同日本人喜歡從短暫易逝的櫻花中看到無常之美，而中國人則對例如「曇花一現」的現象持負面的認知。因此，我們的文化中，對「長生久視」的生命不變性更為看重。從這個角度來看，我們的生命觀更多依靠的是道家或者儒家，而不是佛教的「諸行無常」。因此，中國人的文化中追求的，都是長壽、不老，而忌諱談「死亡」，認為是不吉的，這樣反而無法平和地面對這個重要的生命現象，也無法從「死亡」和「無常」中看到更深的內涵。

**胡軍軍：**關於這個看法，我很有同感。我一開始畫涅槃題材時，有朋友警告我說，我的畫作再也不會有市場價值了，沒有收藏家願意把這樣的主題掛在牆上。我說，我就是要來做這個工作，讓他們接受「無常」這個事情，不是不想死就不死了。

**成慶：**就是這個問題，我們在某些方面仍然是個傳統社會。比如說我有時候會跟學生開玩笑，告訴他們，大年三十你可以考慮跟父母討論一下生死問題，我說你的父母肯定會覺得這很不吉利，對不對？但是這個生死問題其實隨時都存在，根本不會挑選日子。

因此，我一直認為，中國人的生命觀需要一個大的調整，本來我們自己的儒釋道傳統中蘊含了相當多的思想資源，但是最終我們並沒有挑選出最有想像力的那種。而從南宋以後，也就是鎌倉時期以後，日本武士階層的生命觀基本就被禪宗所主導，慢慢擴及到庶民階層。加上之前的日本天台宗、真言宗，以及更加平民化的淨土思想，日本人的生命觀與佛教的關係可謂是非常的密切。當然，現在出現了大的變化，日本的年輕人跟中國的年輕人也愈來愈相近了，我們共同分享消費主義的背景，大家都迷戀虛擬網絡中的世界。但是目前而言，日本人的生命觀仍然和中國人是不同的。

**胡軍軍：**您覺得您身上有武士精神嗎？

**成慶：**怎麼說呢，我不能說完全沒有，就像剛才講的，我在生命中也經歷過幾次大的選擇，似乎在一些生命的關口，也有一種不管不顧一切的想法，雖然那種決絕沒有那麼徹底，但是也總是很欽慕武士那種決斷的精神。當然，我不能稱之為武士道，畢竟那些都還算不上直面生死的險境，但如果僅僅是衝破自己精神上自我限制的部分，我覺得是和武士的決斷精神有相似的地方的。

**胡軍軍：**談談日本禪在西方的傳播問題，鈴木大拙在西方所教授的禪法和中國本土的祖師禪是一種禪嗎？

**成慶：**鈴木大拙其實早期在日本圓覺寺參禪開悟時，主要是參公案禪。當他前往美國之後，他花了大部分精力去解釋公案禪的內涵。但後來像賈伯斯當時所受到影響的，其實是鈴木俊隆曹洞宗這一系，基本上以坐禪為主。

鈴木大拙主要做的工作是給西方人解釋什麼叫佛法的不二觀念，也就是佛法的般若思想。所以他解釋了很多公案禪的例子，都是從文字上去盡量解釋禪的核心思想。但是後來在美國發揚最繁榮的是曹洞禪，所以現在美國、歐美的禪中心，基本上都是曹洞禪的天下。臨濟宗則相對而言比較式微，因為日本臨濟的公案禪，所需要的條件和背景更複雜，也和歐美文化不是特別的貼合，比如像臨濟宗的那種機鋒、棒喝，在歐美社會裡推廣是很難的。

**胡軍軍：**可以談談您對涅槃是怎麼理解的嗎？

**成慶：**這個問題我常在課堂上回答同學們，一般人總會習慣性地將涅槃理解為「死亡」，這當然是一種望文生義。我對同學們的解釋是，不能單純地理解為死亡，而應是煩惱的止息。

釋尊當初涅槃時，其實表現的是對死的超越，而不是和凡夫一樣的「死亡」。因此，涅槃雖然可能表現為「死亡」的現象，但更重要的是，釋尊的內心其實對「死亡」不再迷惑，因為他的覺悟使得他充分瞭解「死亡」的真相，因此不會感到恐懼，這才是所謂真正的「涅槃」，那是一種對「死」的超越，也就是「煩惱」的止息。

因此，「涅槃」一詞在佛教中可以等同於「覺悟」，而不是那種消極性的「死亡」，因為佛教最終的目的就是理解「死亡」是否如同凡夫所認為的是生命的斷滅，佛陀最終的答案是，生命本來就是「不生不滅」，我們所謂看到的生命的「生滅」，都是一種錯覺。舉例而言，一盞燈火，從點亮到熄滅，中間這個過程我們都會認為「燈火」沒有「死亡」，但是它卻每時每刻都在因緣轉變，直到燈油耗盡，燈火熄滅，我們會認為「燈火」迎來了「死亡」，事實上，只不過是因緣條件的剎那轉變，最終的熄滅也只是諸多因緣條件的轉換過程而言，並沒有一個「不變之人或物」突然消失或者死亡。

可惜，大多數人雖然都曾聽說過「涅槃」一詞，但是對其背後的佛法內涵卻一無所知，甚至非常粗暴地將其理解為「死亡」，視為不吉之詞，殊不知，涅槃一詞代表的是對死亡的超越與覺悟，充滿了非常正面與積極的內涵，就猶如我們熟悉的「鳳凰涅槃」一詞而言，那其實代表了一種精神上的重生。

**胡軍軍：**那麼，涅槃您覺得是高僧才能達到的境界嗎？還是普通人一樣能夠通過修行而達到呢？

**成慶：**其實對於佛教而言，任何人都可達到，比如《六祖壇經》裡講，「一念迷即是眾生，一念覺即是佛」。我們當然也是這樣，從每個人來講，他本質的佛性、覺性是不可能抹殺的，本身每個人都具備覺悟的潛力與條件，只是說他需要覺悟的緣起。所以，高僧所展現出來的覺悟涅槃的境界，只不過給我們證實了「人人皆可成佛」，因此涅槃從來不是高高在上的神聖境界，而是人人皆可達成的。這也是佛教最為深刻的「平等」涵義。

當然，涅槃境界的達成，也需要精進的修行與努力，需要眾緣的配合，所以雖然說人人皆可成佛，人人皆可體驗涅槃的境界，但是仍然有各自因緣的差異，而展現出覺悟境界的深淺不同。

但是，從平等的角度而言，佛教從不抹殺任何人的覺悟可能，所謂高僧和凡夫，在佛教看來，不過是一念「覺」、「迷」的差別而已。

**胡軍軍：**您曾經參訪佛教的各宗祖庭，而且慨歎傳承有序的寥寥無幾。如果關注這些年的寺院建設，似乎風風火火，動輒投入鉅資的寺院建設比比皆是。您如何看待這一現象？

**成慶：**這個現象當然從批評的角度很容易理解，因為我們都覺得現在許多寺廟沒有履行應該有的責任與義務。但如果我們稍微以歷史的角度去看，可能這也是必不可少的一步。因為佛教的發展也必須要經歷一個從外在的極盛到極衰的過程，到極盛繁華之後，大家就會慢慢感覺到內在的空洞，想要去充實其中的內涵。例如，現在很多江浙地區的寺廟，也慢慢地意識到，當寺廟建設告一段落之後，就會產生一個疑問：接下來應該要做什麼？

所以當寺廟修建得富麗堂皇之後，自然會去思考，我到底要做什麼？寺廟和世俗社會的區別到底應該體現在哪些方面？當代寺廟最大的危機在於缺少講法的人，沒有帶領修行的人。這些工作要誰做？僧人們自己可能也缺乏這些理念，目前大多只是在困惑。

但是我還是相信，這只是一個歷史過程。每次我上課時都會詢問同學他們造訪寺廟的體會，但是他們大多感受到的只是濃濃的祈福氣氛，幾乎無法感受到教育的內容，這無疑是非常大的遺憾。畢竟佛教從一開始就是自覺與覺他，而「覺」即是自我教育和教育他人，如何讓寺廟重新回復為教育的空間，或許是未來佛教界需要認真思考的議題。

**胡軍軍：**說起教育問題，您在課堂上會用什麼樣的方法來啟迪青年人來認識佛法？他們容易接受嗎？

**成慶：**其實我在課堂上還算不上是從教化的角度，我的需求可能聽上去都有一些卑微——也就是讓學生們首先不要誤解佛教。之所以會強調這一點，其實是因為我本身就是從很深的誤解走過來的，所以我知道，當一個人誤解很深的時候，他會錯過很多東西。所以我在通識課上，講的第一點就是，佛教不是你想的那樣，請大家暫時放下過去所有的理解，從頭去認識。

我教學的方式和一般的方式也有所不同，我是用學生們平常所接觸的日常生活經驗，跟一些流行的電影去介紹佛教的觀念。比如說《駭客任務》（The Matrix）裡面講的東西，其實和佛教的道理有許多相關性，比如「如何界定真實和虛幻」，「我們的感官到底是如何認知世界的」等等，這些問題其實都可以刺激他們去思考，而且也與我們的日常生活相關聯。

只要他們覺得這些引導有一定的道理，他們就自然會對佛教的觀念產生興趣，他們就會自己去比較佛教與其他宗教、哲學觀點之間的異同，而不是將其視為書本上的知識，也不會將古老文明看作是博物館式的珍藏，而是能夠去體會古老智慧的生命力所在，這也是我在面對年輕人時所寄予的最大期望。

**胡軍軍：**我聽說您也有開生死學方面的課程，您是如何來詮釋生死的？

**成慶：**我講生死學課程是一個偶然，就是因為當初去臺灣訪學之前和仁濟醫院的陸欽池醫生有一個計畫，想一起談談臨終安寧療護的問題，後來去臺灣之後，認識了幾位生死學方面的專家，所以就邀請他們來上海，做了兩個系列的生死學課程。課程的反響非常熱烈，但是也突顯出一個現狀，大多數人對於生死的看法都是無知的，可同時也對生死觀有著非常大的需求，因為這麼重要的一個人生問題，在我們的文化中卻從來沒有被認真地討論與思考，這本身就是一個非常可怕的現象。我常常說，今天的中國人多是莫名其妙地生，也是莫名其妙地死去。他們一生當中，從未認真地審視過「生與死」究竟意味著什麼。

而關於這一點，我也是受到上海膠州路大火的刺激，因為在那樣一個公共安全事件當中，我突然發現中國人在面對「死亡」的時候，是如此地慌張和無助，也因此刺激我去深入地思考中國人的生死觀問題。經過一兩年的閱讀和思考，我才認識到，今天的中國人事實上完全缺乏「生死觀」的生命教育，再加上我們的傳統習俗與生活方式的斷裂，因此我們在面對此類問題時，常常是錯愕與無助的。

中國人往往對生死有強烈的執著，他對「我」的延續性有著強烈的執著。比如說，現在中國人父母一輩對子女一般都會要求生育孩子，其潛在的心理其實是非理性的，我們現在也沒有家族的觀念，為什麼生育的期待仍然強烈？就是因為他內心裡想要將「我」延續下去。所以父母的「生」建立的基礎，就是認為這個生命是「我」，「我」不能結束，要通過生命的所謂的延續性來緩解自己對死亡的恐懼。

但是，如果我們換一個角度來解釋的話，就會很不一樣。比如我們從佛法的因緣觀來解釋。當生命誕生，只不過是一個新的因緣產生，這個因緣的產生是跨越了家族眷屬關係的限制，只不過是我們在漫長的生命流轉過程中再次的相遇。因此，你的孩子其實是和你此生再次的相遇，而並不是你生命的所謂的「我」的延續。如果從這個角度來看，會改變我們中國人的生命觀。

比較而言，日本也重視家族的血脈的傳承，但是日本人對家族的看法，往往是從因緣的角度看，如日本離婚叫「緣切」，就是緣分切斷了；家族後世無人掃墓則稱之為無緣之墓。而我們中國人不是這樣理解的。

正是出於這樣的考慮，我開始留意這方面的資訊，也無意當中推動了上海生死學課程的開展，雖然這樣的系列課程也只是微不足道的一步，但是我深信，隨著這個社會愈來愈發展，如何理解和對待死亡，將會成為非常重要的社會議題，未必一切事都成於我，但是我想通過一點努力，讓它在公共空間中浮現出來，讓大家意識到，原來「生死」問題是可以被公開討論的。

在我的課堂上，有專門的一講課程是關於「佛教生死觀」，每次講完其實學生們的反饋都非常熱烈。我在課堂上會給大家介紹一些生死的觀念，同時也會播放一些紀錄片的片段，比如西方醫學界關於瀕死體驗的研究等，讓他們至少瞭解一下死亡不是想當然的「黑暗的深淵」。

但是，這只是一個關於生死學的教育的初步引導，我個人並不是這方面的專家，這方面的教育事業還需要更多的人來投入。

**胡軍軍：**您的重點是在什麼樣的方向？

**成慶：**其實我的主要想法還是在佛教文化、學術研究方面多多努力，以及在禪的實踐方面多多推廣坐禪的實踐，讓年輕人可以體驗到修行的真實效果。所以我的最大心願其實還是讓年輕人不要誤解佛教，但不要誤解還得讓他們親身去體驗，否則，他們無法真正理解到佛法的真實生命在何處。

**胡軍軍：**如果您自己有一天有機會可以弘揚佛教經典，您最希望弘揚哪一部？

**成慶：**我們現在在上海寶山永福庵每個週日都有個講座，我一直在系統地講一些佛教的論典。比如現在讀書會讀的是龍樹菩薩的《中論》。對我來講，我沒有講經的動力，可能是個人思維習慣，我更喜歡講一些論典，比較適合我的角色。

我現在其實最想講的有兩位高僧的論典，一是龍樹菩薩，一是現在正在講的智者大師，接下來，我滿想講一下永明延壽大師的論著。

**胡軍軍：**佛法的核心名詞很多，比如因緣、無常、空性等等，您覺得佛法最吸引您的那部分是什麼？

**成慶：**對於現在的我而言，我特別對「夢」這個詞深有感觸！「夢」是我理解空性的最好的一個入口。因為只有通過「夢」的譬喻和比對，你才能很輕鬆地瞭解所謂「空性」的涵義，因為我們夢中什麼都能感受到，但是它卻不是真實的世界。

因此，我給學生們介紹空性的觀念時，就讓同學們去看《盜夢空間》（Inception），他們看了特別喜歡，很容易理解佛教「空」的觀念。我們平常分析半天，他們往往也不能理解，但一旦你講

「夢」，他就比較容易感覺「空」的類似涵義。也就是，我們說一個事物並不真實，但是卻能產生作用，「夢」是一個非常好的譬喻，所以在佛教的經典中，常常用「夢」來解釋「空」，比如《金剛經》中就說，「一切有為法，如夢幻泡影」。所以，我很喜歡給人介紹「夢」的譬喻，因為這比佛教其他的名相詞彙更容易解釋。

**胡軍軍：**這個切入點特別好。

**成慶：**我那天還在為學生們解釋，如何理解人死亡之後並不是虛無斷滅？我們到底從什麼角度去理解？我們可以舉一個關於「夢」的例子，比如我們在夢中夢見自己死了，到底我們死了沒有？一方面你知道你死了，但是你卻能「知道」死亡的事實，通過這個例子我們就可以理解：人死了並沒有斷滅，只不過就像自己在夢裡知道「死」的現象發生，但是卻沒有一個所謂的斷滅的「死亡」。所以像「夢」是我經常跟大家來講的比喻，這樣也容易讓他們去體會在紅塵世界裡面的如夢如幻感，現在科技發展很快，例如像VR的虛幻體驗，都可以用「夢」去做一個串聯性的解釋。

**胡軍軍：**這個切入點我覺得非常吸引人，我挺受啟發的。您覺得您跟一般寺院的法師們相比的話，您的課程特色在哪裡？

**成慶：**如果說有什麼特色的話，大概會是我跟現在的年輕人所受的教育背景是相似的，而出家人可能因為所受的教育主要是佛法教育，所以在知識背景方面可能和社會人群有一些較大的差異。

再加上出家法師因為限於出家人的身分，講佛法大多只能從傳統的方式，而較少會用一些標新立異的方式。所以我的最大優勢就是本來就和大家一樣，無論是受到的教育，所關注的問題都非常相近，彼此遇到的生活中的問題也相差無幾，所以很容易產生情感上的共鳴。另外，我因為是工科出身，也同時對哲學、藝術有很濃厚的興趣，所以可能也會容易和年輕世代溝通。通過這些背景去介紹佛法，我想會有一些方便之處。

**胡軍軍：**學佛這些年，對您本身，您認為產生的最大的改變是什麼？

**成慶：**對我來說，我最大的改變是，我沒有以前那種人生意義的焦慮感了，感覺生命非常篤定，儘管我仍然有很多疑惑，但是在人生的大方向上，我已經不再迷惑。

**胡軍軍：**我覺得我自己學佛，會有一種「法喜」，一直在生活裡邊伴隨著。這個感覺特別重要，不一定是驚天動地的改變，但是像細水長流，一直在滋潤我的生命。

**成慶：**我想大概就是那種輕鬆自在的感覺。因為我們最害怕的，也就是最大的困惑，往往是對一些根本問題的潛在焦慮，那些東西抓不到，但是它又解決不了。所以，一旦在這個方面得到釋懷以後，會在日常生活中感受到一種不由自主的輕鬆與欣喜，也就是你講的那種自在的喜悅會多一些。我也喜歡將之稱為精神上真正的自由感。

**胡軍軍：**佛教講戒定慧三學，您認為從一個在家人的角度，如何來理解這個戒定慧？

**成慶：**一般在寺院裡面學佛，他是依次順序地來談持戒、禪定和智慧，這個次第特別清楚。但是現在社會已經變得很複雜，我們必須深入理解「戒」的精神，才能落實到我們的生活。比如「戒」實際上指的是約束身心的語言和行為，但是單純拿戒條去衡量的話，會讓很多人感覺到困難。所以我個人傾向於認為，你要觀察自己處在什麼樣的環境條件下，然後把戒定慧三學圓融地去處理。

比如說，有的人可能擅長在「慧」方面，對於一些事情的道理比較容易思考深入，我傾向於建議這些人先側重於在「慧」學上努力，接下來再從「定」和「戒」方面去努力。

因為現代社會是一個生活容易散漫放逸的環境，要像過去那樣首先注意身心行為的約束事實上是比較難的，而且我們生活的環境也常常讓我們很難去遵守某些細微的戒條，如果死板地持戒，會容易在生活上遭遇很多障礙，因此我更傾向於建議現代人要多思維，要從現實生活中看到人生中那些潛在的深層道理，我們人生中的那種不自在與束縛感，以及生命中的不自由。當你看清這些之後，你才容易知道過去那些執著的貪瞋痴事實上是自我束縛，便會很容易地放下許多執著，這個時候持戒更加地輕鬆與自然。

而禪坐可以幫助我們培養定力，這方面我常常勸人多多去做類似的修行，因為那是一個非常直接的方法可以幫助我們訓練定力，看清楚我們的起心動念。這樣訓練下去，我們的心就容易「定」，就容易產生力量。事實上，這些年我訓練了一些年輕人，他們在禪修方面都有很好的用功，定力一旦增強，他們對於自己身口意方面的自律也會自然得到加強，讓他們的生命其實產生了很大的轉變。

**胡軍軍：**剛才提到中觀。我想瞭解一下，您如果用中觀的角度再來詮釋涅槃的話，它們倆能不能產生什麼聯繫？

**成慶：**其實無論是中觀還是其他的學說，當然都要匯歸到佛法的根本見——空性見。中觀就是破除所謂一切實有的迷思。而我們一般對於死亡的恐懼感或者擔憂，都是認為「死」為實有，因為我們常常感覺「生」的確是某個生命實體真實地產生出來了！然後到了人生大限，走向人生的末端，一個真實的生命消失了！感覺一個人真的離開了我們，會產生強烈的失落感與缺憾。

但從中觀的角度來說，本來就沒有真實的生跟死。就像我們講，夢裡面生生死死，到底什麼是死？什麼是生？其實沒有，都是夢中的幻象而已。所以中觀的意思就是，死是幻象，生也是幻象。只是我們平常喜歡「生」的幻象，不喜歡「死」的幻象。但佛法告訴我們，生的幻象我們不要喜歡，死的幻象才不可能討厭和躲避。所以中觀就是要破除你對生跟死是真實存在的想法。一旦瞭解中觀，對生死的問題很自然就可以理解了，對涅槃的意義也自然可以理解。涅槃的意義就是說，你們看到的涅槃不是你們認為的涅槃，真正的涅槃是無有常住而現其相！

因為這一生根本沒有真實的生跟死，你們在那裡哭哭啼啼地認為有真實的生跟死。佛陀花了這麼大的精力去解釋就是這個道理。我覺得如果可以把涅槃的意義重新詮釋的話，我們就可以徹底顛覆對生跟死的理解。因為你會覺得生命就是一場過程，這個過程沒有起點，沒有終點，都是因緣的聚合。你只會關注到一期一會的相聚因緣，你不會時刻擔憂，我總有一天要死。而涅槃的真實涵義，就是當我們看清生死只是一場幻象的話，我們就不會再迷惑。

二〇一九年一月二十日　上海佘山

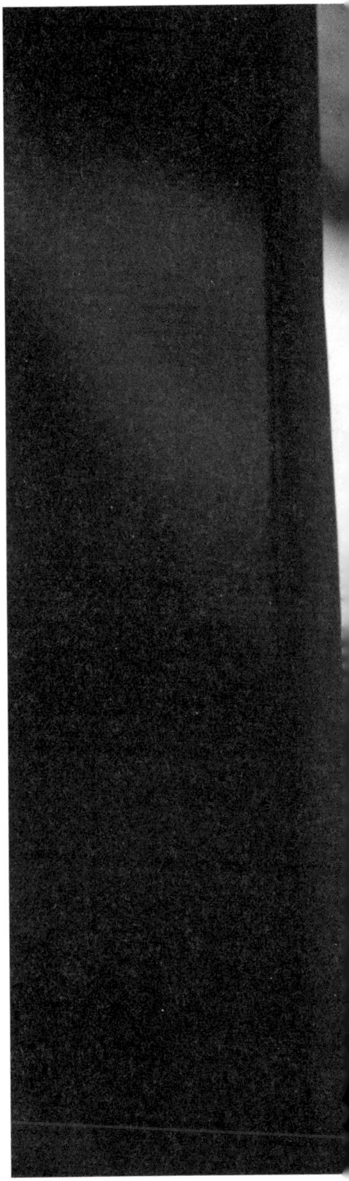

# 濟群法師

一九八四年畢業於中國佛學院，其後一直在佛學院任教至今。多年來，教書育人，學修並重，為溈仰宗第十代傳人。

現任菩提書院院長及導師，戒幢佛學研究所等多所佛學院研究生導師，並受聘為中國社科院特約研究員、蘇州大學等多所高校客座教授。

長期從事唯識、戒律、道次第的研究及講授。

# 涅槃之美，不可思議——濟群法師／文

在一般人的觀念中，可能會將涅槃等同於死亡，或視為生命走向虛無的表現。這一認知並非毫無依據，比如佛教紀念日中的「佛陀涅槃日」，就是指本師釋迦牟尼佛在拘尸那迦城娑羅雙樹下圓寂的日子。兩千多年來，古今中外的佛弟子們也用繪畫、雕塑等各種方式表現了這個場景。但我們要知道，這只是象徵色身的入滅，並不是生命的虛無，更不是涅槃的全部內涵。

在印度宗教史上，涅槃是非常重要的概念，代表著終極價值，也是各種宗教修行的目標所在。佛教源自印度，同樣以涅槃為追求。與其他宗教不同的，只是在於對涅槃的解讀，以及證悟涅槃的途徑。

從成功學的角度來說，中國人追求的成功是修身、齊家、治國、平天下，主要立足於這一生，立足於現世的道德圓滿、功成名就及造福社會。但印度人追求的成功是立足於生命的過去、現在、未來，是從生命自身而不是某些現象來審視。就這個意義而言，涅槃代表著生命的成功，相比現世的一切，顯然更深遠、更究竟。

所以說佛教對中國傳統文化有著重要的補充作用。一方面，佛教的影響遍及哲學、文學、藝術、民俗等領域；另一方面，佛教關於心性和輪迴的理論，不論從廣度還是深度，都可以彌補中國傳統文化的不足，拓寬了國人對生死和宇宙的認識。而在心性和輪迴的理論中，涅槃是不可或缺的概念。

究竟什麼是涅槃？如何才能證悟涅槃？這不僅是值得探討的話題，而且和每個人休戚相關，並不像某些人以為的，只是形而上的哲學問題或宗教問題。以下，我想從幾個方面和大家分享。

## 一、從印度文化看涅槃

印度的宗教和哲學非常發達。佛經記載，「爾時王舍城有九十六種外道」，說明佛世時就有九十六種宗教。其中，最古老的婆羅門教已有三千多年歷史。他們把人的一生分為四個時期，最初是梵行期，學習吠陀等經典；然後是家居期，成家立業，傳宗接代；接著是林遁期，到森林中一心修道；最後是雲遊期，遊化四方。簡單地說，前半生主要完成世間責任，後半生是為信仰而活著。

因為這樣的傳統，很多人經歷過長期的禪修訓練。在此過程中，經由自己的宗教體驗，形成對人生和世界的解讀，就可能自創宗派。這使得印度的宗教流派層出不窮。但所有宗教的核心思想，無非是輪迴和解脫。

所謂輪迴，即生命如何從過去走到現在，再從現在走向未來，如何完成過去、現在、未來的延續。除了對輪迴現象做出解釋，印度宗教普遍認為輪迴的本質是痛苦的，人生價值就在於斷除輪迴之因，走向解脫，證悟涅槃。這也是各宗教的共同目標。區別在於，對涅槃的境界會做出不同詮釋，且抵達涅槃的修行方法不同。

印度宗教普遍認為，無明、欲望、貪著是造成輪迴的根本。無明，是對生命和世界的無知。因為無明，就會對外境產生貪愛，產生欲望。這種貪愛和欲望就像繩索，將我們捆綁在輪迴中。怎樣解決輪迴之因？除了相應的見地，印度宗教普遍推崇禪定和苦行，認為通過禪定可以令心安住，通過苦行可以降伏欲望。

至於對涅槃的理解，印度宗教往往認為，成就四禪八定就是涅槃。根據《奧義書》的思想，認為宇宙是大我，個體生命是小我，當小我回歸大我並與之融合時，就是涅槃的境界，所謂梵我一如。《大毗婆沙論》中，也列舉了異教的五種現法涅槃論，如以「受妙五欲名得第一現法涅槃」等。

我們今天說到的很多佛教名相，包括涅槃，並不是佛教特有的，而是產生於這個共同的思想背景下。雖然使用同樣的概念，但其中的內涵大相逕庭。佛陀當年出家修行時曾跟隨兩位老師，修習無想定和非想非非想處定，並很快成就，得到老師的認可。但佛陀發現，這些只是意識的特殊狀態，不是究竟的涅槃，並沒有徹底解決迷惑和煩惱。只是通過禪定讓它們暫時止息，不起作用。一旦出定或遇到對境，這些迷惑和煩惱還會復甦。

總之，涅槃、解脫和輪迴是印度文化的共同核心，也是印度文化特有的、有別於世界其他文化的關注點。

## 二、佛教對涅槃的理解

佛教又是怎麼理解涅槃的呢？佛教有三大語系，眾多法門，簡單地劃分，可以分為小乘和大乘，又稱聲聞乘和菩薩乘。

## （一）聲聞乘

聲聞乘對涅槃的理解偏向否定，這是立足於涅槃本身的涵義。涅槃，意指火的息滅或風的吹散，延伸為寂滅、寂靜、滅度。佛法認為，凡夫生命都蘊含著貪瞋痴三種病毒，這是製造痛苦和輪迴的根源。如果想要解脫輪迴，證悟涅槃，首先要平息這三種病毒。

正如《雜阿含經》所說：「貪欲永盡，瞋恚永盡，愚痴永盡，一切諸煩惱永盡，是名涅槃。」《入阿毗達磨論》同樣告訴我們：「一切災患煩惱火滅，故名涅槃。」在這個角度，涅槃代表煩惱的滅盡。

在聲聞乘中，涅槃分為兩種：一是有餘依涅槃，一是無餘依涅槃。所謂有餘依涅槃，即行者已證悟阿羅漢果，徹底平息內在惑業，但五蘊的果報身還在。可見，涅槃並不等於死亡。只有進入無餘依涅槃，不僅平息了惑業，且色身也走到終點，不再輪迴。

《本事經．二法品》說：「涅槃界略有二種。云何為二？一者有餘依涅槃界，二者無餘依涅槃界。云何名為有餘依涅槃界？謂諸苾芻得阿羅漢，諸漏已盡，梵行已立，所作已辦，已舍重擔，已證自義，已盡有結，已正解了，心善解脫，已得遍知，宿行為緣，所感諸根猶相續住。雖成諸根，現觸種種好醜境界而能厭舍，無所執著，不為愛恚纏繞其心，愛恚等結皆永斷故……乃至其身相續住世，未般涅槃，常為天人瞻仰禮拜，恭敬供養，是名有餘依涅槃界。云何名為無餘依涅槃界？謂諸苾芻得阿羅漢，諸漏已盡……彼於今時，一切所受無引因故，不復希望，皆永盡滅，畢竟寂靜，究竟清涼，隱沒不現。惟由清淨，無戲論體。如是清淨，無戲論體。不可謂有，不可謂無，不可謂彼亦有亦無，不可謂彼非有非無。惟可說為不可施設究竟涅槃，是名無餘依涅槃界。」

關於這個問題，人們常見的困惑還在於：涅槃後到哪裡去？輪迴的生命千姿百態，如果這個生命停止，會進入什麼狀態？是空無所有，還是存在於另一個維度呢？

從聲聞乘來說，涅槃意味著生命將融入空性的海洋，體會空性的無限喜悅。正如《阿毗達磨俱舍論‧分別根品》所說：「此極寂靜，此極美妙，謂舍諸依，及一切愛盡離染滅，名為涅槃。」巴利藏《相應部》則告訴我們：「涅槃超越種種無常變化，痛苦憂毀。它是不凋謝、寧靜、不壞、無染、和平、福祉、島洲、依怙、皈依處、目標、彼岸。」

由此可見，聲聞乘對涅槃的表述雖然偏向否定，但絕不等於虛無。

（二）菩薩乘

而大乘經典對涅槃的表達更重視肯定的層面。《大般涅槃經‧如來性品》說：「若油盡已，明亦俱盡。其明滅者，喻煩惱滅。明雖滅盡，燈爐猶存。如來亦爾，煩惱雖滅，法身常存。」涅槃代表煩惱和輪迴的息滅，雖然燈火已滅，但燈座尚存。如來也是同樣，雖煩惱已盡，但法身常在。

《涅槃經》中，佛陀還辨析了大小乘佛法對涅槃的不同側重，告訴我們：「若言如來入於涅槃，如薪盡火滅，名不了義。若言如來入法性者，是名了義。聲聞乘法則不應依。」如果僅僅像聲聞乘所說的那樣，認為涅槃只是息滅了迷惑煩惱，這種表達並不究竟。事實上，涅槃還代表佛菩薩入法性，證法身，成就種種功德。正如經中所說，涅槃具足法身、般若、解脫三德；具足常、樂、我、淨四德；還具足甜酥八味，分別是常、恆、安、清涼、不老、不死、無垢、快樂。所以說，涅槃之體不是落於寂滅的頑空，而是以實相、法身為體，有無盡妙用。

基於此，菩薩乘講到四種涅槃，除了聲聞乘的有餘依涅槃和無餘依涅槃，還有自性清淨涅槃和無住涅槃。

何為自性清淨涅槃？《六祖壇經》開篇即以「菩提自性，本來清淨，但用此心，直了成佛」四句話告訴我們：一切眾生都有菩提自性，並且它是本來圓滿的，所以眾生都有自我拯救的潛力，都具足自性清淨涅槃，都能成佛。它就在生命的某個層面，在凡不減，在聖不增。修行要做的，是體認並開啟這個本來具足的菩提自性，這是成佛的根本。在這個層面，我們和三世諸佛，乃至六道一切眾生是平等無別的。

而無住涅槃更開顯了大乘佛法的特色，體現了佛菩薩和阿羅漢最大的不同。聲聞乘的修行是發出離心，所以阿羅漢在證悟涅槃後，所作已辦，不受後有，將自己融入空性，安享法喜。而佛菩薩不僅發出離心，還要發菩提心，這就意味著對一切眾生做出承諾：我要盡未來際地走向覺醒，同時帶領一切眾生走向覺醒。所以佛菩薩在具足解脫能力後，還以利益眾生為使命。他們看到眾生在六道受苦受難，在大悲心的驅動下，一生又一生地入娑婆，度眾生。

佛菩薩有兩大品質，一是智慧，一是慈悲。因為有通達涅槃的智慧，所以在度化眾生的過程中就不會黏著，或陷入輪迴的事相，如蓮花出淤泥而不染。因為有無限的慈悲，所以將輪迴作為道場，尋聲救苦，而不是獨享涅槃之樂。

佛菩薩之所以能平衡出世與入世，正是因為智慧和慈悲兩大法寶，所謂智不住生死，悲不住涅槃。凡夫沒有出世的智慧，看不透輪迴本質，所以無法在入世時保持超然，容易貪著名利、地位、財富，貪著輪迴盛事，陷入有的執著。聲聞人雖有透澈世間的智慧，但沒有承擔的大悲，所以視三界如火宅，生死如冤家，對輪迴避之唯恐不及。而菩薩既有出世的超然，又有入世的悲心，才能以出世心行入世事，廣度眾生，無有疲厭。這正是無住涅槃的殊勝所在。

總之，佛教對涅槃的認識主要有兩種。一是聲聞乘的認識，偏向否定；一是菩薩乘的認識，在否定的同時有正向的開顯。兩者在廣度和深度上都是不一樣的。

## 三、涅槃之美

瞭解涅槃的概念後，接著說說涅槃之美。這裡的涅槃屬於佛教的範疇，而不是印度其他宗教所說的涅槃。

從佛法的角度看，涅槃體現了一種出世的美，聖賢的美，佛菩薩的美。在世人的認知上，可能很難想像這是什麼樣的美。但我相信大家瞭解之後，一定會對這種終極的美心生嚮往。那麼，涅槃的美具有哪些特質呢？

### （一）涅槃，是空的美

首先，涅槃屬於空的美。常人比較熟悉的，是存在的美，包括各種藝術品、生活品，乃至大自然中的一切。也就是說，我們對美的認知是需要對象的，是建立在有的層面。

而我們在認識這些美的同時，很容易產生執著，建立二元對立的世界，比如美與醜，善與惡，貴與賤，你與我。而對立又會帶來貪和瞋，帶來得失的焦慮和痛苦。所以這些美在帶給我們享受的同時，也會帶來種種負面作用。

而涅槃需要我們去體會空的美。如何從習以為常的有，進入對空的認識？這就需要通過修行，消除二元對立。

佛教唯識宗認為，一切現象都是我們內在迷惑的顯現。因為凡夫是戴著有色眼鏡看世界，所看到的，只是被有色眼鏡處理過的的影像。這就告訴我們，不要執著有客觀、固定、不變的世界。從本質上說，一切都是心的顯現，是由心決定的。

唯識宗還進一步讓我們審視：心又是什麼？如果我們學會審視內心，會發現心是無形無相的，沒有顏色，沒有形狀。既然這顆心了不可得，由此產生的情緒和妄想也就沒有立足之地了。這樣才能體會虛空般無限的心，也就是心的本來面目。

說到涅槃之美是空，可能有人會覺得：涅槃是不是像虛空一樣，什麼都沒有？其實空是代表涅槃的特質，但不是虛無，不是什麼都沒有。因為空，才能無限；因為空，才能包容萬物，生長萬物。

一個人的世界有多大，取決於心有多大。平常人都是活在這樣那樣的念頭中，活在以自我為中心的感覺中。這個感覺是有好惡的，有喜歡或討厭的分別，接納或排斥的分別。在這種情況下，就不可能真正地平等慈悲。修行正是幫助我們走出念頭的束縛，回歸虛空般廣大的心。這樣才能對眾生建立平等無別的慈悲，才能接納一切眾生，利益一切眾生。

## （二）涅槃，是無限的美

凡夫所見的一切都是有限的，有生有滅的。不論世間萬物的存在，還是我們擁有的家庭、事業、人際關係等，無不如此。包括我們這一期的生存，也不過短短幾十年。人死之後到哪裡去？生命的意義是什麼？如果說人死如燈滅，那就意味著生命是沒有意義的。這使很多人對生死產生焦慮，想到死亡會結束這一切，頓感生命的虛無。

事實上，生命有兩個層面。除了有限的層面，還有無限的層面，只是一般人執著並止步於有限，沒有能力認識無限。西方哲學崇尚理性，試圖通過理性探索世界和人生。但理性本身是有限的，由此獲得的經驗也是有限的。現代社會科技發達，對微觀世界的剖析日益深入，對宏觀世界的探索日益遼闊，但這一切依然停留在有限的層面。和浩瀚的宇宙相比，依然是微不足道的。

那麼，人到底有沒有能力認識無限？從佛法角度來說，對無限的認識，需要有無限的智慧。這種智慧不是來自經驗或知識，而是每個人本自具足的。只是眾生被無明所縛，使寶藏隱沒不現，雖有若無。佛陀對世界最大的貢獻，就是發現了這一寶藏，並將開啟寶藏的方法和盤托出，引導我們明心見性，體會生命的無限。

涅槃就代表對無限生命的體認。佛陀當年因為看到老病死的痛苦，才出家修行，去追求不生、不老、不病、不死、無憂、無惱的最上解脫——涅槃。但佛陀在菩提樹下悟道後，弘法四十五年，最後卻還是入滅了。有人就疑惑：佛陀到底有沒有解決生死問題？佛陀為解決老病死的痛苦而修行，為什麼他在證悟後，色身還是消亡了呢？在一般人的概念中，確實會有這樣的不解。

事實上，佛陀已經體認到生命的無限性。在這個層面，法身常存，不生不滅。但從有限性的層面來看，色身的無常生滅只是一種自然現象，眾生如此，佛陀也如此示現。區別在於，眾生是在業力推動下，無奈被動地流轉生死。生，不能自主；死，也不能自主。但對體悟了無限生命的覺者來說，生死只是外在形式的改變，是緣生緣滅的。不必說佛陀，我們看那些坐脫立亡的歷代祖師，也是因為體會到生命的無限，而能自在地面對死亡，留下無數令人景仰、激發道心的瑞相。

### （三）涅槃，是清淨的美

說到清淨，我們首先想到的是乾淨。我們的審美習慣可能千姿百態，但乾淨往往是基本前提，從食物、衣服、用品到居家環境，都是如此。現代都市霧霾嚴重，使人格外珍惜乾淨的空氣。如果去青藏高原等沒有汙染的地區，會深深感受到，天地間有一種清澈的美。尤其是深受霧霾之苦的都市人，會被這種清澈所感動，身心舒暢。這就是清淨的美，沒有汙染的美。

涅槃所體現的清淨之美，是代表生命的清淨，內心的清淨。凡夫因為無明惑業，看不清自我和世界的真相，從而產生錯誤認識，導致我法二執，包括對自我的貪著，對世界的貪著。世界本來沒有中心，我們卻以自我為中心，建立種種執著，引發瞋恨和對立，引發種種煩惱和負面情緒，給生命帶來極大的汙染，使自己迷失其中。

佛法中，將這種汙染稱為塵垢。每個生命的塵垢不同，有的塵垢深厚，有的塵垢很薄。這既和煩惱的積累有關，也和個人的宿世修行有關。基於此，佛教把人分為鈍根和利根。鈍根就是障深慧淺，必須由下而上、有次第地深入修行。利根就是塵垢很薄，可以在善知識的引導下，撥開迷霧，頓悟本心。

佛法認為，凡夫和諸佛的區別就在於迷悟之間。迷就是迷失覺性，悟就是體認覺性。禪宗修行之所有頓悟法門，之所以能直指人心，見性成佛，正是針對上根利智而言。如果學人塵垢輕微，再遇到明眼師長，就可能在某個契機當下認識本心，認識本來具足、本來清淨的覺性。

但這樣的根機畢竟少，多數人還是需要像神秀所說的那樣：「時時勤拂拭，莫使惹塵埃。」戒定慧的修行，正體現了這樣的次第。通過持戒，使生活如法清淨，為修行營造良好的心靈氛圍；通過修定，平息內在的煩惱妄想，培養覺知力和觀照力。在這基礎上，就能有效地聞思正法，如說修行，最終開啟智慧。

很多人把修行當作一個點，只看重開悟、解脫。可自身根機不夠，又沒有善知識指點，每天就在那裡望梅止渴，想著開悟，或說一些和開悟有關的話，卻忘了，這些和自己當下的現狀並沒有什麼關係。那不是你的境界，不是說一說就夠得著的。

事實上，修行是一條路。不論解脫道還是菩提道，都包含了一系列逐步向前的站點，而不僅是一個點。所以我們現在倡導有次第的修行，就是幫助學人認識，這條路到底怎麼走。第一步怎麼走，第二、第三、第四步怎麼走。把這幾步走好，第五步自然就到了。之後的更多步也是同樣，只要一步接著一步，就能抵達終點。這才是有效的修行，而不是在那裡浮想聯翩，浪費寶貴的暇滿人身。

如果不修行，我們都是活在不同的塵垢中，且在不斷地製造塵垢，製造垃圾，使內心躁動不安。

只有徹底平息塵垢，我們才能體會到，心可以像無雲晴空一樣，那麼清澈，那麼純淨。這就是涅槃所具有的清淨的美。

## （四）涅槃，是寂靜安詳的美

說到寂靜，可能大家有點陌生。現代社會喧囂浮躁，充滿聲色刺激。即使在沒有聲音的地方，我們內心依然有各種聲音此起彼伏，靜不下來。這些聲音來自哪裡？就來自生命中長期積累的念頭和情緒。這些心理活動被不斷重複，力量愈來愈大，佛教稱之為串習。所謂串，就是像糖葫蘆那樣串在一起，所以它們出現時往往是連續性的，一念接著一念。

從唯識的角度來說，曾經的所思所想、所言所行不是發生過就結束的，而會儲藏在阿賴耶識中，形成種子。一旦因緣成熟，它們又會產生活動，使心靈海洋波濤洶湧。我們每天說什麼，做什麼，有什麼想法、情緒、煩惱，都和生命中曾經播下的種子有關。這些種子產生活動時，又會讓心理力量得到重複和增長，唯識宗稱為「種子生現行，現行熏種子」。由種子產生現行，而現行的同時又讓種子的力量得到強化。

因為我們疏於對生命的管理，所以內心時常處在無明的狀態。於是乎，在外界誘惑和衝擊下，不知不覺製造了各種不良心理，不知不覺讓這些心理重複並積累。當它們的力量日益強大之後，我們根本就做不了主，只能在它們的驅使下忙來忙去，不得安寧。一旦停下，就陷入無所事事的焦慮中，必須不停地看點什麼，說點什麼，做點什麼。這就使現代人活得很累、很辛苦。

我經常說，生命就是一大堆錯誤的想法，再加上一大堆混亂的情緒。這是多數人的現實。因為我們沒有對生命做過智慧的審視，主動的選擇，而是任其發展，結果就被錯誤想法和混亂情緒所控制。這些念頭之間還會產生衝突，當衝突表現出來，使我們在家庭中和親人發生衝突，在社會上和同事、朋友發生衝突，甚至不能和大自然友好相處，而是肆意地汙染環境，破壞生態。所以說，一旦內心躁動不安，將給自己和世界帶來麻煩。

這裡所說的涅槃寂靜，不是沒有聲音，而是內心所有躁動平息之後，生命所呈現的寂靜的美。這種美來自覺性，是盡虛空遍法界的，是空性蘊含的重要特質。

## （五）涅槃，是喜悅的美

當我們體會到生命的寂靜後，才能體會到內在的空性的喜悅。《大般若經》記載，佛陀的笑是舉身微笑，全身每個毛孔都散發著光明和歡喜。這種喜悅來自對空性的證悟，是無住、無所得的，是不需要對象的，是永恆的、源源不斷的喜悅。而平常人的笑往往來自某種情緒，是有對象的，也是容易變化的。

我曾多次為大眾開講「心靈創造幸福」。因為不少人關心，佛法說人生是苦，是不是排斥幸福？佛教到底怎麼定義幸福？在佛教看來，世間的幸福多半來自環境和感受，是有漏的，膚淺而短暫的。所謂有漏，即有缺陷。一旦我們對此產生執著，痛苦更是在所難免。因為這些幸福是建立在迷惑和煩惱之上，只是對痛苦的暫時緩解，本身卻是苦因。

為什麼佛法說人生是苦？並不是說人生沒有快樂，而是認為這些不是本質上的快樂。佛教把快樂分為兩種，一是有苦之樂，一是無苦之樂。世間的快樂都是有苦之樂，不論是感情、家庭，還是財富、事業、地位，在給我們帶來滿足和快樂的同時，就埋下了失去的痛苦。在這個無常的世間，生一定伴隨著滅，得一定伴隨著失。尤其當我們對此產生執著後，痛苦還會隨之加劇。

無苦之樂並不是來自外在環境，不是因為得到什麼，而是來自生命內在的覺性。它是本自圓滿的，具足一切的，會源源不斷地散發喜悅，不需要依賴任何條件，本身就是製造快樂的永動機。所以說，心才是苦樂的源頭，是幸福的根本。當我們有煩惱時，心是痛苦的根源；而沒有煩惱時，覺性就會成為快樂的根源。

## （六）涅槃，是無住的美

凡夫心是有黏著的，這和無明有關，和貪瞋痴有關。無明使我們看不清世界和自我的真相，從而對世界和自我產生錯誤設定，並牢牢地執著這種設定，對我和與我有關係的一切產生貪著和依賴。貪著愈深，當貪著對象發生改變時，我們就會愈痛苦。在一個人陷入痛苦時，我們通常會以「不要太執著」來開導。事實上這種說法往往作用不大。因為這些執著根深柢固，不是想放就能放下的。

怎樣才能放下執著？首先要學習佛法智慧。比如《心經》、《金剛經》，自古就是很多文人士大夫修身養性的寶典。因為儒家是積極入世的，而在入世過程中，難免宦海浮沉，人事變遷。如果把地位、名利看得太重，不管得意還是失意，其實都會辛苦。得意時很累，失意時很慘。如果在入世的同時，明白「一切有為法，如夢幻泡影，如露亦如電，應作如是觀」，明白一切無非是條件關係的假相，那麼得意時可以兼濟天下，失意時可以獨善其身，就無所謂得失，更不會因此帶來什麼情緒。

佛法對世界的觀察，有兩個字特別精闢，一是「假」，一是「幻」，可以引導我們從更高的角度看待世間。所謂假，說明一切現象都是假有。既不是沒有，也不是永恆的、真實不變的有，而是條件、關係的假相，並會隨著條件、關係的變化而變化。所謂幻，說明一切都是幻化的，不是真實不變的有。

佛法重視緣起，讓我們學會用緣起的眼光看世界，而不是活在自己的主觀感覺中。這樣就會看到一切事物都有它的因緣因果，都是正常的。不論出現什麼結果，都能欣然接納，因為它們是緣生緣滅的。同時也就不會那麼黏著，不會把得失看得太重。

因為黏著程度就取決於我們怎麼看問題，只有看淡了，才能減少黏性，反之亦然。其中的難點在於，以痴和貪為基礎的凡夫心本身是有黏著的，只不過是多少的問題。如果要在一切事相上減少黏著，是非常困難的。根本的解決之道，是體認黏著背後那個不黏著的層面，那就是覺性，是空性。

我們在認識世界的過程中，可能會產生兩種結果，一是走向煩惱，走向生死，走向輪迴；一是走向真理，走向智慧，走向解脫。有什麼樣的人生道路，主要取決於我們怎麼看世界。如果我們帶著無明、煩惱和錯誤認識看世界，就會產生我法二執，製造煩惱、生死和輪迴。只有通過修學，把佛法智慧轉化為自身認識，並用這種智慧指導禪修，才能突破能所的二元對立，抵達空性。

當我們體會到空性，就能體會到虛空一樣的心。當我們以為雲彩就是整個世界時，雲彩會遮蔽一切。當生命安住在虛空狀態時，我們還會黏著雲彩嗎？如何體會沒有黏著的心？必須獲得不黏著的能力。

涅槃就是不黏著的能力，也就是《金剛經》所說的「無住生心」。經中反覆告訴我們，在修行過程中要無我相、無人相、無眾生相、無壽者相，不論修布施，還是利益眾生、莊嚴國土，都要看到一切是緣起的假相，在空性層面，任何現象都是了不可得的。

只有不執著於事相，才能在做的當下體會空性。否則就會像凡夫那樣，即使在行善過程中，也會進入我相、人相、眾生相、壽者相，或是對自己所做的事產生執著，最後還是在成就凡夫心，還是處處罣礙。只有於無所住而生其心，生命才不會被束縛。

## （七）涅槃，是大自在的美

世人都追求自由，比如政治是從社會體制追求自由，哲學是從思想層面追求自由，藝術是從精神領域追求自由，還有現代人崇尚的財富自由等。但這些真能帶來自由嗎？事實上，如果內心不得自在，再寬鬆的環境和財富，都不能解決問題。

佛法所說的自在，是從生命本身而言。對於證悟空性的覺者來說，不論處在什麼環境中，都是自在無礙的。外在的一切，不會對他構成任何束縛和傷害。

凡夫因為貪瞋痴，在認識世界的過程中，不知不覺就會形成依賴。我們只要喜歡什麼，就會不斷對它產生需求；一旦建立需求，就會逐步形成依賴；一旦有了依賴，就會胡思亂想，希望它永遠存在，永不改變，最終作繭自縛，為物所役。

現在有個詞叫「被控」，這並不是個別的，而是一種普遍現象。甚至可以說，每個人都不同程度地生活在被控中。除了被外物控制，還被內心的各種念頭控制。其實，被外物所控也和念頭有關。我們有什麼樣的依賴和需求，就會被什麼控制。正是這種需求和依賴，使生命不得自在。

因為我們對世界有一份期待和設定，所以在面對得失、榮辱、是非、生死時，只要結果和期待不符，我們就會不接納，不自在。這使得我們不斷攀緣，去創造符合內心需要的一切。但世界並不是根據我們的需要而存在，所以在生活中，我們總會面對各種挫折，各種不自在。

佛法所說的自在有兩種，一是慧自在，一是心自在，也叫慧解脫和心解脫，以此解決生命內在的兩大問題。

首先是慧自在，解決認識的問題。因為智慧能了知世界和人生的真相，使我們不再迷惑。如果一個人充滿困惑，不知道我是誰，不知道活著的意義是什麼，也不知道生從何來，死往何去，就只能憑著感覺隨波逐流。這樣的生命是不能自主，也不得自在的。慧自在就是讓我們看清真相，知道什麼是對人生有真正意義的，這樣才能做出正確選擇，並對未來充滿信心。

其次是心自在，解決情緒的問題。我們的心之所以不自在，是因為有重重煩惱，此起彼伏。這就需要通過聞思和禪修，從文字般若到觀照般若，最終開發生命內在的實相般若，從根本上擺脫迷惑，斷除煩惱。

很多寺院的殿堂中，懸掛著「得大自在」的匾額，這正體現了佛菩薩的生命境界。《華嚴經》中還講到十種自在，分別是命自在、心自在、財自在、業自在、生自在、願自在、信解自在、如意自在、智自在、法自在。其中最根本的就是心自在。因為心的自在，其他各方面才會隨之自在。

以上從七個方面解讀了涅槃的美。這是代表佛菩薩所成就的功德之美，人格之美，是世出世間最為圓滿、究竟的美，也是佛菩薩成功的標誌。如果我們瞭解到，學佛正是幫助我們成就這樣一種美好的生命，我想，它終將成為每個人的心之所向。尤其在今天這個喧囂的時代，隨著物質的空前發達，人類對自我的迷失卻愈來愈深，甚至愈來愈煩惱，愈來愈不容易幸福。所以對自我的認識，對生命良性潛質的開發，不僅對個體生命意義重大，而且對未來世界意義重大。

（本文根據濟群法師在二〇一八年四月二十五日胡軍軍個展「涅槃春意」現場所作開示整理而成）

# 柴中建

一九五五年出生，經歷過上山下鄉、當兵參戰、下海創業、出家修行，
從步入而立之年起，確立了人的生命本質是實驗性的觀念。
做過戰地攝影師、木工、車工、翻砂、打鐵、電工、縫紉、電焊、泥瓦工……
曾為同濟大學建築美學研究中心副主任，倡導「動居」理念，研究生命成長與居住形態的方式。
創辦北京七九八藝術區「在三畫廊」，關注藝術理論和形而上學，
最後沉浸於心靈哲學並投入關於內在性的研究。
自二〇〇九至二〇一八年，用十年出家和閉關修行完成一項實驗：體悟「覺悟」的實際內涵和意謂。

# 涅槃：唯一結果與無限可能——柴中建／文

涅槃是寂靜的，空的，絕對的永恆之無，什麼都不顯現……這是修行者們試圖抵達的存在。胡軍軍用圖像呈現涅槃，這幾乎是藝術中最大的冒險，怎麼用墨彩去表達無形之象？軍軍的畫、軍軍的心，軍軍曾留下的「素然」（這是軍軍留在我心目中的印象），使我共鳴。我去了本色美術館，看軍軍的畫展，她的冒險對我是個祕密，就像我用了九年歲月剃度閉關，只是為了一窺佛陀的涅槃究竟。

涅槃的終極是一切終極的終極，是自在，是本有，是真如，是不滅，是無終到的終極，是一切存在之條件的終極條件。相比之下，腳下的地球和天上的星辰是和合而生的有的存在，是生滅暫存的異體，而非自在本有，所以終究要毀滅。佛教早已正言：「一切世間法，如夢幻泡影，如露亦如電，應作如是觀。」「世間法」就是世間的存在，是我們每天所見的世界和萬物。這世界不是實實在在的由物質構成的嗎？怎麼會是一場夢幻泡影？像閃電劃過、如露水蒸發？「如是觀」與「眼所見」有什麼不同？我出家後最初的也是現實的一問，就是如果地球毀滅了，人類將會怎樣？如果人類逃離到別的星球，可宇宙也要毀滅，人類又將怎樣？終極的回答是，除了涅槃，別無他途。

佛陀入涅槃了。佛陀荼毗留下了舍利子。而舍利子有形可見，當亦可滅，所以非同於涅槃。究竟是什麼讓佛陀入涅槃了呢？軍軍畫的佛陀，是釋迦牟尼佛肉身的氣息止斷後留下的尊容的表現，是在荼毗（火化）之前的最後遺容。軍軍的畫與眾多的佛寺洞窟所留下的佛像都抓住了佛陀「未入涅槃（不入涅槃）」的關鍵時刻，這一刻即「入涅槃（已入涅槃）／未入涅槃（不入涅槃）」的不二交匯。「入」與「不入」涅槃，佛陀的意義在於，他是與我們每個人一樣的凡胎肉身，任何凡胎肉身都可以像佛陀那樣證悟空性而入涅槃。佛陀不入涅槃的肉身，就是他的生命實踐對世間每個人所具有的示範或榜樣作用。

佛陀的圓寂有三種遺留：其一，佛陀此生證悟了正等正覺的空性智慧，即正等覺於涅槃，心智與涅槃一體不二，是為已入涅槃；其二，佛陀留下了舍利子，只有正道能量超凡脫俗之人，方可有精華物留存，以證世人。把舍利子看作不可思議的奇物，不如把它看作修行者一生修行的實踐結晶；其三，如凡人一樣的四大分解，水分蒸發，地分化灰，回歸原子粒子。由此，可以看出佛教所說的一切有情所具有的三身一體的結構：（1）法身，正等正覺的空性智慧身，入於法界，是為法身；（2）報身，亦為修道的果報之身，舍利子即是修行的果報。還有如觀念、意識、思想、文化等典籍都是報身的顯現；（3）化身，是物質肉身的存在，寂滅之後化為灰燼。佛陀圓寂所顯現的成就究竟在哪裡？肉體的幻滅與凡夫並沒有不同。

於此，我們看到佛陀通過心性本覺的證悟所達到的無量境界，使他具有了法身（無量法界）的存在性，就像人們常說的純粹精神的存在。而一般凡夫因為執著於眼前切身的利益而境界狹隘，那些未脫盡染汙的修行者們則達不到如此純粹的寂靜狀態，因而無法與空性涅槃正等，也就入不了涅槃。

因此，佛陀是看透了世間一切存在的不真實的虛幻，自然不再執著於一切名相（對象）物，能夠一切放下，而使心量達到了無量無邊的狀態。涅槃並非一個客觀存在的指稱，而是一個人實際具有的心性能力。

而佛陀「入涅槃／不入涅槃」是其亦聖亦凡的狀態，是「無形／有形」的狀態，是「心／物」一體不二的中道狀態。胡軍軍的《涅槃》正抓住了這一中道契機，通過藝術的呈現方式去表達無法言喻的空靈境界。

在軍軍的筆下，涅槃的主題基本以臥姿佛表達佛陀的安息。「息」是「自心位」，對修行者來說，在「呼」與「吸」的間隔有一個停滯時段，叫「息位」。此「息位」的狀態對呼吸的控制及靜心所能達到的效果是極為重要的。涅槃對於有生命的人來說，就是進入永恆的息位——這就是佛陀處在已經圓寂而未荼毗（火化）之前的狀態。正是通過軍軍的繪畫，即她表達涅槃主題的冒險，讓我重新認識了生與死之間的意味：安息般的靜心，就如不動的禪定，亦如每日安然的入睡。最為重要的是心已達徹悟的澄明，這是凡與聖的根本區別，而肉身之顯現則為世間的標本，說明凡與聖沒有什麼區別。而在歷史遺留的石窟壁畫和塑像上，人們感受更多的是出世間的主題，一種崇高的極樂世界的指引而非現實世界的關聯。

軍軍是佛法的感悟者，是藝術的追求和表達者，是生活在每一剎那的時間流動中的自心觀照的修行者，也是日常家務事身體力行的主婦……她的涅槃主題不只在於她的繪畫已經表達的東西，而在於任何一個現實的人與涅槃之事不可或缺的類比。人們平時所說的理想和精神的追求，不應是單純的觀念和夢想，而應是每一時刻無不在生死之間的覺悟。是活著的肉身所具有的每一剎那處在覺性狀態的人的自覺力，與圓寂的肉身安息於已證空性涅槃的必然相續——人因為覺悟而讓死之事變得如此澄明。軍軍筆下透射出的佛（覺者）之寂靜空性與世人所行之實體變異之間的不二性，讓我看到軍軍的藝術冒險所具有的素然、清明和機智。由此，我在展覽的畫作前思考涅槃之事——是所有眾生的一種結果，還是每一個人各種可能的終結方式？這一問題直接對應著佛法的「究竟一乘」與「八萬四千法門」在每一個修行者身上的真實照應，也與軍軍筆下涅槃的藝術表達真實的對應。

佛陀的覺悟首先示現了真如性，這是一切存在的內在（自身）原理。即世界是無邊無際無始無終的整體，每一個眾生乃至每一片葉子、每一滴水、每一粒沙，都是整體存在中不可分割的存在。這是存在自身的自在自明性，不是被分別後的對象化認知。因此，我們只能從內在的自在澄明，通過放下一切外在的執著來獲得對存在的了悟，並由自在而得自由。內在的覺悟——這是佛法唯一性的目的，也叫究竟一乘。同時，由於任何個體都是具有不可替代的特殊性的，那麼每個人的覺悟方式就會有所不同，達到覺悟的路徑就會因人而異，多種多樣，稱為八萬四千法門。這是根本的涅槃之理：具有沉重肉身的普通人，只要觀照自己的內心，朝向內在的覺悟，獲得智慧的澄明，就會見證一切存在的真實性。因為自身與世界的一體性，獲得自在也就見到世界的自在。這是基本的證悟之理。

軍軍之於涅槃主題，涅槃是一切存在的終極性，也是唯一性。證悟此理即證入涅槃。不得證悟則流轉輪迴。這是軍軍所呈現的通過修行的「無數眾生的一種結果」。而軍軍在藝術表達的方式上展現涅槃主題時，則用了各種各樣的形式，表達佛陀（抑或任何一個可能的凡胎肉身）各種可能的終結方式。畫面有超大尺度，足以把讀者容在其中，我在這幅畫前感受到無邊的藍色對我的浸潤，如水、如空、如光，不可見的一如，無比的純淨包裹著我，超越我自身而與我同在的廣大，在瞬間被感受……這是軍軍「涅槃」化藝術語言的使用所具有的表現力度。還有中幅尺度，如真人般大小，對應著讀者自身——我在此刻冥思一位離去的長者，曾經就在我們中間，他找到了自在之路，由平凡而偉大於一身……作品的精妙正在於其手法的樸實隨心，從造型、色彩、筆墨、尺度，以及選取的服飾、枕木、鋪席、底色，枝條等道具，都如日常凡間事物。軍軍此次展出的幾十幅佛陀涅槃像，每一幅都是獨特的，如小憩、如沉睡、如襁褓、如臥禪……如無量眾生的每一種安息的可能性，在軍軍的筆下、她的用筆的隨心所顯現的「任由」，呈現為每一幅畫面所獨有的韻味。

節日過後，我問候軍軍：「你在哪裡過節？」她說：「莫高窟。以前曾多次入窟，此次方覺真入。」我為軍軍的話而感動，一切皆在「用心」，真入方達真如。

人生之事，生死之事，涅槃之事。有感於藝術家的軍軍、修行者的軍軍，生活中的軍軍，真切真情，真心流露。

二〇一七年十一月　寫於佐欽大圓滿寺白瑪唐閉關中心

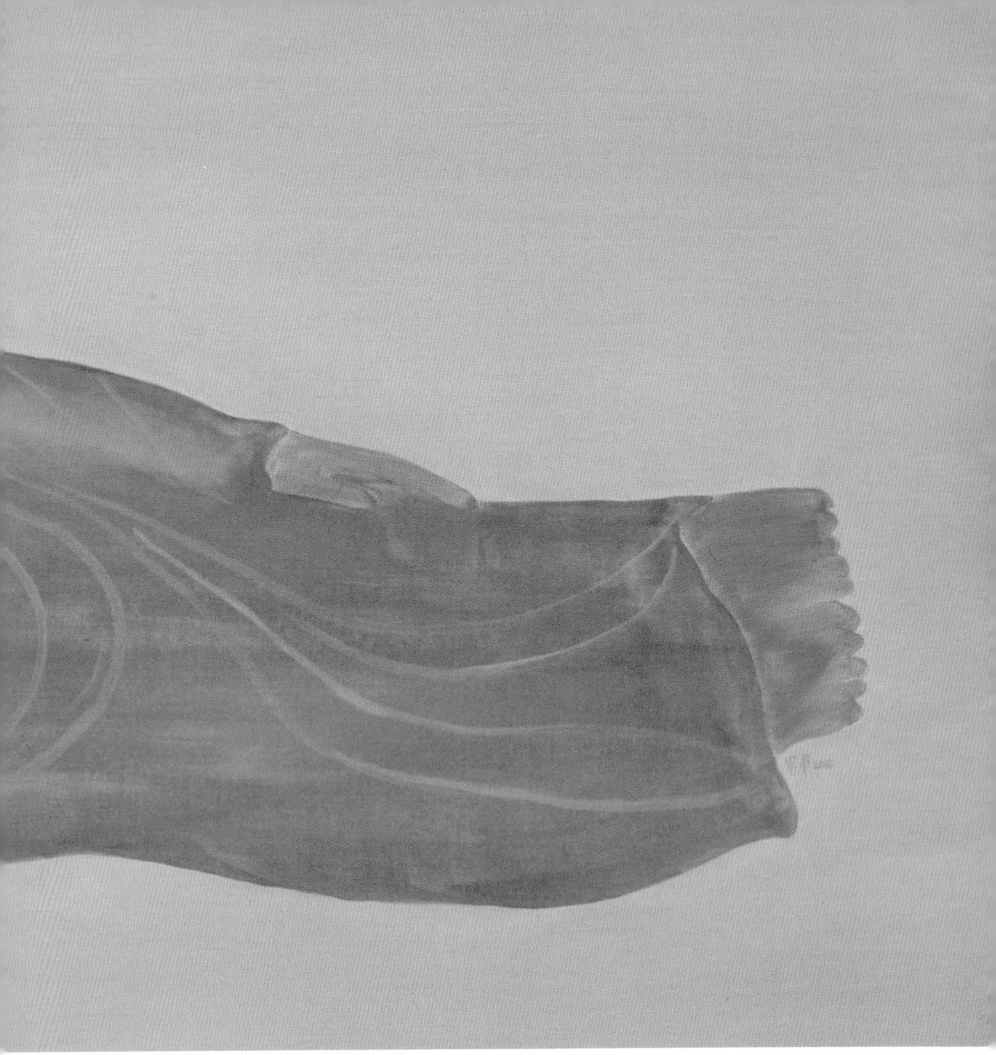

【附錄】

# 佛教的涅槃觀——印順導師／文

## 一、涅槃之意義

我國佛教徒，都說學佛是為了了生死。是的，了生死是佛教的主要目標。真能了生死的，就是得到涅槃。涅槃是學佛者的最高理想，被稱為「一切聖者之所歸趣」。得涅槃，在佛法中占著主要地位，如神教以生天為最後目標一樣。到底什麼是涅槃呢？對於涅槃的意義，要有透闢的瞭解，才會以此目標而盡力以赴，以求得最終理想的實現。然在佛法中，這是甚深而最難理解的，我想從淺入深的加以敘述。

涅槃是印度話，含有否定、消散的意義。我國古譯作「滅」、「滅度」，即意味著某些東西消散了、消除了，又超越了的意思。除了這消散、超越的意義以外，還含得有：自由、安樂、舒適的意義，或可用「樂」字來代表；當然這是不同於一般快樂。唐玄奘譯為圓寂：圓是圓滿，是應有的一切功德都具足了；寂是泯寂，一切不良的成分都消散了。這就是平等、自在、安樂的理想境地。

「涅槃」這一名詞，不是佛所新創的術語。古代婆羅門教，及後來的印度教，都可說是以涅槃為歸趣的。涅槃，可說是印度文明的共同理想。但名詞雖同，內容卻不一樣。依佛法說，他們的涅槃觀，都是不究竟的。最庸俗的，以物欲享受的滿足為涅槃。如有一個外道，在飽食以後，拍拍他的肚子說：這就是涅槃了。一般印度宗教的涅槃，如呼吸停止，或心念似乎不起等，自以為涅槃，其實都不外乎禪定的境界。那麼佛法的涅槃觀，是怎樣的呢？

## 二、從生死說起

### （一）身心和合，死生相續

要瞭解涅槃，最好從生死說起。若不明白生死，也就不會理解涅槃。因為涅槃是消散了、安樂了的意義，而消解的就是生死；生死是苦，所以超生死的是樂，這像光明是黑暗的反面一樣。那什麼是生死呢？例如人，從入母胎、出生、長大，由壯而老，末了是死，這就是生死的現象。生死有什麼問題呢？因為人並不是死了就完事的。佛法的根本信念，是：我們是有情識的有情體，生了會死，而死了並不等於沒有，死了還是要生的。現在這一生，也是從過去的死而來的。無始以來，死了又生，生了又死，一直在如此的生死死生的無限延續中。像太陽從東方升起，向西方沒落，落而又起、起而又落一樣。本來，凡是宗教，都有來生的信仰，信仰死了還有。如死了就沒有的話，就根本不成其為宗教。如天主、耶穌教等，說人死了，不是生天國，就是落地獄。但他們只說未來有，不說過去有。佛法則從死後有生，瞭解到生前有死，一直是生死死生的無限延續。這樣的死生相續，死生就成為問題了。好像一個國家，合久必分，分久必合；亂極則治，治而復亂。

有史以來，一直是這樣；永久這樣下去，真是太無意義，應該有永久的治平，一治永治而不再紛亂才好。這樣，我國就有大同的思想。我們每一個有情，也是這樣。生在這個世間，為了物質的占有、享受，常是求之不得。人與人在一起，有種種恩怨，是是非非，也引起苦痛。身體會生病、會衰老，最後是死。人在這從生而死的過程中，種種痛苦，沒法解免得了。如死了就什麼沒有的話，倒也罷了，可是事實並不如此，此生死了，死了又生。而且，有時生到天國，好像快樂些，不久又墮落下來，還到人間，或者墮落到地獄、餓鬼、畜生去。這樣的升了又墮、墮了又升，叫你無可奈何的，一生又一生的受苦下去，簡直沒個了局。這真成為大問題了！

人在世間，或是有錢的、有權勢的、有著作的、有發明的，受到人的恭敬、尊重，過著良好的生活。在這得意時，滿以為人生是頂理想的。可是時間過去，富的變貧了，權力喪失了，言論成為陳腐，發明又有新的來代替了。自以為滿意的人生，成為幻滅，陷於空虛的痛苦中。在這樣的生死延續過程中，就發生一種要求，要得到永遠的自由、永恆的安樂。這與要求天下大同、永久太平一樣。

人是多數怕死的，其實死有什麼可怕？怕的是死了又生，生了還是苦，或更苦，才是無可奈何的事。宗教都有此同一心境，唯有儒者，對此不加重視，所以沒有引起生死問題（儒者是不成為宗教的）。孔子說：「未知生，焉知死。」對於死後，就這樣的不了了之。佛教深刻的注意到此，那怎樣去解決呢？要從人生是苦認識起。應該知道：病痛是苦，健康也一樣是苦。事業失敗時是苦，富貴在手時，也一樣是苦。不但人間是苦、地獄是苦，就是神教徒仰望的天國，也還是苦。因為生天還會墮落人間及地獄，沒有解除了墮落的可能性。如國家治平了，隨時會成為變亂，因為變亂的可能性，始終未曾解決。健康還會衰老，富貴會成為貧賤。人生的本質，是含有苦痛因素的，不能保持永恆的。所以生死的延續過程，始終是苦苦樂樂、哭哭笑笑。這個身心和合、死生相續的自己，就是真正的苦惱。

一般宗教，多數把人分為肉體與靈魂。以為人死了，肉體壞了，而靈魂是永恆的，還是那樣的，或者生到天上。不但多數的神教這樣說，甚至佛教的通俗說，也有類同此說的。一般的靈魂，印度有一特殊術語，叫做「我」。認為這本來是自由的、安樂的，不知怎的（當然各有各的解說），成為世間的苦痛有情，像囚在監牢裡似的；能脫出這苦難的塵世，就回復自在與安樂。這都是外道的想法，但一般都作此想；若沒有我，誰在生死輪迴受苦呢？又是誰了生死呢？但佛法不作此說，不承認有此常恆安樂的自我，反認為這種自我的執見、自我的愛染，正是生死苦惱的根源。「無我」，這是佛法異於一切宗教的特色。神教的幻想產物——我、靈，經科學考驗、解剖分析，都是無法得到的。所以佛但說身心和合，和合的、相續的身心，經佛的智慧觀察起來，不是別的，只是五蘊，或說六界，或說六處。總之，無非是身心的綜合活動，形成個體的假我而已。

因此，佛法不像外道那樣，宣說真我、常我，而說：「但見於法，不見於我」。結胎出生，只是身心綜合活動的開始。到死了，舊的組合解體，又有新的組合自體活動開始。前生與後世的死生相續，即是身心的和合活動。

（二）報由業感，業從惑起

這是佛教一切學派所公認的事理。眾生在從生到死的一生中，在家庭、社會、為國家，做的事、說的話，真是不計其數。這些身體的活動、語言的表達，都由善性惡性的內心所推動，都會留下一種或善或惡的力量，叫做業，深深地在我們的身心中保存著，深切地影響自己、決定自己。這是大家可以體驗到的，如前天做了一件好事，一想起來，就會身心愉快。事情雖已過去，影響仍然存在。作了惡事，也是一樣。他會內心痛苦，好像大石壓在心頭，坐臥不寧。甚至不經意所作的，雖然力量極微，也會留存力量。如故意而作的，則成善業惡業，影響力更大。惡業，現生能障礙我們向善，如加入了黑社會，就會受他控制，不容易離開他，走上自新的路。這種惡力量，一直支配自己，死了會受到惡業所感的惡果。善業，現生能抗拒惡力量，引發我們向善，將來會因善行而得樂果。行善有善、樂的結果，作惡有惡、苦的結果，這是一定的。

平常人都勸人行善止惡，但是為什麼要行善呢？一般人總是以為：做好事或壞事，是會影響家庭、社會、國家的。這當然是對的，但影響最深切的，還是我們自己。如人類，有聰明也有愚痴；有強健也有病弱；對人有有緣或無緣；做事有順利或乖逆。人生千差萬別的遭遇，都由於過去的（或是今生以前所作的）業力所感，所以說「報由業感」。這個問題，只有佛才能徹底說明它、解決它，神教者是無能說明的。有人拉了一個生來就瞎了眼的人，來到耶穌的面前，問：「為什麼這個人生下來就是瞎子呢？是誰的罪呀？他也是從上帝那裡來的，為什麼別人的眼睛明亮，而上帝卻使他瞎眼呢？」這個問題，在神教中，原是不可能解答的。好在耶穌也還聰明，他說：「這不過是上帝要在他身上，表現他的大能及權威罷了！」他隨手摸了瞎眼一下，眼睛便明亮了。當時，好多人讚美神、相信神的權威。其實，這問題，根本不曾解決。

現在世界上，千千萬萬生來就瞎了眼的，到底為了什麼？也是為了顯現上帝的權威嗎？假使這千千萬萬的生盲，死了也還沒有得到醫治，而是上帝的意思，那上帝是最極殘酷的暴君了。像這些，唯有佛法的

「報由業感」，才能解答問題。換句話說，一生一生所感受的，都從前生的善惡業力所招感。今生作了善惡業，又會感來生的苦樂果。依著業力的影響，眾生便永無休止的，一生又一生，受著不同的果報。自作自受，無關於神的賞罰。

生死果報，既由業力而來，那麼想解了生死，大家也許以為：把業力取消了就得。可是，業是不能取消（可以減少它的影響力）的，也是不必取消的。佛說：業從惑起，所以斷除了惑，生死就解脫了。什麼是惑？惑是煩惱的別名，就是內心種種不正當的、不清淨的分子。有人以為：作惡業，從貪、瞋、痴、慢等煩惱所引發，可以說業從惑——煩惱而起。我們整天為國家、為民眾服務，這些善業，那裡也從煩惱起呢？不知道，這還是離不了煩惱。煩惱的根本，是（人無我愚）「我見」。作善作惡，一般人都是為我而作：為我的生活；為我的財富、健康；為我的名譽、權力；為我的家；為我的民族、國家——一切都以我為前提，以我為中心。如不是為了我的，就不感興趣了。所以不但作惡事，是由煩惱所引起，即使作善事，也還是離不了煩惱。從煩惱而來的善事業，是不徹底的、可以變質的，可以演變而成為惡的。例如辦慈善事業，當然是善的。但為了「我的」，見到別人辦的同一慈善事業，就會競爭，甚至有意無意的破壞他。好的事情，要由我來做，別人做，就不表同情，或者破壞他。這樣，好的事情，由於有「我見」在作祟，不是偏執自己的意見，就是偏重自己的利益，結果變壞了。

為了我的家、我的國、我的教，處處從我出發，不能說沒有一些好的，但是與煩惱雜染相應，有時會演變得害盡世人，如西方神教徒的宗教戰爭之類。所以，一般人的活動，善的惡的，都不離「自我」的推動力，都是不離煩惱。這樣，善的感樂果，惡的就感苦果。在身心的動作時，一切都為著我，一切都拉來攝屬於我，最好聽我的意見、受我的支配——這就是「我見」的表現。我的意義是「主宰」：主是一切由我作主，宰是一切由我支配。我，便是生死的根源、罪惡的根源。我見，就像是一種凝聚的力量，使一切人、事、社會、國家，都無不通過我見，而構成關係，而集合於一（有集合，就有分散，有我也就有人了）。有此我見，形成一種向心力，起著凝聚集合作用。每一眾生的身心，不論人或動物，為什麼會成為一個個的個體呢？就是因為有了我見，所作的善業或惡業，受我見的影響、攝引、凝聚，招感為有異於其他的個體。如青年男女，結合為一個家庭。後來意見不和，鬧翻了，便離婚。可是，一遇到因緣，又結合組織新的家庭。為什麼離了又合？這由於自身的要求，為了自我而吸引對方的集合力。

眾生的個體也如此，老了、死了，身心組合破壞了；但由於我（見與愛）的欲求，引發以我見為本的善惡業力，又感得一新的身心組合、新的個體；生而又死、死而又生的永遠延續下去。假使沒有這我見的集合力，就能解脫這生死不斷的現象。阿羅漢、佛，是已經了脫生死的。但他們在生時，與常人一樣，說話、做事，有種種的活動。他們的行業是善的（佛是純善的），但他們的善行，並不會成為招感生死的業力。為什麼呢？因為聖者不會像我們以「我見」為中心，會集成一個個體，一個破壞了，又要求個體的延續。聖者的我見，已經破除了，通達無我，所以一了百了，從此了脫生死。

一切人在現實的身心世界中，永遠是顛倒的，都有自我永恆的要求（無常計常、無我執我），好像自己是不會死的。等到死到頭來，還要求延續、求未來的存在（這叫「後有愛」），所以死了，便依善惡業力去感果。如善業有力的，此後感得好果；惡業力強的，就感苦果。所以未能了生死的，還是多作善業比較妥當。總之，死生由業，業由煩惱，煩惱的根本是我見。我見不破，生死問題永遠不能解決。

## 三、涅槃之一般意義

### （一）斷惑則得涅槃

上面已經說明，要解脫生死，必從斷煩惱、斷煩惱的根本——我見下手。眾生一向在生死中，有生有滅；若了生死而得涅槃，即是不生不滅，不生不滅是涅槃的特性。佛弟子修持定慧，漸斷煩惱，現生便能體驗到不生不滅的境地，叫做得涅槃。到這，我見為本的煩惱斷盡了，發業的力量也沒有了，也就不再感生死果。由於不起我見，作一切事，不再依自我中心出發。現在人，都會唱一些高調，什麼大公無私啦、為大眾謀幸福啦，實則最熱心於公共福利的，也不免以我為活動的主力。唯有聖者，從最深徹的智慧中，徹底通達無我，才是最高的德行。斷煩惱的，必有高超的智慧，自覺到我見消除，煩惱不再起，生死永得解脫。很多人都誤會了！以為死了才叫涅槃。不知道真正得涅槃的，絕大多數，都是在生存世間時，早就親切體證到涅槃了。如果真能破除我見、體證涅槃的，一切是自由自在、無罣無礙，真是「哀樂不入於胸次」、「無往而不自得」。凡能親切體驗不生不滅的，名為證得涅槃。

現在的佛弟子，很少想現生得涅槃的。不是根機鈍，就是太懶散，這才把了生死這個問題，完全推到死了以後。從前，有一位比丘，獨自禪坐修行，有一外道見了說：「你是在修來生的安樂吧！」比丘答：「不，我修的是求現生樂。」因為涅槃的境地是學者現生所能到達的，現生能得大自在、大解脫的。無奈末世的人根鈍，不肯精進，無所成就，觀念才慢慢的轉了，都把了生死與得涅槃，看成死後的事。佛教的本意，是注重現生體驗的，要現生證得涅槃的。

## （二）業盡報息則入涅槃

我們的生死身，從過去的業力所感而來。有了這身心組織，便不能沒有欠缺，不能沒有苦痛。只要你誕生了，這一既成事實，在現生中，是不能完全解除的。所以，了脫生死，決不從苦果的改變上去著力。也不從業力的消除上去著力，因為有煩惱才會造業，才會使業感果。如果能證無我，斷煩惱、得涅槃，業力就不會起作用，生死的連索，便從此截斷了。對於這，許多人不明白，發生誤會，引出很多疑問。他們以為：有什麼業，感什麼報，這是佛說的。而且，作業而受果的，即使經過千劫萬劫，業力仍永不消失。因此就誤解：我們的生死，無法了脫。因為前生作了好多業，尚未受報得了，而今生又作了好多善惡業。將來再感生死時，也還是要造業的。這樣，豈不是業力愈造愈多，永遠受報不了，這怎能了生死而不受苦果呢？這個想法，就是不知道佛法的因果道理。要知道，有了業要感果，但還要有助緣，煩惱就是業力感果的要緣。如黃豆，是不是會生芽呢？會生長黃豆呢？誰都會說：是的，黃豆會生芽，會生黃豆。但黃豆的生芽結果，還要具足種種的因緣，例如豆種要沒有變壞，要有適宜的溫度、水分等。如果豆種壞了，或沒有水分等緣，它是不會生芽的。例此，業力所以會感生死果，也要煩惱來為它作滋生的助緣。如果斷了煩惱，沒有助緣，業力也就無力生果了。所以說：業盡報息，則入涅槃。業盡的盡，不是沒有了，只是過去了，再也起不了作用。這樣，煩惱一斷，業種就乾枯了，生死的果報，也就從此永息。

眾生都是有情愛的。母子、夫妻等愛，無論愛到怎樣深，都是有條件的愛；只有愛自己——我愛，才是無條件的。所以佛說：「愛無過於己。」人愛自己的生存；到了病勢嚴重時，還存有大概會活下去、可能會好起來的欲望。到了絕望時，也要把希望寄托於未來，這叫後有愛。有的，只要聽到死字，就害怕起來。

其實，病才痛苦，死了又不知苦痛，怕什麼呢？他是怕沒有這個「我」呀！怕財富、權位、眷屬都成為不是「我的」呀！由於這我愛的欲求，才會招感生死而不斷。如果自我的愛見斷盡了，永不再感生死苦果；此生的報體結束了，就是入涅槃。出家人死了，一般都說某某和尚入涅槃，這實在太恭維了。如不斷煩惱而死去，一定是死生相續，怎能說入涅槃呢？當破了我見，斷盡煩惱、證入法性時，名為得涅槃。涅槃是親切的體證了，但還不能沒有苦。有此身體存在，餓了還是要吃，冷了還是要穿，辛苦了還是會疲勞，會老、會病。不過，比平常人不同，雖然身體有苦，而不致引起憂愁懊惱等心苦，這叫有餘涅槃，就是上文的「斷惑則得涅槃」。到最後死了，這個身心的組合離散了，不再引生新的自體、新的苦果，這就叫無餘涅槃，也就是「業盡報息則入涅槃」。

## 四、涅槃之深究

### （一）蘊苦永息之涅槃

煩惱的根本是我見，是迷於無我的愚痴，這唯有無我的深慧，才能破除。有了甚深的空（無我）慧，便能破我見，體驗到人生的真理，獲得大自在。這是現生所能修驗的，也是聖者所確實證明的。等到此生的報體結束後，不再受生死果，這就是入涅槃了。大阿羅漢都是這樣的，釋迦佛八十歲時，也這樣的入了涅槃。如進一層推求，就難於明白。一般人想：入了涅槃，到那裡去呢？證了涅槃，是什麼樣子呢？關於這，佛是很少講到的。總是講：生死怎樣延續，怎樣斷煩惱，怎樣就能證涅槃。入了涅槃的情形，原是不用說的，說了也是不明了的。比方一個生盲的人，到一位著名的眼科醫生處求醫，一定要問個明白，眼明以後，是什麼樣子的，醫生怎麼說也沒有用吧！因為他從來無此經驗，沒法想像。只要接受醫治，眼睛明亮了，自然會知道，何必作無謂的解說。若一定要問明了才肯就醫，那他的眼睛，將永無光明的日子。涅槃也是這樣，我們從無始以來，都在生死中轉，未曾證得涅槃，所以入涅槃的境地，怎麼想也想不到，怎麼說也說不到，正如生盲要知的光明情形一樣。佛教是重實證的，只要依著佛的教說——斷煩惱、證真如的方法去修習，自然會達到自覺自證，不再需要說明了。

凡夫心境，距離聖境太遠了，無法推測，也不易說明。但世人愚痴，總是要作多餘的詰問。所以，佛曾因弟子所問而說過譬喻。佛拿著一個火，手一揮動，火就息滅了。佛問弟子：火到哪裡去呢？這不能說火是什麼情形，也不能說火到哪裡去了。生死滅了，證入涅槃，要問是什麼樣子、到什麼地方去，也與火滅了一樣的不可說明。再說一個經中常說的譬喻吧！因冷氣而結水成冰，有大冰山、小冰塊，什麼情形都有，各各差別。這像眾生從無始以來，各有煩惱，各各業感、各各苦果，也是各各差別不一。冷氣消除了，冰便溶化為水而歸於大海。這如發心修行的，斷煩惱、解脫生死苦果而入涅槃一樣。這時候，如問：冰到哪裡去了、現在那塊冰是什麼樣子，那是多餘的戲論。既已溶化，不能再想像過去的個體；水入大海，遍一切水中，所以是「無在無不在」。

解脫生死而證入涅槃，也是這樣，不能再以舊有的個體去想像他。有些人，總覺得入涅槃以後，還是一個個的，還是會跑會說的，不過奇妙得很而已。這只是把小我的個體去推想涅槃，根本不對！如說某人入涅槃，是可以的；以為入涅槃後，仍是一個個的，便成大錯。如說黃河的水、長江的水，流到海裡，是可以這樣的。但在流入大海以後，如還想分別：那是黃河水、那是長江水，這豈非笑話。眾生為什麼在生死海中，不能徹底解脫？就因為以我為中心，執著一個個的個體為自我，總是畏懼沒有我，總要有個我才好。因此，永遠成為個體的小我，一切苦痛就跟著來了。得了涅槃的，如大小冰塊的溶入於大海，豈可再分別是什麼樣子！到達涅槃，便是融然一味，平等平等。經上說：「滅者即是不可量。」涅槃（滅）是無分量的、無數量的，無時量與空量的。平等法性海中，不可分別，不能想作世間事物：一個個的，有分量，有方所，有多少。

從前，印度有一位外道，見人死了，會說：某人生天，某人生人間，某人墮地獄。但一位阿羅漢入滅了，外道看來看去，再也看不出，不知道現在什麼地方。這是說明了：入了涅槃，是無所從來，也無所去的；無所在，也無所不在的。我們沒有證得涅槃，總是把自我個體看為實在，處處從自我出發。聽到消除了自我的涅槃，反而恐怖起來。所以理解涅槃是最困難的，難在不能用我及有關我的事物去擬想，而人人都透過我見去擬想它，怎麼也不對。入了涅槃，身心都泯寂了。泯、滅、寂，意思都相近。這並非說毀滅了，而是慧證法性，銷解了相對的個體性，與一切平等平等，同一解脫味。到這裡，就有另一問題，大小乘便要分宗了！

小乘的修學者，做到生死解脫了，便算了事。苦痛既已消除，也再不起什麼作用了。這是小乘者的涅槃觀，大乘卻有更進一步的內容。這可分兩點來說：

1．約體證的現（相）實（性）一味說：聲聞者證入法性平等時，離一切相。雖也知道法性是不離一切相的，但在證見時，不見一切相，唯是一味平等法性，所以說：「慧眼於一切法都無所見」。聲聞學者的生死涅槃差別論、性相差別論，都是依據古代聖者的這種體驗報告而推論出來。但大乘修學者的深悟，在證入一切法性時，雖然也是不見一切相（三乘同入一法性，真見道），但是深知道性相的不相離。由此進修，等到證悟極深時，現見法性離相，而一切如幻的事相宛然呈現。這種空有無礙的等觀，稱為中道，或稱之為真空即妙有、妙有即真空。由於體證到此，所以說：「慧眼無所見而無所不見」。依據這種體證的境地，安立教說，所以是性相不二論、生死涅槃無差別論。在修行的過程中，證到了這，名為安住「無住涅槃」，能不厭生死、不著涅槃，這是小乘證悟所不能及的。但大小的涅槃，不是完全不同，而是大乘者在三乘共證的涅槃（法性）中，更進一層，到達法性海的底裡。

2．**約修持的悲願無盡說**：小乘者的證入涅槃，所以（暫時）不起作用，除了但證空性，不見中道而外，也因為他們在修持時，缺乏了深廣的慈悲心。像游泳的人，如發生了危險，那不想救人的，只要自己爬到岸上休息，便覺得沒事，更不關心他人的死活。有些想救人的，自己到了岸，見別人還在危險中，便奮不顧身，再跳進水裡去，把別人拉到岸上來。菩薩在修行的過程中，有大慈悲、有大願力，發心救度一切眾生，所以自己證悟了，還是不斷的救度眾生。在為人利他所受的苦難，菩薩覺得是：無上的安慰、最大的喜樂，沒有比這更幸福了。由於菩薩悲願力的熏發，到了成佛，雖圓滿的證入涅槃，但度生無盡的悲願，成為不動本際而起妙用的動力，無盡期的救度眾生，這就大大不同於小乘者的見地了。但圓滿成佛以後，救度眾生，不再像眾生一樣，救此就不救彼、在彼就不在此。佛的涅槃，是無在無不在的，是隨眾生的善根力所感而起應化的——現身、說法等。佛涅槃是有感必應、自然起用，不用作意與功力的。佛般涅槃，像日光的遍照一切一樣。一個個的眾生，像一所所的房屋。有方窗，光射進來，就有方光；有圓孔，光射進來，就有圓光；光是無所謂方圓的。所以，現一切身，說一切法，都是隨眾生的機感而現的。如釋迦佛的在此土誕生、出家、成佛、說法、入涅槃，都是應化身；圓證涅槃的佛，是早已證法身了。因此，如想像圓證涅槃的佛，是一個個的、在這裡在那裡的，是壽長壽短的，便不能了知大乘涅槃的真義，不知應化身的真義了。必須放棄小我個體的觀念，才有悟解證入涅槃的可能。

涅槃，是沒有人與我等種種分別。所以瞭解涅槃，非從生死苦果（即小我個體）的消散去瞭解不可。入了涅槃，如說永恆，這即是永恆，因為一切圓滿，不再會增多，也不會減少，也就不會變了。說福樂，這便是最幸福、最安樂，永無苦痛，而不是相對的福樂了。要說自由，這是最自由，毫無牽累與罣礙的。沒有一絲毫的染汙，是最清淨了。所以，有的經中，描寫涅槃為「常樂我淨」。這裡的我，是自由自在的意思，切不可以個體的小我去推想。否則，永久在我見中打轉，永無解脫的可能。以凡夫心去設想涅槃，原是難以恰當的。所以佛的教說，多用烘雲托月的遮顯法，以否定的詞句去表示它，如說：不生不滅、空、離、寂、滅等。可是眾生是愚痴的、是執我的，多數是害怕涅槃的（因為無我了）；也有不滿意涅槃，以為是消極的。純正而真實的佛法，眾生顛倒，可能會疑謗的，真是沒法的事。好在佛有無量善巧方便，為了這種深深執我的眾生，又作另一說明。

### （二）身心轉依之涅槃

「轉依」，是大乘佛教的特有術語。轉依即涅槃，表示身心（依）起了轉化，轉化為超一般的。這可說是從表顯的方法來說明涅槃。依，有二種：（1）心是所依止，名為「染淨依」。依心的雜染，所以有生死；依心的清淨，所以得涅槃。心是從染到淨、從生死到涅槃的通一性。在大乘的唯識學中，特重於這一說明。（2）法性（空性）是所依止，名為「迷悟依」。法性是究竟的真性，迷了它，幻現為雜染的生死；

如悟了，即顯出法性的清淨德性，就名為涅槃。從心或從法性——依的轉化中，去表顯涅槃的德用，是大乘有宗的特色。

1．約染淨依說轉：我們的煩惱、業、苦果，是屬於雜染的；聖者的戒定慧等功德，是屬於清淨的。而染與淨，都以心為依止。這個所依心，唯識學中名為阿賴耶識，即心識活動的最微細部分；最深細的阿賴耶識，成為生死與涅槃的樞紐。眾生的生死苦，由於心識中有不淨種子（功能）。由此不淨的種子，生起煩惱、業、果。如從不淨種，生起貪、瞋等煩惱心行，於是所有的身口行為，都成為不淨業，如殺、盜、淫等。即使是作善，因從自我出發，所作的也是雜染業，要感生死苦果（生人、天中）。此報由業感、業從惑起的因果，實在都是從不淨的種子而發現。現起的不淨行，又還熏成種種不淨的種子。雜染種子積集的染心，持種起現，又受熏成種，因果不斷，這才延續流轉於苦海之中。這個雜染種子所積集的雜染心——阿賴耶識，從業感報來說，他是受報的主體，所以叫異熟識。從形成個體的小我來說，他是攝取及執取的阿賴耶識，而被我見錯執為自我（因為阿賴耶識，有統一性、延續性，而被錯執為是常是一的自我）的對象。依阿賴耶識而有雜染的種現不斷，那不是永遠不能解脫雜染的生死嗎？不！好在心的深處，還有清淨的種子。所以，眾生是既非純善的，也不是純惡的，而是心中含藏著一切染淨功能種子。眾生並不是沒有清淨的功能——無漏種子，而是向來被雜染功能遮蔽了，才成為雜染的一家天下，煩惱業苦現行，不得解脫。要求得解脫，就要設法，把心中深藏的清淨種子，使它發現出來。如信三寶、聽法、誦經、持戒等，即是開始轉化。像走路一樣，向來走錯了，現在要換個方向走，向佛道走去。依佛法而作不斷的熏習，漸使雜染的力能減低，清淨的功能增強，發展為強大的清淨潛力。再進步，把雜染的功能完全壓伏，從無漏的清淨種子，現起清淨的智慧等，煩惱自然被伏斷了。一向為雜染所依的雜染心，現在轉化為清淨法的所依，就叫做轉依（究竟轉依在佛位）。悟證以後，清淨的功德現前，雜染的力能被壓伏，但染法的潛力還在，不時還要起來。這要經過不斷的治伏階段，與煩惱餘力搏鬥，到最後，達到純淨地步，才徹底消除了不淨的種子，而得究竟的清淨解脫，也就是得到究竟的涅槃。修持的方法，不外乎修戒定慧，修六度、四攝。到達轉染成淨，不但消除了一切雜染，而且成就了無量的清淨功德、無邊的殊勝力量。所以大乘的涅槃，不是什麼都沒有了，也不是毫無作用。

究竟轉依了的清淨心，和現在的雜染阿賴耶識不同。現在是虛妄分別的、與雜染相應的，到那時，轉識成智，是無分別的。圓滿的大智慧，具足種種利生妙用，一切清淨的功德都成就。清淨的功德成就，在《阿含經》中，也透露這一消息。佛的弟子舍利弗尊者，回到自己的家鄉，入了涅槃。他的弟子均提沙彌，如法的火化了以後，把舍利——骨灰帶回去見佛，非常的悲傷。佛就問他：「均提！你和尚入滅了，他無漏的戒定功德，和深廣的智慧，也都過去而沒有了嗎？」「沒有過去。」「既然生死苦滅去了，一切清淨功德都不失，那何必哭呢！」這是同於大乘涅槃具足功德的見地。約染淨依說，著重戒定慧功德的熏修，轉染成淨，苦果消散了，卻具足一切功德。所以成了佛，能盡未來際度眾生，隨感而應，現身說法。

對於佛果的大般涅槃，切勿作「我」想，我想與涅槃是永不相應的。轉依的佛涅槃，以大菩提（覺）為本，徹證無我法性，所以佛佛平等、相融相入。具足一切功德的佛涅槃，徹證無我，沒有分別，所以從對立矛盾等而來的一切苦痛，成為過去。

**2．約迷悟依說轉：**佛有無量善巧，為了適應眾生，還有另一方便，約迷悟依說轉依。這個依，指法性而說，或名真如。真是非假的，如是不二的，這就是一切法空性，事事物物的實相。眾生為什麼輪迴生死？即因不悟法性，顛倒妄執，造業受苦。若修持而悟證了法性，即得解脫。法性是不二的，所以說：「在聖不增，在凡不減」。《心經》所說的：「諸法空相，不生不滅，不垢不淨，不增不減」，也就是這個。諸法空性，雖本來如此，但無始以來，有無明、我見，不淨的因果系，迷蒙此法性，像烏雲的籠蓋了晴空一樣。雖然迷了、雜染了，而一切眾生的本性，還是清淨的、光明的、本來具足一切功德的。一般人都覺得，生死流轉中，有個真常本淨的自我；迷的是我，悟了解脫了，也還是這個我。現在說：眾生雖迷了，而常住真性、不變不失。這對於怖畏空無我的、怖畏涅槃的，是能適應他，使人容易信受的。佛在世時，有外道對佛說：「世尊！你的教法，什麼都好，只有一點，就是『無我』，這是可怕的，是無法信受的。」佛說：「我亦說有我」，這就是如來藏。外道聽了，便歡喜信受。照《楞伽經》說，由於「眾生畏無我」，為了「攝引計我外道」，所以方便說有如來藏。眾生迷了如來藏，受無量苦；若悟了如來藏，便得涅槃，一切常住的、本具的清淨功德，圓滿的顯發出來。中國佛教界，特別重視這一方便，大大的弘揚。但是，如忽略了佛說如來藏的意趣，便不免類似外道的神我了。要知道，這是佛為執我外道所說的方便。其實，如來藏不是別的，即是法空性的別名。必須通達「無我如來之藏」，才能離煩惱而得解脫。

約法空性說，凡聖本沒有任何差別，都是本性清淨的，如虛空的性本明淨一樣。在眾生位，為煩惱、為五蘊的報身所蒙蔽，不能現見，等於明淨的虛空，為烏雲所遮一樣。如菩薩發心修行，逐漸轉化，一旦轉迷成悟，就像一陣風，把烏雲吹散，顯露晴朗的青天一樣。雲愈散，空愈顯，等到浮雲散盡，便顯發純淨的晴空，萬里無雲，一片碧天，這就名為最清淨法界，也就是究竟的涅槃。

## 五、結說

生死是個大問題，而問題全由我執而來，所以要了生死，必須空去我見。無我才能不相障礙，達到究竟的涅槃。凡聖的分別，就在執我與無我。聖者通達無我，所以處處無礙，一切自在。凡夫執我，所以觸處成障。入了涅槃，無牽制，無衝突，無迫害，無苦痛，一切是永恆、安樂、自在、清淨。而這一切，都從空無我中來。

涅槃的見地，如苦痛的消散、無分別、無分量、寂靜、平等，這在大小乘中，都是一樣的，都是從無我觀中，消除個我的對立而說明的。而大乘的特色，主要在悲智一如的淨德，隨感而應。

涅槃，不是說明的，不是想像的。要覺證它、實現永恆的平等與自由，必須從實踐中，透過無我的深慧去得來。（慧瑩記）

（本文節錄自印順導師著作《學佛三要》經印順文教基金會授權使用）

# 涅槃——星雲大師／文

一般人講到「涅槃」，往往與死亡劃上等號，甚至連自殺或槍斃而死的人，也稱「涅槃」；即使是佛教人士，對於大德長老辭世，也常用「涅槃」來形容，實在曲解了「涅槃」的真義。涅槃不是死了以後叫做涅槃；活著、開悟，就叫做涅槃。

涅槃它是一個不生不滅的境界，所謂「去一分無明，就得一分智慧；去十分無明，就得十分智慧」。如釋迦牟尼佛在菩提樹下、金剛座上，證悟宇宙人生的真理，成就正等正覺，這就是涅槃。他泯除人我關係的對立，超越時空的障礙，而證悟生命永恆無限的境界；但因身體尚有依報在，所以稱為「有餘依涅槃」。他八十歲時在娑羅雙樹下寂滅證入的是「無餘依涅槃」，此外五十年間行化各地，接應群機，過的是無著無染的「無住涅槃」生活；像這種住而不住，應化自在的生活，才是真正的「大涅槃」。

涅槃，不是舊有生命的結束，而是新生命的開始。涅槃是不生不死的境界，是圓滿、永恆的生命，是超越時間和空間，不在生死中流轉，因此佛教的「三法印」裡，最後一個法印即是「涅槃寂靜」。當一個人證悟到「涅槃」境界，即代表他已經得到解脫自在。

試想，人活在世間上，為什麼不能自在？別人的一句話、一個眼神不合己意，就不自在；吃飯時挑肥揀瘦，睡覺時輾轉反側，都是由於人心的貪瞋愚痴、種種煩惱妄想而讓我們不得自在。如果能體證世間實相，做得了自己的主人，便能處處自在無礙。

當然，涅槃境界也有深淺。在佛教裡，二乘羅漢開悟證果，只是證到「有餘涅槃」，必須是大乘菩薩經過百千萬劫的修行，才能證得「無餘涅槃」。「有餘涅槃」表示還有一些世間依靠，如依於精神、心理，依於悟道、智慧；能到達「無餘涅槃」，就是一個慧日朗照虛空，似無依靠卻又光輝普照的平等世界。那是一個真常、真樂、真我、真淨的世界，是沒有生死的法身實相，也是最究竟圓滿的境界。

其實佛教裡面，有很多同義不同詞的名相，它只是為了解釋某一個佛法義理，形容某一種證悟的法界實相，所延伸出來的不同名稱。比方說：如來、寂滅、真如、自性、法身、實相、本體……其實都和涅槃、般若一樣，是同一個意義。這都是佛教的大德們，為了解釋一個人生圓滿的境界，用般若、實相、法身、理體來說明最高的境界是什麼、最高的涅槃是什麼。但是一些初學佛法的人，一下不容易進入佛法大海之中，聽到這許多名相，就生起了疑難，產生了疑惑、錯誤的解釋。

因此，人人要瞭解，涅槃不是死的意思，涅槃是一種圓滿，證悟法身，進入到一種沒有動盪、是非、好壞、對立，是不染一塵的寂滅境界，就像光照大千、胸懷法界一樣。所以，涅槃是生命最究竟、最圓滿的境界。

（本文摘自星雲大師《佛法真義》，經臺灣佛光文化事業有限公司授權使用）

生活文化 60

# 涅槃之旅 一場最深情的生死追問

The Journey to Nirvana : A Most Affectionate Quest for Life and Death

作　　者—胡軍軍
特約編輯—劉素芬
美術設計—李　林
選　　書—李小敏
文字編輯—肖海鷗
文稿整理—唐曉琴

製作總監—蘇清霖
董 事 長—趙政岷
出 版 者—時報文化出版企業股份有限公司
10803 台北市和平西路三段 240 號 4 樓
發行專線—（02）2306-6842
讀者服務專線— 0800-231-705（02）2304-7103
讀者服務傳真—（02）2304-6858
郵撥— 19344724 時報文化出版公司
信箱—台北郵政 79~99 信箱
時報悅讀網— http://www.readingtimes.com.tw

法律顧問—理律法律事務所　陳長文律師、李念祖律師
印刷—詠豐印刷有限公司
初版一刷— 2019 年 7 月 12 日
定價—新台幣 350 元
（缺頁或破損的書，請寄回更換）

涅槃之旅　一場最深情的生死追問／胡軍軍編著
-- 初版 . -- 臺北市 : 時報文化 , 2019.07
面；　公分 . --（生活文化；60）
ISBN 978-957-13-7810-7( 平裝 )

1. 佛教修持 2. 涅槃
225.7　　108006919
ISBN 978-957-13-7810-7
Printed in Taiwan

時報文化出版公司成立於一九七五年，
並於一九九九年股票上櫃公開發行，於二〇〇八年脫離中時集團非屬旺中，
以「尊重智慧與創意的文化事業」為信念。